Retórica del infortunio

Persuasión, deleite y ejemplaridad en el siglo XVI

Sarissa Carneiro

Iberoamericana • Vervuert • 2015

PARECOS Y AUSTRALES
Ensayos de cultura de la Colonia

«Parecos de nosotros los españoles son los de la Nueva España, que viven en Síbola y por aquellas partes» dice Francisco López de Gómara, porque «no moramos en contraria como antípodas», sino en el mismo hemisferio. «Austral» es el término que adoptaron los habitantes del virreinato del Perú para publicarse. Bajo esas dos nomenclaturas con las que las gentes de indias son llamadas en la época, la colección de «Ensayos de cultura de la colonia» acogerá ediciones cuidadas de textos coloniales que deben recuperarse, así como estudios que, desde una intención interdisciplinar, desde perspectivas abiertas, desde un diálogo intergenérico e intercultural traten de la América descubierta y de su proyección en los virreinatos.

Retórica del infortunio

Persuasión, deleite y ejemplaridad en el siglo XVI

Sarissa Carneiro

Iberoamericana • Vervuert • 2015

Obra realizada con el aporte de la Vicerrectoría de Investigación de la Pontificia Universidad Católica de Chile.

Publicado en el marco de los siguientes proyectos de investigación: FONDECYT Regular nº 1141210 y Proyecto de Investigación I+D+i del Ministerio de Economía y Competitividad "Intertextualidad y Crónica de Indias: variedad discursiva de la escritura virreinal americana", FFI2012-37235FILO.

Amor de Dios, 1 – E-28014 Madrid
Tel.: +34 91 429 35 22 - Fax: +34 91 429 53 97

Elisabethenstr. 3-9 - D-60594 Frankfurt am Main
Tel.: +49 69 597 46 17 - Fax: +49 69 597 87 43

info@iberoamericanalibros.com
www.ibero-americana.net

ISBN 978-84-8489-912-9 (Iberoamericana)
ISBN 978-3-95487-458-3 (Vervuert)

Depósito legal: M-31245-2015

Diseño de cubierta: Carlos Zamora
Imagen de la cubierta: Jan Muller. *Blind Fortune Distributing Gifts*. 16th-17th century. Engraving. Harvard Art Museums/Fogg Museum, Gift of Belinda L. Randall from the collection of John Witt Randall, R1973
Photo: Imaging Department © President and Fellows of Harvard College

Ilustración *Misfortune*, 16th century. Hans Sebald Beham © The Cleveland Museum of Art.
Ilustración *Hercules as the Deity of Eloquence* © Ashmolean Museum, University of Oxford.

The paper on which this book is printed meets the requirements of ISO 9706
Este libro está impreso íntegramente en papel ecológico sin cloro
Impreso en España

A Pedro, Leticia y Matías,
mi mejor ventura

Índice

Agradecimientos 9

Introducción

La lengua del afligido 11

De Fortuna ciega a lo inmanejable líquido 24

Primera parte
Persuadir con el infortunio

Un gran final a toda orquesta 31

Persuadir con las pasiones 40

Pasiones y persuasión en retóricas sagradas 62

Infortunio, miedo y conmiseración 69

Conquestio: el infortunio en el epílogo 75

"Nada se seca más rápido que una lágrima" 81

Imaginatio, *amplificatio* y *evidentia* del infortunio 84

Decir la desventura: aspectos elocutivos 91

Actio: gestos y voces del infortunio 97

El gran final de la *Historia general y natural de las Indias* 106

Temor y esperanza: de la teología mística a la historia 107

Infortunio y defensa: los trabajos de Zuazo en la pluma de Fernández de Oviedo 120

Segunda parte
Deleite y ejemplaridad del infortunio

"Se llevó todos los votos": ¿el éxito de un género? 127
Deleitar y persuadir: finas cadenas de oro y ámbar 135
En torno al deleite: de Rodolfo Agrícola a Juan Luis Vives 145
Deleites ásperos 150
Deleites trágicos, infortunio y catarsis 155
História trágico-marítima: fortuna, temor y deleite 169
"Placentero es, con todo, acordarse de las fatigas" 176
Magnánimo en la desventura: lugar común del encomio 183
Dulces adversidades: la paciencia cristiana 191

Apéndice 203

Bibliografía 223

Índice 233

Agradecimientos

Este libro se hizo posible gracias al apoyo de muchas personas e instituciones. Agradezco a la Comisión Nacional de Investigación Científica y Tecnológica de Chile el financiamiento de los proyectos de investigación bajo mi responsabilidad (Fondecyt n.º 11100232 y n.º 1141210); a la Vicerrectoría de Investigación de la Pontificia Universidad Católica de Chile el auxilio entregado al Proyecto de Creación y Cultura Artística (2014, n.º 2953), imprescindible para la redacción y publicación de este libro; a la Facultad de Letras de la Pontificia Universidad Católica de Chile el aliento a hacer realidad este proyecto. Parte no menor del apoyo de ambas instituciones consistió en permitirme varias estancias de investigación, tanto en universidades españolas como en The Warburg Institute de Londres, sin las cuales este estudio no hubiera podido desarrollarse.

Agradezco a los colegas que me estimularon y apoyaron de diversas formas. Mi gratitud especialmente a Pablo Chiuminatto, quien me acompañó en momentos cruciales de la escritura, y a Javier Beltrán, por el enorme cuidado puesto en las traducciones incluidas en el apéndice. Pero también a mis colegas y amigos João Adolfo Hansen, Maurizio Ghelardi, Sandra Accatino, Esperanza López, Cássio Fernandes, Brenda López, Rolando Carrasco, Mariela Insúa, Sagrario López, Nieves Pena y Javiera Barrientos, por su generosidad en el largo camino en busca de libros viejos.

Finalmente, agradezco a mi familia, fuente de luz a cada paso.

Hans Sebald Beham (1500-1550), *Misfortune.*
Engraving. The Cleveland Museum of Art, Gift of Ralph King 1925.42

Introducción

La lengua del afligido

Durante siglos, se reunieron bajo la categoría de infortunio o fortuna adversa hechos y situaciones tan dispares como la pérdida de un reino, la traición, los terremotos, las pestes, la caída en la locura, la pérdida de la visión o del habla, el naufragio, la muerte súbita[1]... Más que la adversidad, su punto de enlace era un supuesto carácter azaroso, representado alegóricamente en la caprichosa distribución de bienes por parte de una ciega e inconstante Fortuna. Uno de los problemas aparejados a esta concepción fue el de los límites de esa condición azarosa, enfrentada principalmente a la defensa de la providencia divina o a la valoración de la libertad humana para conducir el propio destino. Trazar esos límites nunca fue una tarea fácil: en *Della Fortuna libri sei* (1547), por ejemplo, Girolamo Garimberto dedica extensos capítulos a tratar cuánto poder tiene Fortuna en la guerra, en un desafío, en un juego, en el arte de navegar, en el arte de la medicina o en la astronomía[2].

También durante varios siglos (aquellos en que la institución retórica regló los discursos), estos hechos clasificados como fortuna

---

1. Se puede apreciar la gran diversidad de hechos comprendidos bajo la categoría "fortuna adversa" en un tratado como *De remediis utriusque fortunae* de Petrarca (terminado de escribir en 1366), texto que abre la consideración del tema para el primer Renacimiento y que goza de larga vigencia, con varias traducciones y ediciones en lenguas romances durante todo el siglo xvi.

2. Me refiero a los capítulos 4 al 10 del libro sexto de *Della fortuna*. Hay traducción al castellano del texto de G. Garimberto por Juan Méndez de Ávila, con el título *Theatro de varios y maravillosos acaecimientos de la mudable Fortuna* (Salamanca, 1572).

adversa tuvieron un modo de ser dichos. En cuanto materia de un discurso, el infortunio no solo implicó la actualización de ciertos tópicos asociados a Fortuna y su impacto en la vida humana, sino que exigió un tratamiento específico en los dominios de la invención (*inventio*), la elocución (*elocutio*) y la disposición (*dispositio*), como también —aunque en menor medida— de la pronunciación (*actio*) y la memoria (*memoria*). Dicho tratamiento debía responder, además, a las distintas finalidades del discurso: la persuasión, la delectación y la enseñanza.

En *La fuerza de la sangre*, una de las *Novelas ejemplares* de Cervantes (escritas entre 1590 y 1612 y publicadas en 1613), se encuentra un fragmento que ilustra magníficamente el impacto y relieve de la preceptiva retórica en la narración de infortunios. Se trata de un discurso pronunciado por la joven Leocadia al recuperar la conciencia luego de un desmayo durante el cual había sido violada por un caballero de "sangre ilustre" pero de "inclinación torcida". Sus primeras palabras inquieren en tono patético: "¿Adónde estoy, desdichada? ¿Qué oscuridad es esta, qué tinieblas me rodean? ¿Estoy en el limbo de mi inocencia o en el infierno de mis culpas? ¡Jesús!, ¿quién me toca? ¿Yo en cama lastimada? [...] ¡Ay, sin ventura de mí! [...]"[3]. El largo parlamento es una etopeya mixta, es decir, un discurso que da cuenta tanto del carácter del personaje como de las emociones turbulentas y exaltadas que padece en esa circunstancia adversa.

Tal como se indica en manuales de ejercicios compositivos preliminares como los *Rhetoricae exercitationes* (1569) de Alfonso de Torres, fundados en la codificación bizantina de los *progymnásmata*, la etopeya mixta es una combinación de la etopeya de carácter con la etopeya pasional. En esta última entran en juego las pasiones que alteran con vehemencia el ánimo de los oyentes, intentando mover la conmiseración de comienzo a fin, como serían, por ejemplo, las palabras pronunciadas por Hécuba ante la destrucción de Troya[4]. Su composición suele fundarse en tres tiempos: presente, pasado y

3. Cervantes, *Novelas ejemplares*, p. 79.

4. Torres, *Rhetoricae exercitationes,* p. 143. Como señala su editora en nota, la referencia del ejemplo es vaga pero podría aludir a la tragedia de Eurípides y a los parlamentos desesperados de Hécuba con motivo de la destrucción de Troya.

futuro. En el presente, se relata el cambio de fortuna, las desgracias, calamidades e infortunios que afligen al que habla; del pasado se sacan ejemplos de desventuras de otros, con los cuales se comparan las propias; y, finalmente, se encuentra en el futuro la posibilidad de algún remedio o alivio a las desventuras sufridas[5].

Estas características básicas de la etopeya pasional aparecen en las palabras de Leocadia. Con la lamentación patética de su estado de deshonra, ella busca suscitar la conmiseración en Rodolfo, su victimario; para ello, refiere su desgraciado cambio de fortuna —"Ya me acuerdo (¡que nunca me acordara!) que ha poco que venía en compañía de mis padres..."— y finalmente propone como único remedio futuro el silencio —"cubrirás [la ofensa] con perpetuo silencio sin decirla a nadie", "entre mí y el cielo pasarán mis quejas, sin querer que las oiga el mundo"—[6].

Pero el discurso es también una etopeya de carácter ya que revela rasgos de Leocadia quien, a pesar de sus dieciséis años y de su condición "lastimada", pronuncia tan "discretas razones"[7]. Esta falta de concordancia entre la escasa edad de Leocadia y la discreción de su discurso podría ser considerada como desatención al importante principio del decoro o adecuación entre el personaje y sus circunstancias. Como dijera Alfonso de Torres, "a un joven frívolo le corresponden unas palabras y a un hombre anciano otras"[8]. Consciente del problema, en un gesto muy propio de Cervantes, se pone en boca del mismo personaje la explicación a tal incongruencia:

> No sé cómo te digo estas verdades, que se suelen fundar en la experiencia de muchos casos y en el discurso de muchos años, no llegando los míos a diez y siete; *por do me doy a entender que el dolor de una misma manera ata y desata la lengua del afligido, unas veces exagerando su mal para que se le crean, otras veces no diciéndole por que no se le remedien.* De cualquier manera, que yo calle o hable, creo que he de moverte a que me creas o que me remedies, pues el no creerme será ignorancia y el no remediarme imposible de tener algún alivio[9].

5. Torres, *Rhetoricae exercitationes*, p. 147.
6. Cervantes, *Novelas ejemplares*, p. 79.
7. Cervantes, *Novelas ejemplares*, p. 81.
8. Torres, *Rhetoricae exercitationes*, p. 147.
9. Cervantes, *Novelas ejemplares*, p. 80. El destacado es mío.

He recurrido a este fragmento de *La fuerza de la sangre* por su extraordinaria síntesis del problema que abordo en este libro. En primer lugar, el rapto y violación de Leocadia reciben una explicación social y moral (la "libertad demasiada" de este "mancebo atrevido" cuya riqueza y sangre ilustre "hacían hacer cosas [...] que desdecían su calidad"); no obstante, el hecho es representado siempre como desventura o desdicha, en alusión al carácter azaroso del encuentro entre la familia y el mancebo por un camino de Toledo, golpe de fortuna adversa que cambiaría por completo la vida de esa familia ("No sabían de quién quejarse, sino de su corta ventura"[10]). Pero más importante aún es el hecho de que el fragmento reflexiona sobre la operación retórica que transforma el padecimiento del infortunio en palabras. Tan pronto despierta de su desmayo, Leocadia encauza sus emociones hacia las "discretas razones" de una extensa etopeya. El doloroso infortunio requiere de ella un uso persuasivo de la palabra, pues intenta convencer a su victimario de que la abandone y mantenga en secreto su deshonra. En ese momento, se sorprende de su propia "discreción" ("No sé cómo te digo estas verdades") y se la explica con una sentencia de profundo sentido retórico: "el dolor ata y desata la lengua del afligido". El dolor del infortunio pasa de experiencia a lenguaje y lo hace siempre en relación con un interlocutor, en quien se ha de mover alguna emoción (conmiseración, temor u otra pasión), así como interés o fastidio, crédito o descrédito. La lengua del afligido se desata para persuadir del dolor y hacerlo verosímil a otros, pero se ata en el límite de lo remediable, cuando la persuasión resulta vana, en el grado —quizá— no solo de lo irreparable sino de lo indecible del infortunio.

La etopeya de Leocadia representa, en un texto ficcional de comienzos del siglo XVII, experiencias universales del ser humano que, sin embargo, han sufrido variaciones en cuanto objetos de distintos sistemas de representación. En este libro trato uno de estos sistemas de representación, el de las codificaciones retóricas concernientes al infortunio como materia del discurso en el siglo XVI. Estas codificaciones se encuentran sistematizadas en tratados retórico-poéticos que imitan y transforman una preceptiva de larga duración presente ya en tratados antiguos, bizantinos, medievales y renacentistas. El

10. Cervantes, *Novelas ejemplares*, p. 78.

impacto de esa preceptiva se observa claramente en los textos de la época, tal como vimos en el ejemplo de Leocadia, ceñido al modelo retórico de la etopeya en concordancia con los manuales de ejercicios compositivos preliminares.

Al recuperar las codificaciones que reglaron la representación de la fortuna adversa en el discurso, busco ampliar, desde la retórica, las investigaciones ya realizadas sobre Fortuna en el seno de la historia de la cultura, la historia del arte, la iconología, la filosofía y los estudios literarios. La nutrida bibliografía sobre Fortuna[11] no ha destinado la atención necesaria a un aspecto tan central en la cultura y el pensamiento del siglo XVI como fue la codificación retórica. La recuperación de este componente nos entrega antecedentes adicionales a los ya tratados en profundidad respecto de la representación iconográfica de Fortuna, su presencia como tópico en la literatura de la época o las variaciones y transformaciones de la reflexión filosófica en torno a la tensión entre necesidad y libertad.

En efecto, los estudios sobre Fortuna se han ocupado principalmente de las variaciones sufridas a lo largo de los siglos en su concepción y representación, así como de la sobrevivencia del paganismo y sus transformaciones o adaptaciones medievales, renacentistas y modernas, en diálogo con las concepciones cristianas en torno a la providencia, el destino y la libertad. En el señero estudio "La última voluntad de Francesco Sassetti" (1907), Aby Warburg llamó la atención —a partir del examen del testamento del mercader florentino Sassetti y de sus divisas, *ex-libris* y empresas, así como de la capilla funeraria que mandara edificar en Santa Trinità— a la presencia de imágenes antiguas como símbolos de energías paganas compatibilizadas con el culto ascético-cristiano. En lo referido a Fortuna, Sassetti y sus contemporáneos representaron para Warburg un periodo de transición, "a caballo entre la Edad Media y la Edad Moderna", entre la muda devoción y una mirada vuelta hacia el mundo y la audacia del individualismo humanístico, la confianza en la insondable voluntad

11. De esta vasta bibliografía, me limito a recordar aquí: Warburg, 2005 [1907]; Cassirer, 1951 [1927]; Doren, 1922-1923; Patch, 1927; Panofsky, 1999 [1930]; Wind, 1983; Frakes, 1988; Buttay, 2008; ver también, para el ámbito español: Mendoza Negrillo, 1973; Díaz Jimeno, 1987; González García, 2006; a ello se suman los útiles catálogos de exposiciones: Musée de l'Élysée, 1981; Thomson, ed., 2000; Rossi, ed., 2010.

divina pero la aspiración a conducir el timón de la nave de Fortuna[12]. Warburg entendió esa convivencia de fuerzas opuestas como una búsqueda de un nuevo equilibrio energético[13].

Esta tesis adquirió pleno despliegue en *Atlas Mnemosyne*, en cuyo panel 48 Warburg dispuso tres representaciones de Fortuna —la Fortuna con rueda, la Fortuna con mechón y la Fortuna con timón y vela—, entendidas como tres fases típicas del ser humano en la lucha por su propia existencia[14]. Estas fases no corresponderían, según Warburg, a distintos periodos históricos sino más bien a hábitos mentales que el ser humano puede asumir respecto de su destino en distintos momentos o situaciones. En la Fortuna con rueda, explicaba Warburg en carta a Edwin Seligman, el ser humano es un objeto pasivo de un movimiento incomprensible e imprevisible; en la Fortuna con mechón, Ocasión (*Occasio*) del Renacimiento, el ser humano busca controlar el destino tomando la melena de la diosa, tal como recomienda Maquiavelo en *El príncipe*; y, finalmente, entre estas dos, la Fortuna con vela del Renacimiento representa el ser humano al timón, en una lucha activo-pasiva con su propio destino[15].

Desde la historia de la cultura, muchos han dado continuidad al estudio de la representación de Fortuna y otros motivos relacionados en los siglos XV-XVII. Ernst Cassirer, por ejemplo, reservó en *Individuo y cosmos en la filosofía del Renacimiento* un capítulo especial al tratamiento filosófico del problema libertad/necesidad, problema que, en un contexto cultural en que el pensamiento se expresaba preferentemente en símbolos visuales, estuvo estrechamente vinculado a la representación alegórica de Fortuna[16]. De acuerdo

12. Warburg, 2005, p. 191.

13. Señala el historiador de la cultura: "tanto Sasseti como Rucellai revelaron en la utilización simbólica de imágenes antiguas, su persecución de un equilibro de energías, enfrentándose al mundo con una creciente confianza en sí mismos, pero buscando compatibilizar el culto ascético-cristiano de la memoria con el espíritu heroico de la Antigüedad; y todo ello a pesar de que eran plenamente conscientes del conflicto entre la fuerza de la personalidad individual y el poder misterioso del destino", Warburg, 2005, p. 191.

14. Así refiere Warburg en carta del 17 de agosto de 1927 a Edwin Seligman, reproducida en revista *Engramma*.

15. En carta de Warburg a Edwin Seligman, 1927.

16. Me refiero al capítulo III, "Libertad y necesidad en la filosofía del Renacimiento". Para el problema apuntado de la preferencia por la representación figurada en imágenes visuales, ver las pp. 101 y 102 del mismo capítulo, donde Cassirer

con Cassirer, el pensamiento filosófico sufrió procesos análogos a las transformaciones del símbolo Fortuna en las artes visuales del Renacimiento, "así como las artes tienden a fórmulas plásticas de conciliación, así también la filosofía tiende a buscar fórmulas teoréticas de conciliación entre la confianza medieval en Dios y la confianza en sí mismo del hombre del Renacimiento"[17]. De todas maneras, enfatiza Cassirer que es creciente la fe renacentista en la libertad y en la facultad creadora del hombre, las determinaciones son desestimadas y el motor del estado de cada cual se localiza más bien en las costumbres y en el impulso interior[18].

Historiadores del arte como Edgar Wind y Erwin Panofsky, entre otros, han estudiado distintas vertientes de esas "fórmulas plásticas de conciliación". Edgar Wind analizó algunas representaciones de Fortuna como representaciones figurativas de la teoría —de gran popularidad en el Renacimiento— que postula que la trascendencia es "una fuente de equilibro porque pone de manifiesto la coincidencia de los opuestos en el Uno supremo"[19]. Entendidas en el marco de esa teoría de gran "finura dialéctica", dice Wind, las representaciones de Fortuna, como el conocido fresco al estilo de Mantegna en el que aparece un joven entre una ligera y alada Fortuna-Ocasión y una quieta y firme Sabiduría que lo detiene, no representaría la tensión entre dos fuerzas contrarias sino una de las tantas representaciones de la unión de contrarios, de la prudente conciliación, tal como en las representaciones de *festina lente* o del Sueño de Escipción. En relación con este último, también Panofsky estudió la alegoría de Pródico sobre Hércules y su compleja tradición textual y tradición de la imagen, en la que se comparaban los dos caminos de la vida, el

afirma que "[l]a alegoría no es un mero complemento exterior y puramente accesorio, no constituye una envoltura accidental del pensamiento sino que se convierte en vehículo del pensamiento mismo". A propósito de este tema puede consultarse también Gombrich, 1948, y Klein, 1970.

17. Cassirer, 1951, p. 105.

18. Cassirer cita como ejemplo de esta tendencia a Giordano Bruno para quien "[s]i queremos cambiar nuestro estado, cambiemos entonces nuestras costumbres; mas si queremos que aquel sea bueno y mejor, estas no deben ser iguales ni peores. Purifiquemos nuestro impulso interior, así no será difícil que partiendo de la nueva forma del mundo interior logremos reformar el sensible y el exterior", Cassirer, 1951, p. 158.

19. Wind, 1972, p. 103.

de la *voluptas* y el de los trabajos y fatigas, como alegoría del libre albedrío, representación del conflicto interior en la concreción de dos personajes femeninos (*Areté* y *Eudaimonía*), alegoría también de la virtud estoica y de cierta noción de heroísmo[20].

La sostenida presencia de Fortuna en la tradición propiamente textual y poética ha sido objeto de diversos estudios que han evidenciado las fecundas relaciones entre las artes. En fecha cercana a los últimos trabajos de Warburg, se publicaron los de Alfred Doren, *Fortuna im Mittelalter und in der Renaissance* (1924), y de Howard Patch, *The Tradition of Goddess Fortuna in Medieval Philosophy and Literature* (1927). Este último, por ejemplo, analizó los lugares comunes asociados a Fortuna en la literatura medieval y del primer Renacimiento (los *loci* en torno a sus características físicas, sus actividades, sus poderes, los lugares que habita, etc.) para defender que, más que simple representación alegórica, es una muestra de su sobrevivencia en la imaginación. Para Patch, la filosofía medieval trató de anular a Fortuna pero la poesía fue capaz de conservarla en formas compatibles o no con el cristianismo. Por su parte, la literatura del Renacimiento, según Patch, dotó de pleno vigor a Fortuna como personificación apropiada del paganismo y la superstición, de lo cual discreparán luego autores como Jerold Frakes (*The Fate of Fortune in the Early Middle Ages: the Boethian Tradition,* 1988) o Florence Buttay-Jutier (*Fortuna. Usages politiques d'une allégorie morale à la Renaissance,* 2008), quienes defienden que no hay sobrevivencia de un culto a una diosa pagana sino simple lugar retórico y poético.

Los estudios dedicados a la tradición textual y literaria han seguido principalmente esta línea trazada por Doren y Patch de identificación de los tópicos de Fortuna y sus variaciones presentadas por autores de distintos periodos históricos. Pero la recuperación de la codificación retórica vinculada a la fortuna (en especial, a la fortuna adversa) permite indagar en un ámbito que va más allá del empleo de una tópica. En efecto, reconstruir esa codificación es acercarnos a ese espacio que interesó a Warburg (con fundamento en la idea de Cassirer de que en el mundo de las formas simbólicas operan modos de convertir lo real en objeto de captación intelectual al hacerlo

20. Panofsky, 1999.

visible), ese espacio entre el *páthos* y su representación simbólica, entre la conmoción de sentimientos como el dolor y el impulso de representarlos en imágenes, lo que supone que el comportamiento humano está siempre mediado por esas formas simbólicas[21]. En el discurso humano, la regulación retórica —en sus dos milenios de vigencia como código de producción de discursos— tuvo un rol central en ese dar forma, hacer transmisible, mediar y provocar el *páthos*. La representación del infortunio y las pasiones que mueve son ejemplo de ello.

Este libro se centra, entonces, en la representación discursiva del infortunio entendido como adversidad en la cual se enfrentan la libertad individual y el poder misterioso del destino. En particular, recupero aquí las codificaciones retóricas que rigieron la representación del infortunio, preceptuadas por autores ibéricos del siglo XVI como Juan Luis Vives, Miguel de Salinas, García Matamoros, Juan de Guzmán, Cipriano Suárez, Juan de Segovia, Luis de Granada, López Pinciano, entre otros, así como algunos autores europeos de gran impacto en la época como Rodolfo Agrícola, Erasmo de Rotterdam o Julio César Escalígero. Esta preceptiva retórica respecto del infortunio remite necesariamente a autores de periodos anteriores, sobre todo antiguos, como Aristóteles, Cicerón y Quintiliano, pilares de la larga tradición retórica leída, interpretada, imitada y transformada por los autores del siglo XVI.

Junto con recuperar esta codificación retórica del infortunio, este libro intenta evidenciar su impacto en textos de la época, en concreto, en textos de infortunios marítimos y naufragios vinculados a la expansión ibérica y a los procesos de conquista y colonización de América. La especificidad de este corpus no implica, sin embargo, que esa preceptiva le sea exclusiva; por el contrario,

21. En palabras de Ulrich Port, la categoría de los *Pathosformeln* de Warburg explicita que "no se trata de una articulación inmediata y espontánea de afectos y pasiones, sino de su puesta en escena en términos culturalmente definidos y codificados", los que pueden transformarse en objeto de representación artística "con un potenciamiento de la artificialidad", Port, 2004, p. 41 (mi traducción). En este mismo ensayo, Port estableció interesantes vínculos entre el concepto de *Pathosformeln* empleado por Warburg y el de *páthos* presente en la retórica y la poética. Port sostiene que la idea de Warburg de un equilibro energético tiene antecedentes en la dinámica antitética de las pasiones tal como tratadas en la retórica; asimismo, vincula el *páthos* exacerbado a la catarsis o purgación de afectos propia de la tragedia. Ver Port, 2004.

las codificaciones sistematizadas en este libro están presentes en un amplio abanico de textos de infortunios que no analizo, como por ejemplo, relaciones de desastres naturales, narraciones de vidas, relaciones de cautiverio y otros géneros.

Mi preferencia por las narraciones de naufragios escritas por españoles y portugueses del siglo XVI se funda en el alto potencial simbólico de ese género en su contexto histórico-cultural. Como es sabido, el mar ha sido desde siempre una barrera natural para el ser humano, espacio en que este se enfrenta de manera especial a la condición fortuita de la existencia, cifrada figurativamente en las dos caras de la Fortuna marítima, la bonanza y la tempestad. Como resumió Remo Bodei, en nuestra tradición, sobrepasar los límites de esa barrera natural se ha considerado un inevitable acto de *hýbris:* "este abismo líquido de aguas amargas, esta estéril extensión, contrapuesta al suelo cultivable, esta superficie agitada y sin caminos trazados se asocia íntimamente a la idea del peligro y de lo ignoto"[22]. Desde tiempos inmemoriales la navegación ha sido metáfora de la existencia individual y colectiva (*navigatio vitae*), una existencia cuya precariedad, movimiento en el tiempo y en el espacio, aspiración a llegar a un destino enfrentando peligros desconocidos e imprevisibles, se asemejan a las condiciones del viaje marítimo[23].

En el siglo de la expansión ibérica, cuando el mar pareciera ser amansado por la técnica y la exploración, y la Fortuna pareciera mostrarse benévola entregando fama, gloria y enormes riquezas a españoles y portugueses, los naufragios recordaban esa antigua *hýbris* al tiempo que eran un *memento mori* (un *hominem te esse cogita* —"recuerda que eres hombre"— como recomienda la conocida empresa de Juan de Borja; véase Fig. 5). En cuanto recuerdo de la condición mortal del ser humano, estos relatos incluían, por cierto, la promesa de la eternidad, una promesa que, como dijo Zygmunt Bauman, hacía frente a la incómoda conciencia de la muerte ("la muerte deja de ser la Gorgona cuya mera visión nos fulminaría, no solo porque podemos mirar a la cara a la muerte, sino que deberíamos mirarla a la cara todos los días y durante las veinticuatro horas para que no nos olvidemos de preocuparnos por la nueva vida que la muerte

22. Bodei, 2011, p. 80.
23. Bodei, 2011, p. 81.

inminente augura"[24]). Las relaciones de naufragios examinadas aquí ilustran bien esto: intentan ser una eficaz admonición, moviendo el miedo e inculcando la vulnerabilidad en tiempos de expansión violenta; enlazan su recordatorio de la muerte a una censura de vicios y alabanza de virtudes, encarnadas en personajes —algunos de alto rango— puestos a prueba en situaciones de máxima precariedad, mostrando al lector la correlación entre su comportamiento en la tierra y la salvación de la vida eterna.

La preceptiva del infortunio que recupero aquí concierne tanto a las distintas partes de la retórica (especialmente, *inventio*, *dispositio* y *elocutio*) como a las diferentes funciones del orador (*docere, delectare, movere*). En los textos, estos dominios y funciones se presentan imbricados (como en todo discurso), pero en este libro se propone un recorrido en dos partes, la primera centrada en el poder persuasivo del infortunio y sus pasiones, la segunda dedicada a las particularidades del *utile dulci* de la fortuna adversa. En cada una de estas partes, los textos de infortunios y naufragios funcionan como incitadores de preguntas a la vez que ejemplos de las posibilidades de empleo de esa preceptiva. En la primera parte, dicho texto es el *Libro de infortunios y naufragios* (1535-1549) de Gonzalo Fernández de Oviedo. En la segunda, las relaciones de naufragios escritas por portugueses en el siglo XVI y compiladas posteriormente por Bernardo Gomes de Brito en *História trágico-marítima* (1735-1736).

Las pasiones dolorosas o placenteras producto de la fortuna adversa, así como las pasiones de temor y conmiseración suscitadas por su narración, constituyen uno de los asuntos centrales de este estudio. Las regulaciones retóricas vinculadas al infortunio suelen estar íntimamente ligadas al tratamiento retórico de las pasiones. Como sabemos, la pertinencia de una *téchne* retórica de las pasiones ha sido con frecuencia objeto de polémica entre los mismos rétores. Así, no todos los autores ibéricos del siglo XVI, como tampoco los antiguos, concedieron el mismo relieve a las pasiones en sus tratados retóricos. Muchos, sin embargo, le asignaron un rol decididamente protagónico en cuanto medio para la persuasión. En la primera parte de este libro se tratan algunos ejemplos españoles de esta tendencia como contexto general en el que se instala el tratamiento

24. Bauman, 2011, p. 48.

específico de las pasiones vinculadas al infortunio, es decir, el temor y la conmiseración.

La impronta de Aristóteles, quien hiciera en el libro II de su *Téchne rhetoriké* una verdadera retórica afectiva que contempla en detalle lo que concierne al talante del orador y a las pasiones que el discurso mueve en el auditorio, no se transfirió a todas las obras posteriores. Ya los tratados del anónimo a Herenio y el juvenil *De inventione rhetorica* de Cicerón limitaban el tratamiento de las pasiones a las regulaciones propias del comienzo y el final de los discursos, a saber, el *exordium* y sobre todo el epílogo o *conclusio*. En el contexto de esa reducción, la fortuna adversa como fruto de la vulnerabilidad de la vida humana fue objeto principalmente de la *conquestio* (parte del epílogo en que la defensa movía la compasión en el juez). En el caso de la moción de la compasión (*miseratio*, *commiseratio*), ya en los tratados latinos mencionados, invocar la vulnerabilidad de la existencia sujeta a los vaivenes de una Fortuna ciega y destacar los padecimientos del infortunio constituyeron la base de los lugares comunes o *loci* de la *commiseratio*. Esta sistematización —en especial la de Cicerón— tuvo un alcance notable en los autores posteriores, incluyendo los del siglo XVI, como veremos en la primera parte de este libro.

Otro aspecto fundamental del tratamiento retórico del infortunio fue la cuestión de los límites o más bien de la medida ideal de su empleo. La lengua del afligido se ata y se desata, decía Leocadia en *La fuerza de la sangre*. Persuadir a alguien por medio de la representación del infortunio fue pensado como un doble movimiento: por un lado, la lengua desatada "exagerando su mal" —es decir, la amplificación de los infortunios y padecimientos, su descripción vívida, única manera de acercar los males a quienes no lo han padecido, haciéndolos amenazantes para mover en el oyente el temor y la conmiseración— y, por otro lado, la lengua atada en el punto preciso en que el efecto buscado podría ser contrariado, provocando el tedio o el "enfriamiento de la pasión" ("nada se seca más rápido que una lágrima", dijera Apolonio y lo repetirían los rétores a lo largo de los siglos).

La primera dirección de este doble movimiento contó con una detallada *téchne,* principalmente en los niveles de la *inventio* y la *elocutio.* Esta técnica involucró, entre otras cosas, la *phantasía* o *imaginatio* de los males y padecimientos, una *imaginatio* activada en el mismo orador como fundamento para la amplificación; la descripción de males e infortunios con *enárgeia* o *evidentia* para hacerlos presentes y mover la conmiseración; la disimulación del artificio; el empleo de *exempla* y parábolas; el uso de figuras como la prosopopeya. Las prescripciones referidas a la *actio* también incluyeron los gestos y entonaciones de voz adecuados a asuntos tristes y dolorosos. Todo ello es tratado en la primera parte de este libro, la que concluye con el análisis del *Libro de infortunios y naufragios* de Gonzalo Fernández de Oviedo como ejemplo de texto que busca la persuasión por medio del infortunio.

Como materia del discurso, el infortunio fue también un terreno especialmente fértil para la consabida alianza entre *docere* y *delectare*, binomio renovado en el contexto del siglo XVI, cuando se intentó armonizar el *utile dulci* horaciano con las nuevas interpretaciones de la catarsis aristotélica. La segunda parte de este libro aborda algunos aspectos retórico-poéticos del entrelazamiento entre desventura, dolor y placer, deleite, enseñanza y persuasión, en lo que concierne tanto a la lectura como a la escritura de textos de infortunios.

En efecto, la preceptiva retórica no solo codificó la escritura sino que, en la medida en que también consideraba los efectos de los discursos sobre sus oyentes/lectores, se nos presenta hoy como fuente para la reconstrucción de hipotéticas legibilidades de los textos. Así, es posible vincular la materia "infortunio" con varias categorías sistematizadas y descritas en tratados retórico-poéticos del siglo XVI. Por un lado, el infortunio podía ajustarse a categorías como lo admirable, lo inimaginable o lo inesperable, pensadas como generadoras de "placer mental". Por otra parte, el infortunio participaba del amplio elenco de materias tristes, dolorosas o desagradables, materias que en principio no causaban placer, como sostuviera el humanista Rodolfo Agrícola, pero sí un deleite "áspero", un deleite no provocado por la materia sino por su representación vívida. Además, los textos de infortunios también participaban de los "placeres trágicos" en cuanto representación de acciones destructivas y dolorosas producto de un golpe de fortuna que movía en el espectador o el lector temor y conmiseración. Las intenciones moralizantes de los textos de infortunios se ajustaban a ciertas interpretaciones renacentistas de la catarsis entendida como adquisición de la fortaleza o como prudente representación de la fragilidad y la mutabilidad de la existencia humana.

Por su parte, también la escritura del infortunio —frecuentemente fundada en la experiencia del mismo— fuera pensada como espacio de intersección entre dolor y placer. La escritura supone la sobrevivencia o la resistencia al infortunio. Ya en la *Retórica* de Aristóteles, la rememoración de los padecimientos sufridos aparece como fuente de placer (como en la cita de la perdida *Andrómeda* de Eurípides "Placentero es, con todo, tras ponerse a salvo, acordarse de las fatigas"). Junto con observar la difusión de ese tópico en textos del siglo XVI, examino su presencia conflictiva en textos de náufragos portugueses que se niegan a definir la escritura del infortunio como actividad placentera.

Por último, trato las dos vertientes principales del padecimiento ejemplar de infortunios, la resistencia virtuosa cifrada en el tópico del "magnánimo en la desventura" (de fuertes resonancias estoicas) y la concepción cristiana de las "dulces adversidades" (de amplia presencia en las escrituras judeo-cristianas). Cierro el libro con ese apartado sobre la paciencia cristiana, un apartado no propiamente retórico pero de radical importancia para la representación del infortunio. Como concepción, constituyó el fundamento de muchos modos de decir la adversidad en el siglo XVI.

De Fortuna ciega a lo inmanejable líquido

Durante siglos, la representación iconográfica y literaria de Fortuna expresó figuradamente ideas en torno a problemas intrínsecos de la existencia humana: la inexorabilidad de la muerte, la condición temporal de nuestra existencia, nuestra vulnerabilidad frente al mundo y a los sucesos impredecibles, los límites de nuestra libertad para controlar o siquiera conducir nuestras vidas, nuestra responsabilidad respecto de las vicisitudes de un mundo inconstante, la posibilidad de atribuirle sentido al infortunio, sobre todo al que se considera inmerecido o improbable...

La iconografía de la próspera y la adversa fortuna representa y contrasta alegóricamente lo que Vladimir Jankélévitch, en su libro titulado *La muerte,* llamó ese dolor presagiado por el placer, una preocupación por el futuro que es expresión, en última instancia, de la inquietud por ese "presente-por-venir de la muerte", "supremo porvenir"[25], "vacío que se abre bruscamente en plena continuación del ser"[26]. La cara favorable de la Fortuna amenazaba con mostrar de pronto su lado siniestro, así como la cumbre de la rueda medieval anunciaba la inevitable caída.

Ecléctica en general, la cultura renacentista representó la lucha del hombre con el mundo y el destino dirigiendo ora la resignación ora la esperanza hacia tres alternativas fundamentales: 1) el refugio estoico de la aceptación de lo incontrolable desde la apatía del sabio que responde a la mutabilidad con el ideal de la moderación; 2) la providencia entendida como fuerza siempre benevolente (aunque en ocasiones incomprensible al conocimiento humano), una providencia que hace del infortunio un valioso recordatorio de la trascendencia, ocasión para la contemplación del mundo y la meditación de la muerte; y 3) la defensa de la libertad individual para conducir el destino a través de la prudencia o bien de la audacia.

Más allá de estas oscilaciones, como sabemos, fue la "audacia" —la "lucha activa" que el primer Renacimiento representó paradigmáticamente en la imagen acuñada por Maquiavelo de un príncipe que golpea a Fortuna/Ocasión y empuña su melena— la que tuvo continuidad en una modernidad que buscó y prometió liberar definitivamente al hombre de la ciega e impermeable fatalidad —"esa gran incubadora de temores", como la llamó Zygmunt Bauman[27]—. La modernidad se pensó como una era que supondría el fin de las "sorpresas, las calamidades, las catástrofes, pero también de las disputas, las falsas ilusiones, los parasitismos" y, en suma, de todos "los ingredientes típicos del miedo"[28]. El espíritu moderno, resumió Bauman, "nació bajo el signo de la búsqueda de la felicidad", una felicidad que se pensó "eternamente creciente"[29], una liberación de todo lo inconveniente, lo que incluía los desastres naturales y los

25. Jankélévitch, 2009, p. 59.
26. Jankélévitch, 2009, p. 19.
27. Bauman, 2011, p. 10.
28. Bauman, 2011, p. 11.
29. Bauman, 2011, p. 68.

morales, los primeros entendidos por los filósofos modernos como aleatorios y los segundos como intencionados o deliberados[30].

Bauman enfatizó que durante toda la historia humana ha sido ininterrumpida la presencia de temores fruto de estremecimientos existenciales, pues ninguna sociedad ha ofrecido nunca garantías de protección infalible contra los "golpes del destino", idea que apunta a la impotencia y a la desventura de las víctimas, dada la incapacidad humana para predecir, prevenir o domesticar esos "golpes". En ese contexto, la naturaleza ha sido tradicionalmente un espacio de evidencia de esa incapacidad humana de domesticar lo imprevisible.

Frente a ese poder de la naturaleza, el ser humano ha tenido muy diversas posturas a lo largo de la historia. Remo Bodei contrastó la concepción antigua de espacios como las montañas, los océanos, los bosques, los volcanes, los desiertos, considerados *loci horridi* —lugares inhóspitos, hostiles, desolados, que evocan la muerte y humillan con su amplitud— y la concepción que se forja a principios del siglo XVII, la que transforma esos *loci horridi* en lugares sublimes, espacios que provocan placer y terror a la vez, pues recuerdan al ser humano su precaria y pasajera existencia en el mundo al tiempo que proporcionan la "voluptuosidad de perderse en el todo"[31]. Como demostró Bodei, lo sublime fue uno de los tantos mitos de la modernidad encaminados a "exaltar el protagonismo de la especie humana", fue parte de un antropocentrismo nuevo y reforzado, que entendió el hombre como desafiador y vencedor de la naturaleza en la lucha por la supremacía[32]. La grandeza aplastante del paisaje sublime era contrarrestada por el convencimiento de una supuesta "superioridad intelectual y moral del hombre sobre el universo entero"[33].

Tras la desacralización moderna de la naturaleza, la técnica aspiró a conseguir lo que las plegarias no habían logrado: en palabras de Bauman, "a partir de entonces, fue ya posible esperar que el carácter aleatorio e imprevisible de la naturaleza no constituyese más que una molestia temporal y que la posibilidad de hacer que la naturaleza

30. Bauman, 2011, p. 80.
31. Bodei, 2011, p. 13.
32. Bodei, 2011, p. 38.
33. Bodei, 2011, p. 13.

obedeciera a la voluntad de los seres humanos fuese solo cuestión de tiempo"[34]. Tarde o temprano, todas las amenazas naturales serían controladas y solucionadas, al igual que los males de índole moral.

Como sabemos, el resultado de ese proyecto moderno fue muy distinto e incluso diametralmente opuesto a lo esperado. De acuerdo con el agudo diagnóstico que ha hecho Bauman de nuestros tiempos actuales, vivimos inmersos en un "miedo líquido", un miedo aún más aplastante que el que inundaba a Europa del siglo XVI[35], puesto que difuso, disperso, sin vínculos ni anclas[36]. Bauman escribe bajo el impacto de la destrucción provocada por el huracán Katrina (2005), episodio que dejó en evidencia no solo el fracaso del proyecto moderno de una *téchne* controladora de lo natural sino que puso al descubierto el "secreto mejor guardado de la civilización": que la corteza del mundo civilizado es más fina que una lámina y que su intención de impedir las catástrofes naturales dio como resultado (paradojal y desconcertante) el habernos hecho "dependientes de la civilización", despojándonos "de toda habilidad alternativa que hiciera posible la convivencia humana en el caso de que la pátina o baño superficial de los modales civilizados se desprendiera por la acción de agentes externos"[37].

Pero ese no sería el resultado más aterrador del proyecto moderno sino la "transformación totalmente imprevista e inquietante de las catástrofes morales a imagen y semejanza de los desastres naturales incontrolables"[38]. La lucha moderna por hacer del mundo un lugar predecible, continuo y manejable, suponía un comportamiento guiado por la razón, pero, después de Auschwitz, se hizo evidente la degradación de ese comportamiento al mismo nivel de la naturaleza irracional. Tan aleatorios e imposibles de prever como los terremotos o los tsunamis aparecen hoy los males morales a raíz de la erosión de los escrúpulos éticos y la ausencia de normas universalmente vinculantes[39].

---

34. Bauman, 2011, p. 113.

35. "Peur toujours, peur partout" ("miedo siempre, miedo en todas partes"), así resume Febvre la experiencia de la vida en Europa del siglo XVI, en *Le problème de l'incroyance au XVIe siècle*, citado por Bauman, 2011, p. 10.

36. Bauman, 2011, p. 10.

37. Bauman, 2011, p. 29.

38. Bauman, 2011, p. 114.

39. Bauman, 2011, p. 67.

Hoy, cuando la humanidad dispone de las armas necesarias para una completa autodestrucción, cuando el Estado desmantela progresivamente las defensas que proporcionaba, cuando el mercado competitivo erosiona la solidaridad[40], cuando la vulnerabilidad alcanza dimensiones planetarias en un mundo globalizado, cuando la lógica interna de la civilización moderna parece acercarnos a una "catástrofe definitiva"[41], estudiar los medios retórico-poéticos con que se narró el infortunio durante el siglo xvi adquiere un sentido (quizás) no solamente académico.

Lectores de ese pasado a través de sus ruinas (es decir, sus textos, sus grabados...) podríamos ser un medio de contraste. De un lado, los infortunios y naufragios en el océano que llevó a un Mundo Nuevo, a una nueva concepción de la tierra, a una búsqueda desenfrenada de riquezas, y al inquietante pero a la vez esperanzador y utópico encuentro con la humanidad americana. Del otro lado, la zona gris del miedo líquido, donde "desaparecen empresas poderosas", "grandes aviones comerciales se estrellan con sus mil y un dispositivos de seguridad arrastrando en su caída a centenares de pasajeros", "los caprichos del mercado desposeen de todo valor los bienes más preciosos y codiciados", se maquinan "toda clase de catástrofes imaginables e inimaginables, listas para arrollar tanto a los prudentes como a los imprudentes"[42].

En este nuevo contexto, no solo han vuelto temores similares a los de nuestros antepasados sino que a ellos se ha añadido el que Bauman pensó como el más horrendo de los temores posibles: "el miedo a ser incapaces de impedir o conjurar el hecho mismo de tener miedo", el haber perdido las ilusiones y temer no solo que nuevas catástrofes sobrevengan sino que también "nos resulte imposible escapar a ellas"[43]. Según Bauman, en esa zona gris del miedo líquido, se ha dejado al individuo solo, encargado de buscar soluciones personales a problemas socialmente producidos y dispersos a escala global.

40. Bauman, 2011, p. 175.
41. Bauman, 2011, p. 101.
42. Bauman, 2011, p. 14.
43. Bauman, 2011, p. 124.

Si, en algún momento, nuestra situación de conectividad e interdependencia global nos obliga a restaurar el sentido de solidaridad, y la búsqueda de felicidad, libertad y seguridad deja de encaminarse a los privilegios y apunta, por el contrario, a la universalidad, entonces —quién sabe— reconstruyamos también un decir compartido de la fortuna y del infortunio, del miedo y la compasión, de la vulnerabilidad humana que asusta y encanta a la vez. En ese hipotético momento, las formas de decir del pasado podrían ser algo más que una ruina erudita de nuestra historia.

Primera parte

Persuadir con el infortunio

Un gran final a toda orquesta

El primer cronista oficial de Hispanoamérica, Gonzalo Fernández de Oviedo (1478-1557), decidió culminar su monumental edificio, la *Historia general y natural de las Indias*, con un libro enteramente dedicado a infortunios: *Infortunios y naufragios acaecidos en las mares de las Indias, islas y Tierra Firme del Mar Océano.* Ya en la primera edición de la *Historia* (Sevilla, 1535), el *Libro de infortunios y naufragios* concluía el notable esfuerzo cronístico de Oviedo con once capítulos que narran temeridades marítimas, naufragios, muertes, milagros, tortuosas peregrinaciones y experiencias de sobrevivencia en condiciones apenas humanas. Al cabo del largo proceso de redacción de la *Historia*, el libro aumentaría hasta alcanzar los treinta capítulos, ocho años antes de la muerte del mismo Oviedo, en 1557, permaneciendo como libro final de la obra (libro L).

El *Libro de infortunios y naufragios* tenía un claro propósito edificante: quitar a los lectores los deseos de navegar, según enfatizó su propio autor. En palabras de Antonello Gerbi, estudioso de la obra de Oviedo, el libro buscaba "hacer sentir la peligrosa lejanía del Nuevo Mundo", "mostrar en la cresta de las olas atlánticas las imágenes milagrosas de la Virgen y de los Santos"[1]. Hasta cierto punto, cerrar la obra con un libro de este tipo era la natural culminación de un movimiento característico de la *Historia* de Oviedo

1. Gerbi, 1992, p. 300.

Figura 1. Theodor de Bry,
Emblemata nobilitati et vulgo scitu digna (Frankfurt, 1593)

según Gerbi: un tránsito desde el predominio de lo físico hacia lo cronístico, desde el entusiasmo del descubrimiento y de la ebriedad de la conquista hacia un énfasis en el esfuerzo sostenido de los colonos y hacia la acusación de una sórdida avaricia que alcanzaría incluso al rey, y, por último, desde la fascinación por una naturaleza singular y novedosa hacia su representación como enemiga hostil[2].

Sin embargo, como libro conclusivo, el *Libro de infortunios y naufragios* llevaba a extremos pasmosos el movimiento descrito. Tanto es así que para Gerbi este cierre de la *Historia* de Oviedo podría ser pensado como el único esfuerzo de composición de toda la obra[3]. Un esfuerzo compositivo que Gerbi describió haciendo uso de metáforas arquitectónicas y musicales: un "friso lineal grandioso y terrífico", en el que "toda una serie de borrascas y naufragios y catástrofes navales" cerraban y circunscribían con un Océano tempestuoso el Nuevo Mundo[4]. Único esfuerzo compositivo de la *Historia*, dado que lo que iniciara con el felicísimo viaje de Colón finalizaba con un *fortissimo* al unísono de maderos rotos, alaridos, plegarias desesperadas y silbantes huracanes, un "gran final a toda orquesta", pensó Gerbi[5].

Este contrapunto entre el feliz viaje de Colón y los aterradores casos de infortunios y naufragios del final de la *Historia* de Oviedo dispone en el largo intervalo de la obra lo que la iconografía de la época contrastaba en espacio reducido. En numerosos grabados del siglo XVI aparecen contrapuestas las dos caras de la Fortuna, una Fortuna que demuestra su mutabilidad y ambivalencia sobre todo en el mar, una *duplex Fortuna, utraque Fortuna*, de un lado *Fortuna bona, Fortuna obsequens, Fortuna fausta, Fortuna audax, Fortuna redux*, y, por el otro lado, *Fortuna adversa, Fortuna sinistra, Fortuna saeva, Fortuna atrox, Fortuna bruta, Fortuna insana, Fortuna iniqua.*

Es el caso, por ejemplo, del emblema de Fortuna en *Emblemata nobilitati* (1593) de Theodor de Bry, con el mote *His Fortuna parens, illis iniusta noverca est* ("Para estos la Fortuna es una madre, para aquellos una injusta madrastra"; véase Fig. 1). Allí una Fortuna

2. Gerbi, 1992, p. 300.
3. Gerbi, 1992, p. 300.
4. Gerbi, 1992, p. 300.
5. Gerbi, 1992, p. 300.

con rasgos de *Venus Euploia*, sobre una concha, además de su propia esfera, dispensa en uno y otro lado fortuna próspera y fortuna adversa. En su mano derecha porta una corona y un collar, además de un cáliz cubierto y, del mismo lado del grabado, abrigados por el viento favorable de la diosa (benévola madre, *parens*), algunas personas viajan plácidamente por tranquilas aguas, otras desarrollan su vida con toda normalidad mientras, a lo lejos, la ciudad es iluminada por un cielo claro y auspiciador. En el costado izquierdo del grabado, bajo los influjos de la serpiente que porta Fortuna (injusta madrastra, *iniusta noverca*), una nave y un hombre se hunden en tormentosas aguas mientras la ciudad en llamas se destruye bajo un cielo aciago.

Varias décadas antes, las dos facetas de Fortuna aparecían también en la *Tabula Cebetis* grabada por Hans Holbein, que sirvió a Aldo Manucio para su *Lexicon Graecum, iam secundum...* (Basilea, 1522) y luego a Nicolò Perotti para *Cornucopiae, seu Latinae linguae commentarii locupletissimi* (Basilea, 1532) (Fig. 2). Allí, el centro inferior del grabado representa a un *genius* entrando a un jardín alegórico dividido en dos zonas, con personificaciones de vicios y virtudes como la lujuria, la avaricia, la incontinencia, el dolor, la tristeza, la penitencia, la disciplina, la fortaleza y la audacia. En el centro del extremo superior está representada la Felicidad, sentada en un trono, con cetro y corona; pero en el extremo inferior derecho hay una Fortuna alada que, como es habitual, pisa una inestable esfera, y porta los atributos comúnmente asociados a Némesis (en una mano unas riendas y en la otra un cáliz tapado). Esta imagen representa alegóricamente la fortuna adversa y la próspera, como caminos que no siguen la verdadera virtud, aquella que está más allá de las vicisitudes mundanas. A los pies de esa alada Fortuna-Némesis, los afectados por la fortuna adversa son representados con gestos de desesperación y dolor.

CORNVCO
PIAE, SEV LATINAE LINGVAE
COMMENTARII LOCVPLETISSI-
mi, Nicolao Perotto, Sipuntino pontifice autho-
re, tanta ad ueterum ſcriptorũ, codicumq́ fidem,
diligẽtia recogniti: unde deprompti ſunt, tantaq́
ſolertia, diuerſitate characterum, & luce diſtincti,
ut nulla ſuperiorum æditionum, cum hac
iure certare queat. Cætera quæ hoc
uolumine complectuntur,
ſequens indicabit
pagina.

VALEN. CVRIO.

BASILEAE,
MENSE MARTIO.
ANNO M. D. XXXII.

Cum gratia & Priuilegio.

Figura 2. Nicolaus Perottus,
Cornucopiae, seu Latinae linguae commentarii locupletissimi
(Basilea, 1532)

Estos gestos desesperados se extreman mucho más en un grabado como el de Jan Muller (1571-1628) a partir de diseño de Cornelis Cornelisz. van Haarlem (1562-1638), *Fortuna ciega distribuyendo bienes* (Fig. 3). En el centro del grabado, una Fortuna con cabellera de *Occasio* (su sirviente Ocasión, tal como en *Emblematum liber* de Alciato, Fig. 4) y ojos cerrados que representan su ceguera o arbitrariedad en la entrega de los bienes, se equilibra sobre una inestable esfera, lo que se dificulta aún más por su peculiar escorzo. Su mano derecha arroja los bienes de la fortuna próspera, poder económico, político, militar y fama. De su mano izquierda, en cambio, no dispensa nada. En el lado derecho del grabado, entre los beneficiados por Fortuna/Ocasión, uno tiene una corona, otro una mitra; en el extremo, un hombre huye apurado con varias bolsas lanzadas por Fortuna, y entre ellos una madre disfruta en abrazo amoroso del cariño de un pequeño hijo que carga en los hombros. En posiciones insólitas y difíciles, con musculaturas hipertrofiadas de un michelangelismo de segunda mano (como es propio de los artistas de Haarlem, a partir del influjo de Van Heemskerk[6]), se precipitan distintos personajes, unos sobre otros, para alcanzar los bienes arrojados por la diosa. En el costado izquierdo, Muller y van Haarlem hacen un despliegue artístico de *varietas* al representar diversos personajes afectados por el dolor y la desesperación, desde la figura totalmente cubierta del fondo hasta la figura femenina en primer plano, pasando por el variado elenco entre ambos.

6. Esta musculatura hipertrofiada era identificada en las fuentes coetáneas como *Knollenstil*, tal como indica Falomir, 2014, p. 83. Falomir estudia las Furias como alegoría política y desafío artístico, y hace precisiones en torno a la producción de grabados de Furias en los Países Bajos y sobre todo en Haarlem en las pp. 76-87. Me parece que no sería arriesgado ver en *Fortuna ciega distribuyendo bienes* el mismo impacto relacionado con el interés de representar los escorzos más inverosímiles y el dolor extremo como *pathosformeln*.

Figura 3. Jan Muller, a partir de diseño de Cornelis van Haarlem, *Blind Fortune Distributing Gifts* (1590)

Figura 4. Andrea Alciato, *Emblematum liber* (Augsburgo, 1531)

Este grabado ejemplifica iconográficamente la estrecha vinculación entre fortuna adversa y pasiones dolorosas. Como observó Aby Warburg, en ciertos artistas del Renacimiento se advierte una verdadera urgencia expresiva por lo que el historiador de la cultura llamó "el *páthos* dionisiaco" (furia, luto, expresiones patéticas de madres enfurecidas, matanzas de inocentes, víctimas de sacrificios, meditación de la muerte...)[7]. La representación artística de esas pasiones dolorosas contó con el *Laocoonte* (exhumado en 1506) como *exemplum artis* y *exemplum doloris*, pero, según dio a entender Warburg, podría pensarse que la reinvención renacentista de ese *páthos* habría llegado al mismo punto incluso sin ese descubrimiento crucial, tal era la avidez de los artistas del Renacimiento por una elocuencia patética de fundamento antiguo[8].

En el caso de los discursos, la representación de los afectos dolorosos y la consiguiente moción de pasiones en el receptor, fuera objeto de regulaciones modélicas a lo largo de los siglos, desde las sistematizaciones antiguas. La tradición retórica, leída, revisitada y transformada en el siglo XVI, incluía numerosos preceptos relativos al infortunio y sus padecimientos, con miras a la persuasión.

El conocimiento de estas regulaciones hace posible vincular lo que Gerbi llamó el "único esfuerzo compositivo" de la *Historia* de Oviedo no solo a la iconografía de Fortuna próspera y adversa sino a muy antiguos criterios retóricos que reservaban para la conclusión de los discursos, es decir, para el epílogo, la *peroratio* o la *conclusio,* el máximo movimiento de afectos y pasiones. En ese sentido, la decisión de Oviedo de disponer el *Libro de infortunios y naufragios* como *conclusio* de su extensa obra nos hace pensar en las codificaciones retóricas que recomiendan concentrar en la culminación de un discurso el pleno despliegue persuasivo a partir de la moción pasional, en particular de las pasiones derivadas del infortunio.

Esto nos permite visualizar el esfuerzo compositivo de Oviedo como parte de un discurso que se dirige hacia la persuasión. En el caso de historias como la de Oviedo y tantas otras crónicas de la

7. En Tablas 40, 41, 41a y 42 de *Atlas Mnemosyne* en Warburg, 2000, pp. 70-77.

8. En efecto, la tabla 41a omite el mármol vaticano, Laocoonte por excelencia. Ver a este propósito la lectura de Centanni, 2003.

conquista y la colonización de América, narrar los hechos y acontecimientos, y aun describir el mundo natural, era parte de un discurso que pretendía también acusar o defender, disuadir o aconsejar, tareas propias de los géneros jurídico y deliberativo, respectivamente. Desde la inevitable distancia respecto de la corona, y en diálogo permanente con los textos y documentos de la administración de los asuntos americanos, pesaba con frecuencia sobre los sujetos que llevaron a cabo las acciones de descubrimiento, conquista y colonización, la necesidad de referir y defender sus actuaciones. Cuando estos sujetos escribieron, hicieron uso de todas las estrategias retóricas del discurso jurídico. En ocasiones, se permitieron además (sobre todo los que escribieron desde el sitial de la Historia como "maestra de vida y luz de la verdad") acusar y censurar vicios, defectos o conductas que consideraron inapropiadas, y aconsejar, por tanto, respecto de la que calificaban como la mejor forma de conducir y gobernar el Nuevo Mundo. En otras palabras, retóricamente, gran parte de estas historias fueron mucho más que simple *narratio*, pues también buscaron refutar, confirmar, argumentar y, en suma, persuadir por medio de la palabra.

Pero, de acuerdo con la preceptiva retórica, ¿qué rol cumplen las pasiones en la búsqueda de la persuasión? ¿Qué pasiones o emociones entran en juego al referir casos de fortuna adversa? ¿Qué funciones específicas cumple la narración de infortunios y desventuras en un discurso que intenta ser persuasivo? ¿Cómo se pensó la persuasión del infortunio desde la retórica antigua y de qué manera esa sistematización fue recogida y transformada por retóricos del siglo XVI?

Persuadir con las pasiones

Desde antiguo, la retórica —en cuanto teoría y práctica— tuvo como fin la persuasión por medio del discurso. Como señaló Laurent Pernot, la retórica se inventó para entender, producir y regular la persuasión[9]. Producir y regular suponen en primera instancia la tarea no fácil de entender, porque —según formula el mismo Pernot— "¿cómo explicar ese fenómeno, común y misterioso a la vez que consiste en llevar al otro, sin coacción aparente, a pensar algo que antes no pensaba, o aún no pensaba?"[10]. O también, tal como formularan los retóricos antiguos y modernos, ¿de qué medios dispone el orador para persuadir?

En sus *Rhetoricorum libri quattuor* (*Los cuatro libros de la retórica*) publicados en Amberes, en 1569 (y luego, también en vida del autor, en Amberes, el año 1589)[11], el humanista, teólogo y poeta Benito Arias Montano (1527-1598) incluye la referencia a la antigua divinidad *Peithó* (Persuasión) presente, desde el periodo clásico, en la literatura y el pensamiento griegos, identificable en la pintura de vasos y con una genealogía mitológica propia (supuestos vínculos familiares con Ate, Prometeo y otras deidades), además de santuarios en Atenas, Argos, Tasos, etc. En época clásica, Persuasión es identificada a ratos con la seducción y el engaño, y otras veces, por el contrario, con el rechazo a la violencia y la búsqueda de la concordia en las relaciones sociales[12].

En ese segundo sentido la recupera Arias Montano. Al comienzo del libro cuarto, el humanista traza el retrato de un orador ideal, discípulo al que aspira formar como retórico: un "varón justo, santo

9. Pernot, 2013, p. 20.

10. Pernot, 2013, p. 20.

11. Arias Montano dedica su tratado retórico a un amigo, Gaspar Vélez, interpelado en varios pasajes de la obra. Como da a entender el mismo Arias Montano, el amigo se encontraba en América (IV, 1275-1280), de manera que, incluso antes de su primera edición, el manuscrito es enviado al Nuevo Mundo, según anota su editora Pérez Custodio. Antonio de Morales (nombrado en 1557 obispo de Michoacán), encontrándose en España y habiendo sido testigo del ingreso de Arias Montano a la orden de Santiago, envió en 1561 un manuscrito de los *Rhetoricorum libri quattuor* (con anotaciones suyas) al amigo radicado en Indias.

12. Pernot, 2013, p. 34.

y digno"[13], de amplia formación intelectual y moral, protector de las leyes y de la comunidad, que convence del bien y disuade del mal, al tiempo que defiende al reo que suplica protección. En ese contexto, Arias Montano recuerda que, cuando en tiempos remotos bajó de los cielos la deidad Persuasión, "aplacó a feroces naciones, llamó a los pueblos a la legalidad y evitó que la especie humana se precipitara hacia su propia ruina, prohibió los asesinatos, mermó las fuerzas del pecho endurecido y, aplacándolas con el canto, las obligó a ceder y las transformó en algo positivo para una vida apacible"[14].

Los versos[15] de Arias Montano recuperan la idea, presente en varias retóricas antiguas, de un papel civilizador del arte de la persuasión. Ese rol se juega tanto en la instalación de una legalidad como en el *control de las pasiones*: aplacar feroces naciones, mermar pechos endurecidos, obligar a ceder, aplacando con el canto, son las funciones de la persuasión, recuerda Arias Montano. Y lo reitera más adelante: el orador ideal moverá la ira en los ánimos, devolverá la dulzura a los corazones, arreglará las discordias entre hermanos y crueles riñas, confortará con sus palabras los corazones doloridos, calmará a los que desean guerra, incitará con feroz aguijón a los que tienen miedo...

En todas estas tareas encomendadas al orador es evidente el relieve del conocimiento de las pasiones, conocimiento aparejado a una *téchne* cuyo fin es controlar, incitar, calmar o mover emociones en los destinatarios del discurso persuasivo.

Curiosamente, Arias Montano no especifica una técnica para mover las pasiones sino que deposita en las emociones del mismo orador todo el potencial persuasivo del *movere*. Según el humanista, si el orador en verdad se duele, se indigna, hace totalmente suya la causa, muestra en sus palabras su corazón abierto, los furores de su

13. Arias Montano, *Rhetoricorum libri quattuor*, IV, vv. 107.

14. Arias Montano, *Rhetoricorum libri quattuor*, IV, vv. 114-122.

15. Los *Rhetoricorum libri quattuor* de Arias Montano están escritos en versos. En el último libro, el retórico humanista defiende el valor de la métrica para la memorización. En la traducción de Pérez Custodio: "Pero si está más y más constreñido por el ritmo y avanza con la exactitud de la métrica, obedeciendo a leyes exactas, acostumbrado a los ritmos de las Musas y siguiendo los sonidos que oyen el Helicón y el agua sagrada de Permesis, estos preceptos se asimilan mejor, se fijan a la memoria [...]", *Rhetoricorum libri quattuor,* IV, vv. 408-419.

espíritu, con vivas quejas, entonces, la naturaleza será la guía de su camino, dándole las actitudes que ningún tratado puede exponer ni enseñar[16].

Arias Montano tomaba, de ese modo, una posición en la larga discusión retórica en torno a preguntas tales como ¿corresponde realmente a la preceptiva retórica el tratamiento de las emociones?, ¿es posible una *téchne* del movimiento de las pasiones o su principal fundamento no es sino la compenetración del orador con su causa (y la meta de la misma) en un despliegue pasional natural que suscitaría, también naturalmente, la respuesta deseada en el auditorio?

Desde Aristóteles, la retórica se enfrentaba a esta cuestión problemática. En párrafos iniciales de la *Retórica*, Aristóteles afirma que solo las pruebas por persuasión son propias del arte retórico y que "todo lo demás sobra", explicando luego que los entimemas son el "cuerpo de la persuasión" y que "mover a sospecha, a compasión, a ira y otras pasiones semejantes del alma no son propias del asunto"[17]. Estas afirmaciones entran en fuerte contradicción después con lo afirmado en 56a2-25, y sobre todo con el desarrollo de II 1-2, donde las pasiones son consideradas una de las tres *písteis éntechnai*, es decir, uno de los tres medios de prueba o proposiciones persuasivas, tan importantes como los argumentos racionales u objetivos. El mismo Aristóteles lo confirma en su *Poética* (19, 1456b): a la retórica conciernen todas aquellas cosas dispuestas en el discurso, entre ellas, el demostrar o refutar, el amplificar y disminuir, pero también el excitar las pasiones como la compasión, la cólera y todas las pasiones de este género.

Una nutrida bibliografía ha intentado explicar esta incoherencia entre las partes mencionadas de la retórica aristotélica. Se ha sostenido, por ejemplo, que Aristóteles aceptaría el uso de elementos afectivos solo como pruebas accesorias (como defiende Cope), o que *lógos*, *páthe* y *éthe* (razón, pasiones y caracteres) estarían todos contenidos en el entimema y que el rechazo a las pasiones del capítulo I 1 refiere únicamente a las pasiones extrínsecas a la materia de la persuasión (tal como plantea Grimaldi), o que esta incoherencia debiera

16. Arias Montano, *Rhetoricorum libri quattuor,* III, vv. 2126-2133.

17. Aristóteles, *Retórica,* I, 1354a10-15. Las citas en castellano provienen siempre de la traducción de Quintín Racionero.

ser entendida desde una perspectiva diacrónica, como sustrato más antiguo de la redacción de la *Retórica* (lo que defiende Racionero).

La incongruencia entre distintas partes de la *Retórica* de Aristóteles pareciera no tener una solución definitiva. Pero, como fuere, el desarrollo de II 1-2 no deja dudas respecto de la importancia concedida por el Estagirita a los elementos subjetivos para la persuasión. En la formación de un juicio (que es el objeto de la retórica), no solo intervienen los argumentos racionales (opiniones y enunciados) sino que es necesario atender a los efectos del discurso suscitados por la actitud de los oyentes hacia el orador y hacia el discurso. Los oradores se hacen persuasivos a través de la sensatez, la virtud y la benevolencia, pero también inclinando el auditorio a su favor, "pues las cosas no son, desde luego, iguales para el que siente amistad, que para el que experimenta odio, ni para el que está airado que para el que tiene calma, sino que o son por completo distintas o bien difieren en magnitud"[18].

En su prefacio al libro II de la *Retórica* de Aristóteles, Michel Meyer llega a afirmar que la pasión es el "momento retórico por excelencia"[19]. Las pasiones, asociadas al sufrimiento y al placer —y, por lo tanto, al apetito sensible, que es cambiante—, son confusión, pero al mismo tiempo un estado de ánimo reversible, capaz de ser contrariado o invertido. Desde el punto de vista retórico, las pasiones son susceptibles de *téchne*. En ese sentido, las pasiones son al mismo tiempo lo incontrolable y lo reductible[20]. En palabras de Meyer, la pasión es sobre todo el otro en nosotros, el ser humano en su diferencia pero también en su individualidad; la pasión es la primera forma de autorepresentación proyectada sobre otra persona, que reacciona a ella, y es al mismo tiempo la cosa y el espectáculo de la cosa, pues la pasión consiste en su representación y expresión. De ahí que, de acuerdo con Meyer, haya un principio estructural en las

18. Aristóteles, *Retórica*, II, 1378a.

19. Meyer, 2000, p. XL.

20. Meyer, 2000, p. LI. Remito el lector interesado en un abordaje filosófico de las pasiones en el alba de la modernidad a Bodei, 1991 y Piro, 1999. Asimismo, en *Passio als Leidenschaft*, Auerbach destacó, desde la filología, las diversas acepciones del término *passio*, desde Aristóteles y los estoicos, pasando por la mística, para llegar a la *pasión* moderna, especialmente en autores franceses del siglo XVII. Como el lector verá, los autores que trato en este libro están en un momento todavía anterior a este giro moderno de las pasiones.

catorce pasiones consideradas por la *Retórica* de Aristóteles[21]: ellas buscan definir la identidad del sujeto en relación con otros y su referencia al otro varía si este es visto como superior, igual o inferior en sus actos, lo que en la *Poética* incide, como sabemos, en la distinción de los géneros. Las pasiones reflejan, entonces, las representaciones que hacemos de los demás, considerando lo que ellos son para nosotros, o en el dominio de la imaginación o en la realidad. Así, por ejemplo, la calma y la tranquilidad como pasiones recrean simetría, como también el amor y la amistad, mientras que la cólera y el temor suponen asimetría en la relación con otro.

La retórica posterior a Aristóteles reconoció de modo generalizado el *movere audientium animos* como uno de los tres objetivos del orador. A pesar de ello, no siempre las artes oratorias concedieron un espacio de relieve a las pasiones. Como subrayó Friedrich Solmsen, la consideración del *affectus* después de Aristóteles se restringió en general a la preceptiva del proemio y del epílogo como partes en las cuales el orador debía *mover* con especial énfasis. Si Aristóteles había dedicado la mayor parte del libro II de la *Retórica* a las pasiones, independizando su consideración de las partes mencionadas, la retórica posterior redujo notablemente su tratamiento, perdiendo fuerza el esquema trazado por el Estagirita de las tres *písteis* o medios de persuasión. Con posterioridad a Aristóteles, ni se analizó en detalle la naturaleza de las emociones ni se reconoció siempre que las pasiones fueran uno de los asuntos a ser tratados por la retórica.

Esto sucede en dos obras claves para el proceso de apropiación romana de la teoría retórica helenística, la anónima *Rhetorica ad Herennium* y la retórica juvenil de Cicerón, *De inventione rhetorica*. Estas obras tienen varios rasgos en común y por mucho tiempo se pensaron como ciceronianas, siendo muy difundidas y utilizadas durante toda la Edad Media. En ambas se reconoce como uno de los propósitos del orador (junto a enseñar y deleitar) el mover las emociones en los oyentes, pero la consideración del movimiento de las pasiones queda reducida al tratamiento del *exordium* y de la *peroratio*. A pesar

21. Las pasiones tratadas por Aristóteles en la *Retórica* son: la ira y la mansedumbre, el amor y el odio, la valentía y el temor, la vergüenza y la impudicia, el favor y la gratitud, la piedad y la indignación, la envidia y la emulación.

de esta reducción, la sistematización que presentan ambos tratados en lo relativo a la moción de pasiones, sobre todo de la compasión en la *conquestio*, será crucial para la preceptiva del infortunio, como veremos más adelante.

Ahora bien, en obras posteriores de Cicerón, como *De oratore,* se recupera la tradición aristotélica de la amplia preocupación por las pasiones, como ya advirtiera Solmsen. Desde la introducción, en la que Cicerón explica a su hermano las circunstancias de escritura de *De oratore*, afirma que la razón por la cual ha habido siempre tan pocos oradores excelentes radica en la dificultad de un arte —la retórica— que requiere el manejo de innumerables ámbitos, uno de ellos las pasiones con que la naturaleza dotó al género humano, pues "toda la fuerza y esencia de la oratoria ha de manifestarse en calmar o excitar el ánimo de los oyentes"[22].

En *De oratore*, Cicerón traza un ideal de orador a partir del diálogo de excepcionales oradores como Lucio Craso y Marco Antonio. En ese trazado ideal, el poder de un orador radica en su capacidad de incitar el ánimo de sus oyentes a la ira, al odio o al dolor, o bien en suavizar estas emociones transformándolas en mansedumbre y compasión. Para ello, es imperioso el conocimiento a fondo de la naturaleza humana, todas las posibilidades de la condición humana y las causas mediante las cuales los espíritus se excitan o se amansan[23]. Lo característico del orador, aquello que lo singulariza, es su poder de apagar, a través del discurso, la disposición de ánimo y las pasiones de un auditorio[24]. El orador ideal está familiarizado con lo que la filosofía señala sobre la naturaleza y los defectos del hombre, las pasiones, la mesura y la continencia, el dolor y la muerte[25].

Estas referencias se amplían cuando —en el contexto del elogio de la elocuencia — se hace mención a las finalidades de deleitar y mover. Además de ser la "reina en toda sociedad libre y en paz"[26], la elocuencia da placer y mueve emociones y pasiones. Entre las fuentes del placer que propicia la oratoria se citan el canto dulce de un discurso rítmico, la inteligente concentración de pensamientos y

22. Cicerón, *De oratore*, I, 4, 17.
23. Cicerón, *De oratore*, I, 12, 53.
24. Cicerón, *De oratore,* I, 14, 60.
25. Cicerón, *De oratore,* I, 15, 67.
26. Cicerón, *De oratore,* II, 8, 33.

el contenido iluminado por el esplendor de la forma. Pero en lo que refiere al *movere* —principal finalidad del discurso deliberativo— es crucial la capacidad de la oratoria para animar con ardor a la virtud, apartar acremente del vicio, denostar con aspereza a los malvados, quebrantar el inmoderado deseo y aliviar con la mayor dulzura la tristeza en el consuelo[27]. Más adelante, Antonio —a quien Cicerón presta la voz— añade que el rétor, cuando desvía la simpatía hacia el odio o el odio hacia la simpatía, hace del auditorio un especie de marioneta, a la que hace girar "ora a la indulgencia, ora a la tristeza, ora a la alegría"[28].

Porque, generalmente, en las decisiones humanas pesan más las pasiones que los argumentos: "el ser humano toma más decisiones por odio o por pasión, por deseo o por ira, por dolor o por alegría, por esperanza o por temor, o por error o por otro impulso mental que por la verdad o por una regla precisa o por un principio jurídico o legal"[29]. Este componente emocional también está presente en el poeta, a quien se asemeja el rétor, semejanza que se funda, además, en la condición —de procedencia griega, recuperada, como vimos, por Arias Montano— de que el orador sienta las emociones que intenta mover. No es posible hacer que el oyente sienta dolor, odio, envidia, o que tema algo, induciéndolo al llanto o a la piedad, sin que estos sentimientos estén "grabados a fuego" en el mismo orador[30].

En su *Institutio oratoria,* Quintiliano no reserva un lugar específico para las pasiones, sin embargo, a lo largo del tratado revela gran preocupación por la materia. Quintiliano trata con detención la importancia de la conquista de la benevolencia en el exordio, lo que implica una evidente moción de pasiones; y entrega, asimismo, gran número de preceptos referentes a la *miseratio* y a la *inflammatio* cuando aborda el epílogo. Si bien ubicadas en su tratado principalmente en la consideración de estas partes del discurso (es decir, de *exordium* y *peroratio*), Quintiliano insiste en que el orador puede mover pasiones en cualquier momento, siempre que la causa lo permita. En efecto, las pasiones o afectos deben manejarse de

27. Cicerón, *De oratore,* II, 9, 35.
28. Cicerón, *De oratore*, II, 17, 72.
29. Cicerón, *De oratore*, II, 42, 178.
30. Cicerón, *De oratore,* II, 45, 189.

acuerdo con la ocasión, y en algunos casos, como en lo atroz o en lo miserable, su uso es imprescindible.

Quintiliano reconoce que hubo retóricos "de bastante nombre" que negaron que mover y deleitar fueran tareas del orador, defendiendo en cambio que al rétor solo le correspondía enseñar. Según cuenta, estos autores se apoyaban en dos razones: primero, que toda pasión es vicio, siendo vicio también moverlas; y segundo, por las dudas éticas que suscitaban el apartar al juez de la verdad con el movimiento de pasiones como la ira o con un discurso fundado en el deleite.

Quintiliano retoma luego el asunto cuando trata el epílogo. Al señalar las dos partes del epílogo (recapitulación y afectos), recuerda también que entre atenienses y filósofos que escribieron de elocuencia se rechazaba la moción de afectos en la *peroratio,* quedando permitida solamente la recapitulación en la parte final del discurso. La alusión apunta a la costumbre del Areópago, donde un pregonero llamaba a exponer los asuntos con sencillez, sin mezclarlos con los afectos. Pero Quintiliano destaca su distancia respecto de esta postura: incluso en una de las partes más racionales del discurso, como son las pruebas, el orador no puede abusar de epiqueremas, silogismos y entimemas, pues el discurso del rétor es muy distinto de los diálogos y disputas de los dialécticos; el orador debe adaptarse a su receptor (no pocas veces sin letras, dice) y para vencer con la verdad y la justicia requiere ganar con el deleite y con el movimiento de las pasiones, sostiene en el libro V.

De este modo, en el capítulo segundo del libro VI Quintiliano subraya que donde más resalta la elocuencia es en el manejo de los afectos. Porque cualquier ingenio con instrucción y ejercicio puede discurrir con acierto las pruebas del discurso, pero no así mover y manejar a su antojo los ánimos de los jueces, incitándoles a la compasión o a la ira. En ello se juega la elocuencia, sobre todo cuando se trata de violentar el ánimo del juez o de apartarlo de lo que conoce. Quintiliano es claro: cuando un juez comienza a enojarse, favorecer, aborrecer y compadecerse, es porque ya ha hecho suya la causa, "y así como los amantes no pueden ser jueces de la hermosura que aman, porque el amor sirve de velo a los ojos, así al juez le anublan los afectos para que no conozca la verdad, dejándose arrebatar de su corriente sin poder otra cosa"[31]. Si el orador consigue sacarle lágrimas al juez con los afectos del epílogo puede considerar dada la sentencia; a ello deben encaminarse los esfuerzos del rétor, pues sin ello todo lo demás es insulsez y sequedad desapacible[32].

Publicada en el ocaso de la vida de Antonio de Nebrija (1441-1522), su *Artis rhetoricae compendiosa coaptatio ex Aristotele, Cicerone, Quintiliano* (*Selección compendiada del arte de la Retórica según Aristóteles, Cicerón y Quintiliano,* Alcalá, 1515) retoma las referencias de *Institutio oratoria* respecto de las prevenciones de "preclaros autores" al manejo retórico de las pasiones. La selección compendiada de Nebrija, como lo indica su título, vuelve al bloque clásico[33] cuatro años después de la edición en España de la retórica de Jorge de Trebisonda (1395-1484) en Alcalá, 1511.

Luego de identificar y definir brevemente las seis partes del discurso (exordio, narración, división, confirmación, confutación y conclusión), Nebrija refiere a los afectos señalando que importantes autores han afirmado que la misión del orador es solamente enseñar y que en dicha misión están excluidos los afectos, tanto porque sería vicio cualquier perturbación del ánimo como porque no sería conveniente un juicio derivado de la misericordia, de la ira o de cosas semejantes[34]. El movimiento de los afectos aparece aquí como un medio para el engaño, motivando, en ese contexto, la cuestión de si es lícito engañar al juez o al senador o al pueblo, mintiendo a veces en pro de la utilidad común. Nebrija argumentará que en principio es legítimo echar mano de argumentos falsos y aparentes siempre que respondan al provecho de la república.

De cualquier forma, el tratamiento del asunto en *Artis rhetoricae compendiosa* no es significativo. En el capítulo XIII, Nebrija alude a los lugares propios del exordio y a la importancia de la moción

31. Quintiliano, *Institutio oratoria*, VI, 2, 1.

32. Quintiliano, *Institutio oratoria*, VI, 2, 1.

33. Miguel Ángel Garrido sostiene, en su edición y traducción de la obra retórica de Nebrija, que esta se nutre en más de un cincuenta por ciento de *Institutio oratoria* de Quintiliano; la sigue *Rhetorica ad Herennium* (que para Nebrija, como para sus contemporáneos, es de Cicerón, con el veinte por ciento) y *De inventione rhetorica* de Cicerón con el siete por ciento. Si bien para James Murphy, Aristóteles no constituye una fuente para la retórica de Nebrija, para Garrido la presencia de obras aristotélicas es importante en términos más cualitativos que cuantitativos.

34. Nebrija, *Artis rhetoricae compendiosa,* XII, 122.

de los afectos en esa parte del discurso. El orador es apelado, por ejemplo, a lograr la benevolencia a partir de la persona de los adversarios situándolos en el terreno del odio, la envidia, el desprecio; a conducir el desprecio proclamando la inercia, la apatía, la molicie, la desidia de los adversarios; llevar al terreno de la envidia refiriendo a su fuerza, su poder, sus influencias, sus riquezas, su intemperancia, entre otros lugares comunes. En el contexto de estas recomendaciones es interesante destacar que Nebrija pone la piedad como uno de los asuntos que hacen atento al auditorio, junto a las consabidas cosas nuevas, inusitadas o cosas que interesan a la república. Asimismo, entre los lugares para conquistar la benevolencia a partir de la persona del orador, incluye la tantas veces mencionada alusión a sus problemas de escasez, soledad y calamidades.

A pesar de esto, *Artis rhetoricae compendiosa* no destaca por una consideración de los afectos, lo que podría deberse tanto al carácter sintético del texto como a un desinterés del primer gramático castellano por la materia, pues para Nebrija —recordemos— el orador es el catoniano *vir bonus dicendi peritus,* ese hombre bueno que guiado por la prudencia y la verdad habla bien, sin el "engaño" de la moción de afectos o de la persuasión, facultad propia de aduladores, meretrices y mendigos, según afirma[35].

Distinto es el caso de *De ratione dicendi* (*Del arte de hablar*, Lovaina, 1533)[36] del célebre humanista valenciano Juan Luis Vives (1493-1540), una obra de gran envergadura que conjuga la apropiación de la retórica antigua con una formulación novedosa a la luz de intereses y énfasis propios del siglo XVI. Ya Luisa López Grigera, en un esbozo generacional de los retóricos españoles de dicho siglo, mencionaba que, como sus coetáneos (los Vergara, los Valdés y Ginés de Sepúlveda), Vives vivió de primera mano la polémica despertada por el *Ciceronianus* de Erasmo, y que, junto a este influjo de la crítica erasmiana a una imitación servil, la obra retórica de Vives mostraba también el impacto de otro autor de la época, Rodolfo Agrícola, en tanto fundada en la idea de que lo propio de

35. Nebrija, *Artis rhetoricae compendiosa,* II, 18.

36. Tres ediciones de la obra en vida del autor (Lovaina, 1533; Basilea, 1536-1537; Colonia, 1537) además de otras dos, posteriores a su muerte, de forma conjunta con el resto de su obra (Basilea, 1555; Valencia, 1782-1790).

la retórica no es lo que se ha de decir (*inventio*) sino cómo se ha de decir (*elocutio*)[37].

Esta perspectiva, en la línea de un Agrícola y en anticipo de lo que sostendrá luego Petrus Ramus, no implica, sin embargo, que para Vives la perfección formal fuese más importante que el contenido: su mismo énfasis en que la retórica debe ser enseñada solo a una edad determinada ilustra la importancia que el humanista valenciano concedía a la sabiduría, más allá de que la elocución se planteara como la materia propiamente retórica[38]. El mismo Vives lo señala en la dedicatoria de la obra a Francisco de Bobadilla, entonces rector de Salamanca: la enseñanza de la retórica no debe seguir inmediatamente a la de la gramática, ya que el aprendizaje del arte de hablar supone como base grandes temas de la filosofía (que apoyan la argumentación), conocimientos sobre épocas pasadas y costumbres de vida de los destinatarios, sentido de verosimilitud y probabilidad, además del no menos importante conocimiento de "los mecanismos por los que nuestros espíritus son impelidos o retraídos, son incitados cuando están en calma, o aplacados cuando están agitados —en eso consiste la tarea primordial del orador"[39]. Como formula luego en el capítulo primero del libro I, ni las palabras ni los pensamientos son materia de la retórica, pues pertenecen a la prudencia y a la vida, a lo que los griegos llaman *enciclopedia*, pero sí es objeto propio del arte retórico la adaptación de estos pensamientos y palabras a una determinada finalidad, así como el modo de expresarlos, lo que supone evidentemente su dominio previo.

Junto a este privilegio de la *elocutio*, la obra retórica de Vives está marcada por su rechazo de algunos pilares de la preceptiva clásica, tal como las consabidas partes de la retórica (*inventio, dispositio, elocutio, memoria* y *actio*) y la división de los tres géneros de discurso (judicial, deliberativo y demostrativo)[40]. Como advirtió Peter Mack,

37. López Grigera, 1994, p. 58.

38. López Grigera, 1994, p. 58.

39. Vives, *De ratione dicendi*, prefacio, p. 5. Para la retórica de Vives, cito siempre la traducción castellana de Rodríguez Peregrina.

40. Afirma Vives en torno a ello: "ellos (los antiguos autores de retórica) formaron al orador en uno u otro género retórico, a saber: en las causas forenses, en las cuestiones sometidas a la deliberación. Yo, en cambio, en la medida de mis fuerzas, lo formaré en toda clase de géneros" (libro I, introducción). Para la crítica a los moldes clásicos de la retórica, ver también *De disciplinis*, IV, 2.

este rechazo trae como consecuencia una nueva estructura para la obra de Vives, una estructura acorde a la primacía concedida a la elocución y a la ampliación de los géneros más allá de los *genera* aristotélicos. Así, el libro primero de *De ratione dicendi* se centra en la base lingüística del discurso, haciendo referencia a las cualidades de las palabras, frases y sentencias, así como al sonido y las sílabas, la extensión de las palabras, su ordenación y los tipos de periodo. El estilo incluye más que tropos y figuras, considerando también la fuerza de las palabras, sus connotaciones, el impacto de los sonidos, etc., en una concepción ampliada de la *elocutio*.

A continuación, el libro segundo aborda las cualidades de los discursos, tanto cualidades ya mencionadas por la retórica clásica (color, forma, afectos, gravedad) como otras que parten más bien de la metáfora del discurso como un cuerpo humano (constitución, nervios, brazos, costados, músculos, etc.). A ello sigue un apartado en torno a las finalidades de la retórica, que para Vives son cuatro: la enseñanza (con la división proveniente de Agrícola entre explicación y prueba), la persuasión, la retención del oyente y el movimiento de los afectos. El libro tiene, asimismo, una consideración aislada del *decorum*, como acomodación prudente entre materia, oyente y hablante, y culmina con la referencia a las partes del discurso (el *exordium*, la argumentación, el epílogo y la digresión).

El tercer libro se ocupa de géneros frecuentes en la escritura de humanistas (en especial, de educadores) del siglo XVI, como descripción, narración, historia, narración probable, fábulas, fábulas licenciosas, fábulas poéticas, preceptos de las artes, paráfrasis, epítomes, explicaciones y comentarios, versiones e interpretaciones. Para Mack, la idea de un tercer libro dedicado a tan distintos géneros podría estar en conexión con el éxito que tuvieron en la época los ejercicios preliminares como los *Progymnásmata* de Aftonio (traducidos, recordemos, por el mismo Agrícola) o *De copia* (1512) de Erasmo en lo que refiere a la importancia concedida a la descripción y a las historias ejemplares.

De este modo, aunque *De ratione dicendi* tiene varios de los elementos esperables en un manual de retórica (como figuras y tropos, amplificación, sentencias y periodos, disposición, ejercicios de composición, etc.) e incluye (como observado por su traductor y editor Rodríguez Peregrina) más de trescientas citas clásicas repartidas fundamentalmente entre Cicerón, Quintiliano y Séneca el Retórico[41], presenta una estructura bastante novedosa, que parte en el libro primero con los elementos del estilo, sigue en el libro segundo con los modos de adaptar el estilo a la ocasión, y concluye en un tercer libro con distintas formas de composición[42].

Pero no solo la estructura es inusual, lo es también el tratamiento que reciben algunos asuntos en particular, por ejemplo, el modo como Vives dirige la consideración del estilo al ámbito más amplio del lenguaje, su exploración de las cualidades de estilo, sus afirmaciones en torno a los fines de la retórica, el decoro y, no menos importante, el problema del movimiento de las pasiones[43].

Este último queda planteado ya en las primeras líneas de la obra, en el prefacio. Allí, Vives parte elogiando a quienes dijeron que los dos atributos que fundan el vínculo de la sociedad humana son la justicia y el lenguaje, precisando luego que, entre estos dos, el lenguaje goza de mayor influencia y poder. En efecto, dice Vives, la justicia es sentida como obligación por pocos mientras que el lenguaje tiene un amplio poder de seducción sobre las mentes, pues extiende su dominio sobre los afectos "cuya influencia sobre el hombre todo resulta despótica y un pesado lastre"[44].

De acuerdo con Vives, el lenguaje fue un regalo otorgado por Dios al género humano para que cada uno diese a conocer a los demás lo que concibe en la mente. El lenguaje mismo hubiera bastado si en el alma no se hubiesen introducido las "tinieblas del pecado",

---

41. Rodríguez Peregrina, 2000, p. CVI.

42. Ver Mack, 2005, p. 72.

43. Asuntos señalados pero no analizados en detalle por Mack, 2005, p. 74.

44. Vives, *De ratione dicendi*, prefacio, p. 3. Idea también desarrollada en *De disciplinis*, IV, I (*La corrupción de la retórica*): en la traducción de Coronel Ramos, "Pero la fuerza de la justicia es silenciosa y lenta; la de la palabra, en cambio, más notoria y rápida, pues la primera activa la fuerza de la razón y del consejo, en tanto que esta última estimula los sentimientos del espíritu". Asimismo, en *De disciplinis*, tomo II (*La enseñanza de las disciplinas o la formación cristiana*), IV, III: "Porque el derecho y el mando supremo en el hombre se regulan mediante la voluntad; la razón y el juicio le han sido otorgados a manera de consejeros, *las pasiones, en cambio, son para él como teas ardiendo. Por lo tanto, las pasiones del alma se inflaman en seguida con las chispas que suscitan las palabras y, entonces, la razón se altera y se excita. Ese es el motivo por el que la palabra consigue una fuerza extraordinaria en todo el ámbito de la persona y se manifiesta de inmediato*" (trad. de Coronel Ramos, énfasis mío).

haciendo posible el engaño, y, por lo tanto, dejando insuficiente la mera explicación. Es por ello que la persuasión —fin de la retórica— se logra no solo por los argumentos (es decir, por la razón) sino también por las pasiones, que son lo más poderoso en el alma en el marco de esa "tiranía del pecado"; el reino de la razón es golpeado y debilitado, arrastrándose la opinión por causas livianas, y haciendo ver cosas distintas, como "nubes removidas", como una "niebla" que se despeja, según el ánimo esté calmado o excitado.

Vives previene cualquier confusión al afirmar enfáticamente que la consideración retórica de las pasiones no implica una incitación a la malicia; los afectos son indiferentes, ni buenos ni malos, aunque de ellos se puede hacer buen o mal uso. Cuando la razón ve debilitada su fuerza para la persuasión, el orador puede echar mano de los afectos para incrementar la eficacia de la verdad y la bondad. Así, como hiciera Aristóteles, Vives reconoce que la persuasión usa distintos tipos de armas: la credibilidad de los argumentos o razones pero también la moción de los afectos, tanto para sosegarlos como para excitarlos.

Partiendo del principio general de que a la retórica concierne la elocución, Vives advierte que no tratará de los afectos mismos, pues su consideración debe tener lugar en los libros sobre el alma. Sin embargo, si bien no se detiene en definir las pasiones ni en explicar el origen de sus movimientos, el tratamiento elocutivo de la moción de las pasiones involucra e implica estos asuntos considerados por Vives en *De anima*[45].

Como aclara el valenciano, hay dos formas principales de mover los afectos. Por un lado, el orador puede expresar los afectos en sus palabras y acciones, y por el otro puede acomodar el discurso con el fin de hacer aflorar los afectos mediante los sentidos y las palabras. Otra distinción fundamental para Vives es la de los afectos ásperos

45. Vives explica que los fines del discurso elocuente son probar, mover y entretener, y que esos fines se logran en el ánimo del oyente, de ahí la importancia de la moción de las pasiones: "Ya que todos estos fines se logran en el ánimo del oyente, y es también del ánimo del hablante de donde emergen, es por ello materia de un tratado sobre el alma dilucidar qué cosas persuaden con facilidad a cada cual, con cuáles se conmueve, con cuáles se le cautiva o se le embelesa. Nosotros, no obstante, apuntaremos aquí algunas con la finalidad de facilitar la comprensión de aquello que conviene a nuestro propósito", *De ratione dicendi*, II, 46.

y los afectos suaves: los que nacen del amor, como la simpatía, la alegría y la compasión, son afectos dulces y suaves, mientras que los que nacen del odio y en general del mal son afectos crueles y atroces. Esto cobra relevancia con lo que afirma Vives a continuación: el asunto del discurso debe ser movido con afectos ásperos o suaves teniendo en cuenta principalmente la simpatía o el amor excesivos que cada uno siente hacia sí mismo y la tendencia a sentir hacia los demás afectos ásperos, perversas sospechas, odio, indignación o ira. Por ello, es más fácil mover los afectos ásperos que los suaves. Como hiciera Aristóteles, Vives imbrica *éthos* y *páthos* afirmando, por ejemplo, que los hombres malos y los ancianos son de difícil persuasión hacia los afectos suaves dado que son suspicaces y suponen que los demás son iguales a ellos[46].

Por tanto, la completa indagación del *éthos* (quiénes somos, quiénes son aquellos que queremos excitar o calmar, cuáles son sus juicios acerca de las cosas, a qué dan importancia y a qué no, a qué afectos son proclives en virtud de su carácter, convicción, costumbres, edad, sexo, hábito, lugar y tiempo) es fundamental para lograr un buen movimiento de las pasiones. Sobre todo porque —destaca Vives— mover pasiones es un arte que requiere total precisión, es como hacer vibrar una lira, tensa, ni más alto ni más bajo sino en completa precisión y medida. Una eventual falta de ajuste podría tener un efecto contrario muy negativo para el orador. Vives advierte que, en ocasiones, tras haber derramado lágrimas en un asunto ajeno, después de sosegados y enfriados los ánimos algunos se han reído del mismo asunto, y que causas que han movido a ira o a indignación han parecido muy livianas después[47]. En este punto, el símil de la lira es reiterado adquiriendo connotaciones metafóricas aún más complejas: tensadas las liras para mantener la misma proporción y

46. Vives, *De ratione dicendi*, II, 59. Posteriormente, Juan de Santiago recoge buena parte de estas consideraciones de Vives para hacer el capítulo 27 del libro II, "Qué ha de tomarse en cuenta para convencer", de su *De arte rhetorica libri quatuor* (*Arte retórica dividida en cuatro libros*, Sevilla, 1595).

47. "Cuánta gente hay que, una vez calmados y en frío, se ríen poco después de las mismas cosas por las que, en un asunto que no les afectaba personalmente, habían derramado lágrimas; es más, incluso se avergüenzan de haber llorado, como se avergüenzan algunos de haberse dejado llevar hasta la ira y la indignación por un asunto —según a ellos mismos les parece— sin importancia alguna", *De ratione dicendi*, II, 60.

armonía, cualquier cuerda que se toque sonará en las demás de modo semejante; así también las pasiones, pues se mueven por semejanza entre las personas, lo que requiere una exacta proporción, dado que nos conmovemos por la misma razón en los casos ajenos que en los nuestros tras ponernos en su situación[48]. Volveremos a este importante asunto más adelante.

Algunos años después de Vives, el fraile jerónimo Miguel de Salinas (¿?-1577) publica su *Rhetorica en lengua castellana* (Alcalá, 1541), título que destaca la novedad de la obra en el ámbito español de la primera mitad del siglo XVI. La *Rhetorica* de Salinas es, en efecto, el primer tratado de oratoria escrito en lengua castellana. Su propósito, muy diverso del de Vives, era posibilitar a los que no dominaban la lengua latina acceder a los fundamentos del antiguo arte de hablar, los cuales son seleccionados y expuestos por Salinas buscando siempre la concisión[49].

A pesar de esto, Salinas dedica un extenso capítulo a los afectos, pues los afectos o pasiones son, según señala, "toda la victoria del bien decir" para los retóricos[50]. Su defensa del adecuado manejo de las emociones parte con una curiosa contraposición a Aristóteles, de quien dice que "no aprobaba el mover los afectos por parecerle que no convenía ofuscar el entendimiento del juez con alguna pasión o movimiento que pudiese impedir de enseñorearse la razón"[51]. Es claro que el Estagirita no fue la fuente para este capítulo de la *Rhetorica* dada la limitación de esta referencia en el contexto más amplio de la retórica aristotélica. En general, el tratamiento de los afectos en Salinas deja observar el impacto más bien de la tradición latina, aunque el fraile jerónimo logra otorgarle énfasis propios.

Para Salinas, por ejemplo, dos tipos de oyentes son los que requieren especialmente un manejo adecuado de las pasiones con vistas

48. Vives, *De ratione dicendi*, II, 61.

49. Salinas emplea el artificio retórico de la escritura por petición, señalando que alguien con autoridad sobre él lo instó a escribir una retórica en lengua romance. Para las implicancias de este tópico en esta obra (entre otras, la de atribuir la ruptura con la tradición no a una voluntad autorial sino al cumplimiento de un mandato) puede consultarse el artículo de Encarnación Sánchez García, "Alta sciencia y provechosa...", 1998.

50. Cito por la edición príncipe, modernizando el castellano. Salinas, *Rhetorica en lengua castellana*, XXIX, fol. 54v.

51. Salinas, *Rhetorica en lengua castellana*, XXIX, fol. 54v.

a la persuasión. En primer lugar, la "gente común", a quienes, según el fraile, las razones no son suficientes y cuyos vicios proceden de la corrupción de los afectos, más que de un buen o mal entendimiento. En segundo lugar, a los que necesitan ser "despertados" con algún movimiento de pasiones, pues están como "dormidos" mientras escuchan el discurso. La consideración de Salinas apunta principalmente a la predicación: ¿cómo alejar a los oyentes de la usura, la avaricia o la prostitución? Todos saben que estos son vicios condenables pero "la afección corrompida les tiende a todos a no dejar lo que por otra parte ven que es malo"[52]. De ahí la importancia de las pasiones: atrayendo el antiguo principio de la homeopatía (*similia similibus curantur*), Salinas recomienda al orador mover las pasiones para desterrar las pasiones corruptas, hacer aborrecer, hacer amar, más que dar razones.

Al igual que Vives, Salinas sigue la distinción antigua entre los afectos "mansos" o "de menos fuerza" y los "recios" o "casi violentos". Pero Salinas entiende por afectos mansos los naturales y arraigados en las costumbres (como, por ejemplo, el amor de los padres —y sobre todo de las madres— por sus hijos, de las abuelas por sus nietos, etc.), y por afectos recios aquellos que no son naturales sino que están en las cosas que se dicen, provocando pasiones incluso contrarias a la opinión inicial del oyente.

En el caso de los afectos mansos, fuertemente arraigados en las costumbres o *éthe,* hacen que en cualquier parte del discurso la activación de pasiones de este tipo persuada eficazmente. Salinas ofrece varios ejemplos, la historia de Dido y Eneas, que el mismo san Agustín confesó haber llorado al leer; y en las Sagradas Escrituras, historias como la de la venta del mancebo José en el Génesis o la parábola del hijo pródigo en el Evangelio, que mueven naturalmente a misericordia, amor, indignación u odio. Para motivar estos afectos el orador debe conocer las costumbres e inclinaciones naturales de su auditorio.

En cuanto a los afectos recios o violentos, estos son impresos por el orador en los oyentes, moviendo a indignación, amor, odio, misericordia o cualquier otra pasión, no porque esta le sea natural sino porque "las cosas que les dicen bastan para hacerlo". Entre

52. Salinas, *Rhetorica en lengua castellana*, XXIX, fol. 54v.

todas las pasiones, la que más se procura mover es la misericordia, según Salinas[53].

Probablemente en conocimiento de las recomendaciones de la retórica latina en torno a la *conquestio* como instancia para mover en los jueces la piedad, Salinas lleva estas consideraciones al ámbito religioso. Mover a misericordia, como afecto recio y violento, es esencial en discursos que exhortan a socorrer a los pobres, a ayudar a los que están agraviados con alguna injuria, afligidos con pérdidas de parientes o amigos u otras desdichas, pedir oraciones para los que están en pecado mortal o desesperados, etc. Para que el discurso mismo mueva a misericordia, el orador ha de encarecer las siguientes circunstancias: la inocencia, la edad, la impotencia, la grandeza o multitud de agravios y pérdidas, la dicha o buena fortuna de otros tiempos, el parentesco con quienes actúan en agravio. Según Salinas, suscitan misericordia especialmente los padecimientos de niños, viejos, pobres, huérfanos, viudas y extranjeros. Y entre los trabajos mueven sobre todo los grandes y nuevos, aunque también los súbitos o repentinos.

Estos lugares que mueven a misericordia también son mencionados por Alfonso García Matamoros, profesor de retórica en Alcalá durante décadas, hasta su muerte en 1572. Su tratado retórico, *De ratione dicendi libri duo* (*Los dos libros del arte de hablar,* Alcalá, 1548), es el cuarto publicado en la España del siglo XVI, y se complementa con otros dos libros suyos posteriores, *De methodo concionandi* y *De*

53. Salinas, *Rhetorica en lengua castellana*, XXIX, fol. 56. Estas consideraciones de Salinas parecen haber sido la fuente para al menos otras dos retóricas escritas en español en el siglo XVI. En el apartado titulado "Declaración y suma de los afectos del ánima" en la obra que publica en 1593 el licenciado Pedro de Guevara (*Escala del entendimiento en la qual se declaran las tres Artes, Gramática, Dialéctica, Retórica, y la universal, para todas las ciencias,* Madrid, 1593) señala de modo sintético la distinción entre afectos mansos (arraigados en las costumbres), con el mismo ejemplo de san Agustín conmovido por la historia de Dido, y los afectos recios y casi violentos, "que son, cuando los que hablan imprimen en los oyentes la misericordia, la indignación, el amor, el odio, y otras cosas de esta manera" (pp. 14-15). Un poco más extenso, aunque igualmente cercano a Salinas, es el capítulo XXV, "Del epílogo o conclusión", de *Arte de retórica en el cual se contienen tres libros. El primero enseña el arte generalmente. El segundo particularmente el arte de Historiador. El tercero escribir Epístolas y diálogos* (Madrid, 1578), de Rodrigo Espinosa de Santayana.

tribus dicendi generibus (Alcalá, 1570), que abordan el método de la predicación y las teorías de estilo, respectivamente.

Lo interesante de *De ratione dicendi libri duo* es que deja observar el impacto de la renovación pedagógica del humanismo. En el caso de su consideración de los afectos, se declara deudor del magisterio de Macrobio, a quien sigue en la teoría de las pasiones y en la ilustración permanente con ejemplos de Virgilio, como ya hiciera Rodolfo Agrícola. El mismo García Matamoros explica su criterio en el capítulo X del libro segundo (sobre el epílogo): en la moción de afectos, como en todo lo que involucra la elocuencia, la imitación otorga más perfección que el arte, es decir, la *imitatio* de los autores es más importante que los preceptos[54].

En el mencionado capítulo, García Matamoros enumera los lugares que suscitan el *páthos*: la edad, la fortuna, la debilidad, el espacio o lugar, el tiempo, la causa, el modo y la materia. El autor no preceptúa en torno a estos lugares, sino que ilustra su uso en una autoridad poética como Virgilio. Las citas del poeta latino, sin embargo, dan cuenta de las opiniones de García Matamoros en torno al movimiento de pasiones, en especial de la conmiseración.

Infancia, adolescencia, juventud o vejez mueven afectos. Y los ejemplos son todos de conmiseración y todos de la *Eneida*[55]. Entre otros: "Almas de niños llorando, en el umbral primero de la vida" (*Eneida*, VI, 427); "Mozo infeliz e inferior combatiendo contra

---

54. "Así pues, pocas cosas vamos a comentar sobre la peroración. Esta, con la autoridad de hombres sobresalientes, se concluye en los discursos deliberativos con la exhortación, que *se aviene con los afectos. A estos, como a las restantes cosas que convienen a la elocuencia, la imitación otorgará mucha más perfección que el arte.*" El destacado es mío. Cito siempre por la traducción de Luis Albuquerque. García Matamoros, *De ratione dicendi libri duo*, II, X, 279.

55. Aclara el mismo García Matamoros cuáles son, desde su punto de vista, los autores más importantes para la *imitatio* en lo que refiere a la moción de afectos: "Por consiguiente, se habrán de revisar los autores que más se ocuparon de los afectos. Ciertamente, encuentro entre quienes quieren otorgar el papel principal en mover los afectos al historiador Livio, Estacio y Virgilio. Me parece que, después del mismo Cicerón me decido con el docto Macrobio por Virgilio, cuya elocuencia en verso siendo ciertamente extraordinaria, no se ha de anteponer en su género a los exuberantes caudales de Cicerón", *De ratione dicendi libri duo*, II, X, 280. García Matamoros se inclina luego por Virgilio, en detrimento de Cicerón, no sin antes denunciar la práctica censurable de Macrobio de nutrirse de varios autores sin citarlos (II, X, 281).

Aquiles" (*Eneida,* I, 475); "Ten compasión de la vejez de Dauno" (*Eneida,* XII, 934); "El infeliz Acetes, abrumado por la vejez, es arrastrado" (*Eneida,* XI, 85); "Manchando de inmundo polvo sus cabellos canos" (*Eneida*, XII, 538).

La conmiseración también se mueve por la debilidad, dice García Matamoros, siguiendo con más ejemplos tomados de Virgilio: "Desde que el padre de los dioses y rey de los hombres exhaló sobre mí el viento de su rayo y me alcanzó su fuego" (*Eneida*, II, 649-650), "Y la nariz mutilada por vergonzosa herida" (*Eneida*, VI, 498), para citar algunos.

También el lugar hostil, que hace añorar el espacio abandonado, mueve la misericordia. Con nuevos fragmentos de la *Eneida*, "Voy cruzando los desiertos de Libia" (I, 385), "Desde que arrastro mi vida por bosques y desiertos en medio de cubiles y guaridas de alimañas" (III, 646-647), "Abandoné llorando las playas de la patria y los puertos" (III, 10), "Y expirando recuerda su dulce tierra de Argos" (X, 782); así como de la égloga primera, "Pero nosotros de aquí nos iremos, unos a los sedientos africanos, otros llegaremos a la Escitia y al Oaxes, que arrastra en su corriente arcilla" (*Bucólicas*, I, 64-65)[56].

El *páthos* es exacerbado si el lugar es sagrado, como ocurre en el caso de Orfeo muerto "en medio de los sacrificios de los dioses y de las orgías nocturnas en honor de Baco" (Virgilio, *Geórgicas*, IV, 521); o el de Andrómaca, en la *Eneida,* cuando habla del asesinato de Pirro, para reproducir la envidia del asesino, también ilustra el *locus*: "Lo sorprende incauto y le arranca la vida al pie de los altares de su padre" (III, 332).

La misericordia también es movida por las causas. La muerte misma no conmueve tanto como, por ejemplo, la muerte del que se ofrecía como mediador para la paz (cita la *Eneida*, VII, 536) o del que muere de herida no dirigida a él (*Eneida*, X, 781). Asimismo, el modo encarece la compasión, como en la *Eneida*: "Dice esto y va arrastrando hasta el pie del altar al anciano que temblaba y que iba resbalando en el raudal de sangre de su hijo" (II, 550); "Y hunde la espada hasta la empuñadura" (II, 553), "Un enorme buitre le va royendo con su pico corvo el inmortal hígado" (VI, 597); "Pende amenazadora sobre ellos negra roca, parece que ya va a deslizarse,

56. García Matamoros, *De ratione dicendi libri duo*, II, X.

va a caer" (VI, 602). En todos estos ejemplos poéticos se observa el empleo de la técnica de "poner ante los ojos" con *evidentia*, para mover más fuertemente los afectos, como veremos más adelante.

Por su parte, la fortuna, añade García Matamoros, puede mover a indignación o a misericordia, dependiendo del caso. Nuevas citas de Virgilio ilustran la consabida idea de que la fortuna próspera puede causar indignación (en las palabras de Dido en el libro IV de la *Eneida*, "¿Y el advenedizo se burló de mi reino?", a propósito de la afrenta que implica el desprecio de Eneas); mientras que el súbito golpe de fortuna adversa en quien antes gozara de los bienes de la diosa mudable, mueve a compasión, como en el libro II de la *Eneida*, "Monarca de Asia, un día señor de tantos pueblos y tierras..."; "También alcancé alguna nombradía y algún decoro..."; "Y en aquel tiempo el más rico en los campos ausonios", menciona García Matamoros.

Este tratamiento de la moción retórica de los afectos por parte de García Matamoros no solo da cuenta de su preferencia por la *imitatio* por sobre la preceptiva a secas (como él mismo declara, en la línea de otros autores humanistas como Rodolfo Agrícola) sino que manifiesta el relieve que tiene Virgilio como autor para la enseñanza en la época.

Conocido principalmente como traductor de Virgilio es otro rétor español, Juan de Guzmán[57]. Docente de Humanidades en Pontevedra y luego en Alcalá, con varias estancias en América (según información entregada por Luis Tribaldos de Toledo en los preliminares de la edición prínceps de su retórica), Juan de Guzmán vio salir de las prensas salmantinas su versión castellana de *Las Geórgicas* el año 1586. El objetivo de su traducción era sobre todo pedagógico, como él mismo señala en el prólogo al lector, una traducción que, a partir de la *imitatio* de un gran autor como Virgilio pudiese incluso subsanar las deficiencias de algún predicador en materias retóricas. En el segundo prólogo de la traducción añade unos "Flósculos de Rhetórica", etiqueta cultista que da Juan de Guzmán a lo que la estudiosa Blanca

57. Son muy escasos los datos biográficos conocidos sobre Juan de Guzmán. Las únicas fechas seguras referidas al autor son las que corresponden a la publicación de sus dos obras, la traducción de *Las Geórgicas* (Salamanca, 1586) y la *Primera parte de la Rhetorica* (Alcalá, 1589). Ver a este propósito Periñán, 1993.

Periñán describió como un "minitratado de elocuencia en píldora, con ejemplos del poema virgiliano y dirigido al predicador, en el que enseña, en extremada síntesis, puntos centrales como la individuación del tema de un sermón, las partes que debe contener la prédica, algún consejo sobre la *actio* y unos cuantos principios sobre las figuras con que ganarse al auditorio"[58].

Cuando, en 1589, Juan de Guzmán publica en Alcalá su propio tratado de retórica (*Primera parte de la Rhetorica*), tampoco lo hace en los moldes tradicionales, apegados a una rígida *ratio* escolástica, sino en diálogos, género tan caro al Humanismo. Catorce diálogos, que Juan de Guzmán llama "Combites" o "Symposios de oradores", imitan la conversación entre maestro y discípulo, este último encarnado en su propio alumno, don Luis Gaytán, y el primero en el licenciado Fernando de Boán, representación de la voz y el pensamiento del mismo Guzmán.

Si bien en el "combite primero" se señala que las cosas que propiamente persuaden son razones, contrarios, símiles, comparaciones, testimonios y autoridades, en el "combite sexto", Guzmán subraya la importancia de los afectos como "una de las principales cosas de la oratoria"[59]. Y lo autoriza con referencia a Demóstenes, quien, según destaca Guzmán, al preguntársele cuál era la parte principal de la retórica, tres veces "dio la palma" a los afectos.

No extraña que Guzmán enfatice entonces, como la mayoría de los rétores, que un adecuado manejo de los afectos depende sustancialmente del conocimiento "de la naturaleza y costumbres de las gentes"[60]. Virgilio es elogiado a este propósito como imitador de Homero. En lo fundamental, su material ya estaba en el modelo griego, pero Virgilio es capaz de renovarlo adaptándolo a sus oyentes. Concluye Guzmán: "y es que una misma plática con lo que unos gustan, otros disgustan. Lo cual creo tiene un solo remedio aunque dificultoso, y es procurar colegir de los semblantes de los oyentes si agrada o no"[61]. Y como Guzmán está pensando principalmente en el predicador, le recomienda manejarse como diestro piloto

58. Periñán, 1993, p. 13.
59. Guzmán, *Primera parte de la Rhetorica*, VI, fol. 129.
60. Guzmán, *Primera parte de la Rhetorica*, VI, fol. 130.
61. Guzmán, *Primera parte de la Rhetorica*, VI, fol. 131.

que al mover del viento (es decir, según el semblante del auditorio) dirija su gobernalle y timón a otro lado. Ello requiere un "ingenio dichoso", dice Guzmán, un ingenio capaz de penetrar el ánimo de su auditorio.

Como el lector puede suponer, en ayuda del aprendiz de retórica que se pregunta si tiene la suerte de contar con tal "ingenio dichoso", Guzmán facilita algunas recomendaciones básicas. En primer lugar, la moción de los afectos se juega en la *actio*, pues el rétor piensa siempre en el sermón como modelo de discurso. Los afectos se expresan en los ojos, la voz y las manos; los ojos, que son ventanas del ánimo, pueden representar cualquier pasión[62]. Pero la moción de afectos debe imitar la naturaleza que primero presenta el botón y luego la flor en todo su esplendor. El orador, por tanto, debe dar inicio a su discurso con mansedumbre y sosiego, saltar a la "concertada música de la acción" en la confirmación, moderar después en la narración y volver al sosiego del exordio en el epílogo. De todas formas, es al final del discurso cuando se requiere extremar la moción de afectos, sean afectos mansos o afectos vehementes[63].

Pasiones y persuasión en retóricas sagradas

En el siglo XVI, la predicación sagrada es considerada la única forma de oratoria propiamente pública. Por lo mismo, si en la retórica antigua el género judicial era tenido por paradigma de los demás géneros, en algunos autores del siglo XVI aparece el género deliberativo como modelo, como "príncipe de todos los géneros", como lo llama Juan de Guzmán, el que abraza a todos los demás, pues incluye al judicial ("cuando confutamos los vicios y cosas que nos dañan") y al demostrativo ("cuando ensalzamos las cosas de virtud", exhortando al auditorio a seguirlas)[64].

Y el sermón, en el siglo XVI, es el discurso deliberativo por excelencia. Lo dice también Guzmán, el sermón no puede ser simplemente una explicación moralizada, debe tener tesis, hipótesis

62. Guzmán, *Primera parte de la Rhetorica*, VIII, fol. 148.
63. Guzmán, *Primera parte de la Rhetorica*, VIII, fol. 160.
64. Guzmán, *Primera parte de la Rhetorica*, I, fol. 18.

o sentencia, entendida como blanco de la persuasión[65]. En otras palabras, el sermón es concebido como un discurso deliberativo que persigue la persuasión moral del auditorio.

A partir de la década de 1570, se asiste a un impresionante despliegue de retóricas sagradas de autores españoles. Entre otras, *Methodo concionandi* (1570) de Alfonso García Matamoros; *De praedicatione evangelica libri quatuor* (1573) de fray Juan de Segovia; *Ecclesiasticae rhetoricae sive de ratione concionandi libri sex* (1576) de fray Luis de Granada; *Modus concionandi* (1576) de Diego de Estella; *Rhetorica christiana ad concionandi et orandi usum accommodata* (1579) del mestizo novohispano fray Diego de Valadés; y *De sacra ratione concionandi* (1588) de Diego Pérez de Valdivia.

Estas obras responden a uno de los grandes retos dejados por el Concilio de Trento, el fortalecimiento de la predicación como instrumento a través del cual la ciencia teológica y el clero se enfrentaban al tedio o a la hostilidad de su auditorio, y en el que la adecuada elección del *genus dicendi* era fundamental para definir el éxito del orador[66].

Como observó Christian Mouchel, una preocupación relevante para el Concilio fue el problema de la expresión, una doctrina de estilo conveniente a la conjugación verdad y elocuencia requerida para la predicación[67]. En términos generales, se buscaba el ansiado justo medio: en palabras de fray Juan de Segovia, que el predicador ni se contente con decir lo que debe decir de cualquier modo, ni que el discurso sea solo artificio retórico, en suma, un estilo no "bárbaro" ni "vulgar", "sino revestido de toda elocuencia y que las razones que aduce para convencer al oyente estén dispuestas en un orden óptimo mediante vocablos legítimos y apropiadamente significantes y que los exponga al pueblo con tales gestos del cuerpo que no generen ninguna disonancia en los oyentes"[68]. En otras palabras: justo medio en la *inventio, elocutio, dispositio* y *actio.* Ni el exceso de *voluptas*

65. Guzmán, *Primera parte de la Rhetorica*, III, fol. 60.

66. Mouchel, 1999, pp. 431-432.

67. Mouchel, 1999, p. 432.

68. Segovia, *De praedicatione evangelica*, I, 2. Cito a Segovia siempre por la traducción de Rosa María Herrero.

ciceroniana, ni la dureza escolástica o la negligencia. Un ideal de elocuencia para la Iglesia Romana.

De todas formas, el justo medio preveía un adecuado manejo de lo patético, cuestión central en la que uno de los personajes de mayor impacto en el contexto postridentino, el cardenal Carlos Borromeo, se pronunció inclinándose por una retórica del *movere* y una elocuencia del *impetus*. En efecto, el *movere* es capital para el fin del sermón, que es mover a la ejecución de la doctrina. Sin duda, el predicador debe en primer lugar enseñar (*docere*) "cosas graves y sustanciales que instruyan suficientemente el entendimiento del que oye", adecuarlo luego a un estilo óptimo (*delectare*), pero finalmente debe conmover (*movere*) y que su discurso resplandezca con tal "espíritu y eficacia" que pueda sacar al oyente "de su pésimo modo de vivir en el que, como en un profundísimo mar de defectos, estaba antes inmerso, puesto que este es el fin que persigue principalmente su discurso"[69].

La importancia de la moción de afectos ya había sido señalada por san Agustín en *De doctrina christiana*. El predicador debe hacer uso de los medios sistematizados por la retórica pagana para mover y empujar los ánimos de los oyentes, aterrar, contristar, alegrar, exhortar con ardor, recurrir a ruegos y súplicas, reprensiones y amenazas, en fin, todos los recursos que sirven para conmover los ánimos[70]. La victoria del orador se produce cuando el oyente ama lo que aquel promete, teme lo que el predicador amenaza, odia lo que él le reprende, se duele de lo que él le inculca como digno de dolor, se alegra de lo que le presenta como objeto de alegría, se conduele de los que muestra como dignos de misericordia[71]. El discurso elocuente combina los tres estilos, sencillo para enseñar, moderado para deleitar y grandilocuente para mover. El estilo del *movere* es, por excelencia, el estilo sublime, pero no necesariamente engalanado con adornos de voces, sino más bien vehemente, llevado de su propio ímpetu, con palabras que emanan del ardor del corazón, dijera Agustín[72].

---

69. Segovia, *De praedicatione evangelica*, I, 2.
70. Agustín de Hipona, *De doctrina christiana*, IV, 3.
71. Agustín de Hipona, *De doctrina christiana*, XII, 27.
72. Agustín de Hipona, *De doctrina christiana*, XX, 42.

En su *De praedicatione evangelica libri quatuor* (*Los cuatro libros de la predicación evangélica*, Alcalá, 1573), fray Juan de Segovia (1531-1592 o 1594) remite a la autoridad de Quintiliano para señalar que uno de los medios para conmover el ánimo del auditorio es "el estilo óptimo de hablar", un estilo suave, agradable y elocuente que, al igual que la trompeta que mueve al caballo a la guerra y lo hace feroz, es como cierta tuba que conmueve al hombre y lo cambia dentro de sí, ablandando su corazón, generando entrega y ternura de ánimo hasta no poder contener las lágrimas.

Segovia describe los distintos estilos posibles en permanente comparación con la música, terreno de igual teorización retórica en lo que refiere al movimiento de las pasiones. Así como en la música hay una multiplicidad de géneros, que mueven diversos afectos en el corazón del oyente, así también en los estilos posibles para el predicador. Bocinas, cornetas y campanas, desde antiguo usadas en los funerales, hacen mover más fácilmente al llanto y al dolor. La trompeta en la guerra perturba al caballo y al soldado, dándoles fuerza y audacia para dirigirse a los enemigos. Los tamboriles y otros instrumentos son alegres y excitan el espíritu al gozo y a la danza, apartando la melancolía y la tristeza. Finalmente, algunos géneros musicales, como los cánticos eclesiásticos del oficio divino, llevan el corazón a la contemplación de las cosas divinas, suavizan y revisten de una ternura que muchas veces provocan lágrimas[73].

El estilo de la predicación despierta afectos de modo semejante. Así como en los instrumentos ciertas características sonoras otorgan un carácter melancólico, colérico o alegre, en los predicadores lo hacen los temperamentos, en concordancia con la antigua teoría de los humores. Hay predicadores melancólicos, que todo lo que dicen es triste y lastimoso; sanguíneos, que todo lo pintan gozosa y alegremente; coléricos, que predican con furia; flemáticos, que proponen las cosas de modo lento y benigno. Es necesario tener en cuenta, señala Segovia, la condición de cada uno, pues de ella se viste la

73. Segovia, *De praedicatione evangelica*, IV, 3, 1198. Similares comparaciones ya en *De lo sublime* de Longino: "¿Es que no instiga el clarinete cierta pasión en sus oyentes y los pone como fuera de sí y suméndolos en un trance de danza, al imponer el ritmo de su cadencia que les fuerza a llevar un paso acorde, aunque sean ignorantes en música?" (XXXIX, p. 81).

doctrina del predicador, prestándoles a las verdades del Evangelio su "complexión"[74].

Cada estilo, sin embargo, tiene su propio valor: el melancólico, estilo de vocablos tristes y lastimeros, suscita el lamento de los pecados, recuerda al auditorio el exilio que vive separado de la patria de los bienaventurados, y es sin duda muy adecuado para las exequias de los difuntos; el estilo alegre, que excita el ánimo, es especialmente apropiado para animar a los religiosos; el estilo suave y dulce mueve hacia la contemplación de las cosas espirituales[75].

Las emociones y afectos son aún más relevantes para fray Luis de Granada (1505-1588), tal como se observa en su *Ecclesiasticae rhetoricae sive de ratione concionandi libri sex* (*Los seis libros de la Retórica Eclesiástica, o método de predicar*). Publicada en Lisboa en 1576, la obra retórica de quien fuera provincial de los dominicos en Portugal, tuvo un impacto arrollador en toda Europa, con un gran número de ediciones[76].

La retórica de Luis de Granada, siguiendo el esquema de Agustín de Hipona, calcado del ideal ciceroniano, aspira —como observó Mouchel— a la mediación entre la filosofía y las pasiones del *populus*; privilegia, por lo tanto, el *movere,* un sublime cristiano en el que el arte hace evidente la doctrina y mueve a su ejecución[77].

Granada reprende a aquellos que creen que hablar con elocuencia es hacer uso de un "amasijo tumultuoso de sinónimos", un "afectado gracejo" o cierto "ingenio de la expresión"[78]. Para Granada, la elocuencia es sabiduría que habla copiosamente, entendiendo por ello la conjunción de prudencia, claridad, abundancia y ritmo. Por lo mismo, la elocuencia eficaz es aquella que junto con enseñar, deleita y doblega. Su finalidad, por consiguiente, es distinta de la dialéctica, pues no solo debe demostrar con argumentos sino también deleitar

---

74. Segovia, *De praedicatione evangelica,* IV, 3, 1200-1208.

75. Segovia, *De praedicatione evangelica*, IV, 3, 1200-1208.

76. Colonia y Venecia, 1578; Colonia, 1582; Milán, 1585; Milán, 1588; Colonia, 1594; París, 1594; Colonia, 1628; París, 1635; además de las del siglo XVII: Verona, 1732; Pamplona, 1751; Nápoles y Venecia, 1752; Lisboa, 1762; Valencia, 1768; Palma de Mallorca, 1769; Roma, 1780.

77. Mouchel, 1999, p. 436.

78. Granada, *Ecclesiasticae rhetoricae,* II, 1, p. 151. En el caso de la retórica de fray Luis de Granada, indico también los números de páginas de la edición y traducción de López Muñoz después de la referencia al libro y al capítulo correspondiente.

con el estilo y la variedad de asuntos y, sobre todo, provocar en los oyentes las emociones que impelen a actuar.

El predicador, en comparación con el orador corriente, tiene tareas aún más específicas vinculadas a la moción de los afectos: su objetivo principal es provocar emociones más que enseñar "toda vez que los hombres más pecan por la corrupción de una emoción que por ignorancia de la verdad"[79]. El público —la variada muchedumbre que escucha el discurso pronunciado desde el púlpito— no se deja ganar solo con el bosquejo de los silogismos sino que requiere las largas oraciones, la moción de los afectos que aterran o conmueven y un gran golpe de elocuencia. La oración breve y angosta (que es el 'bosquejo' de la dialéctica) no basta. Son necesarios los colores y adornos de la elocuencia y un discurso acre, vehemente y copioso. Un discurso que, por medio de las pasiones (tal como un clavo saca otro clavo, afirma el dominico) logre modificar las pasiones corrompidas del auditorio, mover los ánimos de los oyentes para encenderlos en el temor de Dios, en el aborrecimiento del pecado, en el desprecio del mundo y en el amor a las cosas celestiales.

En esto el predicador actúa como un médico que cura las almas. Granada pide al predicador que, cuando suba al púlpito, imagine que lo que contempla es una muchedumbre de enfermos que necesita ser curada; muchos cojos que, si bien conocen el camino de la verdad, lo rehúsan por pereza o miedo al trabajo; otros, no cojos pero secos, no tienen el jugo de la devoción; y otros ciegos, sin ningún conocimiento de las divinas letras, que andan a oscuras y a cada paso tropiezan. Ello requiere del predicador que sea, a ejemplo de san Pablo (1, Corint. 9) uno para todos: aterrar a unos, alentar a otros, consolar a los que sufren oprimidos por calamidades y trabajos. El predicador debe confirmar a los justos, animar a los cobardes, estimular a los que corren pero también levantar a los caídos y amedrentar a los obstinados, como el médico que aplica a cada uno la medicina que conviene a la salud de cada enfermo.

79. Esta es una idea que Granada reitera a lo largo de su retórica: "Aunque el rétor establezca que las emociones deben diseminarse a lo largo de la causa entera, doquiera lo solicite la envergadura del asunto, esto, no obstante, atañe de manera especial al eclesiástico (...)" Granada, *Ecclesiasticae rhetoricae,* II, 11, p. 215.

Su auditorio estará siempre necesitado de la moción de afectos, sea cual sea su condición, es decir, tanto los favorecidos por el soplo benevolente de la fortuna —sordos a todo lo demás— como los que sufren la fortuna adversa —que no escuchan más que su propia aflicción ("cosa que les ocurrió durante su cautiverio en Egipto a los hijos de Israel, que no quisieron oír, por la dificultad de los trabajos con los que se veían oprimidos, las palabras de Moisés procedentes de la boca del Señor")—[80].

Con insistencia Granada repite, a lo largo de su retórica, que la efectiva persuasión por medio de la prédica solo se logra con una total complementariedad y concordancia entre *inventio*, *elocutio* y *actio*. El habla eficaz queda garantizada por la *inventio* sólidamente apegada a la doctrina, pero es por medio de la *elocutio* (de las palabras adecuadas) que se le concede toda la fuerza a las ideas, convirtiéndose tales palabras en estados de ánimo en los oyentes. La conversión de ideas y palabras en estados de ánimo en el auditorio se da finalmente en la pronunciación del sermón, es decir, en la propiedad de la voz, el porte y el rostro[81].

Con base en esta firme convicción del carácter complementario de *inventio*, *elocutio* y *actio*, Granada toma la libertad de tratar en su retórica algunos temas propios de la elocución en capítulos dedicados a la invención, como, por ejemplo, la importancia de las emociones en la argumentación y las figuras que mueven afectos más eficazmente. Para mover las pasiones, el predicador necesita en primer lugar estar infundido de afecto por el Espíritu Santo —como lo estuvieron los profetas—, pero, en el plano del arte, se ha de valer de la amplificación y la descripción, así como de figuras y tropos, y una adecuada pronunciación, como veremos.

80. Granada, *Ecclesiasticae rhetoricae*, I, 4, p. 105.
81. Granada, *Ecclesiasticae rhetoricae*, prefacio, p. 71.

Infortunio, miedo y conmiseración

Ya en su *Retórica,* Aristóteles hace varias afirmaciones que involucran a la fortuna próspera o adversa, afirmaciones que refieren a todos los géneros (el deliberativo, el judicial y el demostrativo) y que frecuentemente apuntan a la interrelación entre persuasión y moción de pasiones. En *Retórica* I, la primera referencia a la fortuna se instala en la consideración del género deliberativo. De acuerdo con el Estagirita, lo que se elige o se desecha se hace atendiendo al objetivo común de los hombres que es la felicidad (*eudaimonía*), entendida aquí en términos de sus definiciones populares (*dóxa*) como éxito acompañado de virtud, independencia económica, vida placentera unida a la seguridad, pujanza de los bienes materiales y del cuerpo juntamente con la facultad para conservarlos y hacer uso de ellos. La fortuna (buena suerte, *týche*) es una de las partes de la felicidad, junto con los bienes externos e internos (anímicos y corporales). Aunque catalogado como uno de estos bienes, se precisa luego que la fortuna actúa como *causa* para que se produzcan y alcancen ciertos bienes, tanto aquellos en los que no cabe el arte (es decir, los bienes que proceden de la naturaleza), como en los que sí actúa el arte. La cuestión de la incidencia de la fortuna y del azar sobre los bienes tiene aquí un planteamiento distinto del de otras obras de Aristóteles, como la *Física* o la *Metafísica*, pero más que ello nos interesa subrayar lo que añade el Estagirita a continuación, dejando clara la perspectiva retórica que da al asunto: "en términos generales, los bienes procedentes de la fortuna son aquellos de los que se tiene envidia"[82]. En otras palabras, aun enumerada como una de las partes de la felicidad a la que apunta finalmente el consejo o la disuasión del género deliberativo, se contempla la dimensión pasional vinculada a la fortuna próspera.

En el libro II, en el contexto de la consideración de las pasiones, los acaecimientos de fortuna adversa, desgracias y padecimientos, están aparejados a la moción de los afectos del temor y la conmiseración, afectos vinculados entre sí en la medida en que, para Aristóteles, la moción de la conmiseración requiere previamente la del temor.

82. Aristóteles, *Retórica*, I, 1362a.

La turbación y el pesar propios del miedo se suscitan por la imagen de un mal destructivo, penoso e inminente; inminente, puesto que lo demasiado lejano no provoca miedo, y destructivo, ya que debe ser capaz de acarrear grandes penalidades o desastres. Entre las cosas que tienen estas características están la injusticia, la virtud ultrajada, la enemistad con quienes pueden hacernos daño, los peligros y, en general, "todas las cosas que, cuando les suceden o están a punto de sucederles a otros, inspiran compasión"[83]. Estas últimas son especificadas luego en el capítulo dedicado a tal pasión: provocan piedad las cosas que causan pesar o dolor físico, las que provocan diversas clases de muerte, violencias para con el cuerpo, malos tratos, vejez, enfermedades, falta de alimento y "todos los males grandes de que es causa la fortuna"[84] (1386a5-10), vale decir, tanto los males del cuerpo como la fealdad, la debilidad y la invalidez, como el que resulte un mal de lo que era justo que resultase un bien, o que esto suceda muchas veces, o que se produzca algo bueno cuando ya se ha sufrido un mal como la muerte, o que nunca ocurra nada bueno y cuando ocurra no se pueda disfrutar de ello.

En cuanto a las personas, Aristóteles aclara que el pesar de la compasión aparece ante el mal destructivo en quien no lo merece: se es compasivo con el honrado, con aquel que no es digno de sufrir un daño (y, por lo tanto, no suscita indignación sino piedad). Pero, al mismo tiempo, el temor es movido cuando se muestra que otros, superiores o de la misma condición que el oyente, han padecido males, o bien personas de las que no cabría pensar que sufrirían dichos males, "por cosas y momentos que no se podrían esperar"[85]. Explica

83. Aristóteles, *Retórica*, II, 1382b25.

84. A pesar de la distinción entre males de dolor físico y males provocados por fortuna, todos los mencionados apuntan a la vulnerabilidad del mundo exterior. Como señala Martha Nussbaum en *La fragilidad del bien*, en otras obras de Aristóteles, como la *Ética a Nicómaco,* hay ejemplos de las dos clases para referirse a la acción de *týche* y los bienes externos, por lo cual concluye que esta distinción establecida en la *Retórica* no es una distinción teórica importante.

85. Personas superiores o de la misma condición, semejantes a nosotros en edad, costumbres, modo de ser, categoría, linaje, de modo que dé la sensación, explica Aristóteles, de que también podría sucedernos a nosotros. Pero no deben ser personas excesivamente cercanas: si el padecimiento es sufrido por alguien demasiado cercano no inspira compasión sino que se entra en el terreno de lo *terrible*, de la exacerbación pasional del miedo, inmanejable por el cálculo racional. Aristóteles, *Retórica*, II, 1383a10.

la importancia de ello luego: “sobre todo nos inspira compasión el que personas virtuosas se encuentren en estos trances; porque todo esto, por parecer cercano, provoca nuestra piedad tanto más cuanto el padecimiento es inmerecido y se pone ante nuestros ojos”[86].

Aristóteles enfatiza la relevancia retórica de esto. El temor hace que deliberemos y, del mismo modo, no hay temor si no hay deliberación puesto que los que se creen impasibles a todo mal (por ejemplo, aquellos que creen estar en situación de gran fortuna) o aquellos que ya lo han sufrido todo (de tal manera que ya no tienen esperanza de salvación) no pueden sentir temor. Por lo tanto, si el orador pretende mover el temor (y la conmiseración) en su oyente, debe atraer la imagen del mal destructivo aproximándolo, poniéndolo ante los ojos, es decir, intensificando retóricamente su representación a partir de las técnicas ecfrásticas. El orador puede complementar su pesar, entonces, con gestos, voces, vestidos y actitudes teatrales que excitan aún más la compasión al *mostrar* el mal, que se hace, así, cercano y amenazante. Las acciones, las palabras y todo lo relacionado con quienes están en una situación de padecimiento, como los moribundos, tienen especial eficacia para mover estas emociones. Con el uso de estas técnicas, lo que parece lejano, como la propia muerte, se hace inminente (al menos como posibilidad) a través de la *phantasía*, moviendo en consecuencia el temor y la compasión.

La moción de la piedad es reiterada en el libro III de la *Retórica* en un pasaje algo enigmático. Aristóteles se refiere en ese libro (entre 1416b y 1417b) a la narración en los géneros demostrativo y judicial. En ese contexto señala que, en la defensa, son recomendables las narraciones breves, pues no debe perderse el tiempo en aquello sobre lo cual hay acuerdo[87]. Pero establece luego dos excepciones: la primera es la narración en la causa en que se discute la calificación de los hechos (*status qualitatis*) y la segunda, que nos interesa aquí, los casos en que hay moción de piedad o sobrecogimiento. El fragmento dice “E incluso conviene referirse [así] a los hechos del pasado, salvo en aquellos casos en que su actualización mueva a sentimientos de piedad o sobrecogimiento. Un ejemplo es la defensa ante

86. Aristóteles, *Retórica*, II, 1386b5.
87. Aristóteles, *Retórica*, III, 1417a10.

Alcínoo, que [Ulises] cuenta a Penélope en sesenta hexámetros"[88]. El fragmento ha sido interpretado por algunos como recomendación a evitar la rememoración extensa de hechos pasados cuando causan piedad (*oîktos*) o indignación (*deínosis*). Pero nos inclinamos a pensar, teniendo en perspectiva lo subrayado más arriba, que, por el contrario, el fragmento aconseja que la rememoración de los hechos que despiertan piedad o sobrecogimiento (entendidos como sentimientos favorables a la causa) sea extensa cuando objeto de la amplificación retórica, descritas como ocurriendo en ese momento. Esta interpretación es sostenida también por Racionero, quien explica el sentido en relación con el ejemplo que da Aristóteles: Odiseo (en Homero, *Odisea* XXIII 264-84 y 310-43) resume en pocos versos lo que ha contado ante Alcínoo; la narración ante Alcínoo es larga, rememora los hechos pasados actualizándolos, mientras que, ante Penélope, la narración es breve, refiriendo los hechos en pasado (es decir, sin su actualización). En la actualización frente a Alcínoo, hay un *poner ante los ojos* que logra la piedad y la conmiseración, y en ese caso se requiere una detenida amplificación que hace como si lo narrado estuviera ocurriendo al ser contado.

Desde el punto de vista retórico, la huella de Aristóteles es notable en lo que refiere a los procedimientos artísticos que *ponen ante los ojos* la imagen de males e infortunios: écfrasis o descripción con *enárgeia,* amplificación, fantasía y figuras como la prosopopeya, son recuperadas por gran parte de los retóricos españoles del siglo XVI. En cambio, la definición de las pasiones asociadas al infortunio, temor y conmiseración, con sus tres pilares aristotélicos (en qué estado se encuentra el que siente esas pasiones, contra o hacia quiénes se sienten y por qué asuntos o causas) sufre las inevitables transformaciones asociadas al distinto contexto cultural.

Estas deudas y a la vez variaciones se advierten claramente en un autor como Juan Luis Vives. En *De ratione dicendi,* Vives cita a Aristóteles para sostener que los silogismos dialécticos son ineficaces para la moción del ánimo: los afectos, dice Vives, si bien están entre la mente y los sentidos, son más cercanos a estos últimos y, por ende, se estimulan más fácilmente con lo singular que con lo universal, y con lo visto que con lo oído. Las acciones de la mente

88. Aristóteles, *Retórica*, III, 1417a10-15.

son contrarias a los afectos y retardan su ímpetu. En consecuencia, para mover los afectos son especialmente útiles las comparaciones, las imágenes y las semejanzas, que son más próximas a los sentidos. En el caso de males e infortunios, enfatiza Vives (en la huella de Aristóteles), es necesario ponerlos delante de los ojos, narrarlos con *evidentia,* de tal modo que más que narrados parecieran estar ocurriendo, y que ya no mueven en cuanto afectos ajenos sino por sí mismos, es decir, en cuanto infortunios, como si nos sucediesen a nosotros o a los nuestros.

La importancia de la *evidentia* es señalada por Vives también en su tratado *De anima et vita* (*El alma y la vida*, Brujas, 1538). En el capítulo VII del libro III, que trata la compasión, Vives cita a Horacio, "las cosas que penetran por los oídos impresionan el ánimo más débilmente que aquellas que se ofrecen a los ojos atentos"[89], encareciendo el efecto persuasivo de una escena y ejemplificando con la costumbre romana de mostrar en el foro o la asamblea al acusado harapiento, con heridas y cicatrices sobre su pecho desnudo, vestidos ensangrentados, etc. Esta capacidad de impresionar es propia también del discurso, a veces incluso más que la vida misma: según Vives, hay hechos que desarrollados en nuestra presencia no provocan tanta emoción como en un relato. Se trata, en efecto, de un manejo retórico en el que operan la fantasía y el pensamiento, la imaginación de que los males actuados y oídos podrían ser sufridos por los hijos, el cónyuge, los seres queridos y nosotros mismos, amenazados por una suerte similar.

Como en otras obras de Vives, así como en las obras de los humanistas en general, en *De anima et vita* hay una gran cantidad de fuentes que remiten a la tradición clásica, bíblico-patrística y otras enseñanzas de autores de los albores del Renacimiento. El capítulo sobre la compasión comienza, en efecto, con la definición aristotélica de compasión, como dolor que surge del mal corruptor (enfermedad, muerte, torturas y otros males similares) que, según nuestro juicio, sobreviene a quien no lo merece. El capítulo reitera varios tópicos antiguos, algunos ya mencionados aquí: mueven a compasión los que han sido despojados de una gran fortuna, aquellos que no han podido disfrutar de sus bienes, aquellos a los que suceden

89. Corresponde a Horacio, *Ars poetica,* vv. 180-181.

males imprevistos en lugar de los bienes esperados, los que soportan las desgracias con valentía, los que no imploran compasión; por otro lado, no sienten compasión aquellos que están embriagados en una gran felicidad porque piensan que están substraídos al destino humano, como tampoco los que han sufrido males extremos porque no temen que puedan hallarse en situación peor[90].

Pero, a diferencia de Aristóteles, Vives no hace depender la compasión del temor sino del amor. Para Vives, la compasión es un sentimiento otorgado por Dios a los hombres para su mutua ayuda y consuelo en los diversos azares y desventuras de la vida, en los cuales la compasión suple las deficiencias del amor[91]. El precepto de la sabiduría y de la bondad es que los hombres están encadenados entre sí por el amor, por lo tanto, la sabiduría —pero también la naturaleza misma— nos inspira e impone la compasión. Vives rechaza con vehemencia la posibilidad contemplada por los estoicos (citando, en específico, a Séneca) de no afligirse por las desgracias ajenas o de prestar auxilio al desgraciado sin experimentar dolor y aflicción de espíritu. Nada hay más propio de la naturaleza humana que compadecerse de los afligidos, la compasión nace de la semejanza y conformidad de los espíritus humanos entre sí y el espíritu no puede sino dolerse cuando contempla males ajenos, pues necesariamente piensa en sí mismo como expuesto y sometido a esos mismos males.

A la posibilidad estoica de ayudar sin dejarse afectar por la compasión, Vives responde que no hay mejor ayuda que compartir el dolor y que la participación en el dolor es el mejor alivio y consuelo para el sufrimiento, el auxilio más grato y eficaz. Nada más lamentable o descorazonador que comprobar que no se es compadecido por nadie. Y, a la inversa, nada más grato que experimentar en las lágrimas de otro, un semejante unido al dolor propio. Por todo ello, Vives insiste, desde una perspectiva cristiana, que la compasión brota del amor y a su vez el amor se robustece en la compasión.

---

90. Vives, *De anima et vita*, III, 7.
91. Vives, *De anima et vita*, III, 8.

Conquestio: el infortunio en el epílogo

Hasta aquí se ha trazado un panorama sintético del rol atribuido a las pasiones en la conquista de la persuasión, contexto en el que se instalan las observaciones respecto de la moción de pasiones derivadas del infortunio. Como quedó indicado, desde antiguo fue objeto de discusión la pertinencia de un tratamiento retórico de las pasiones. Entre los autores del siglo XVI, la cuestión sigue vigente y adquiere nuevas facetas a la luz de las preocupaciones e intereses propios de una época marcada por divisiones religiosas y culturales. En España y Portugal, las retóricas sagradas asignaron particular relieve al manejo de lo patético, pero, fuera del dominio eclesiástico, las emociones también tuvieron un papel destacado en retóricas como la del humanista Juan Luis Vives.

Como vimos, el tratamiento de las pasiones daba lugar asimismo al tratamiento del infortunio, pues en su seno se instalaban las observaciones específicas respecto de las emociones del temor y la conmiseración, pasiones derivadas principalmente de la fortuna adversa. En la *Retórica* de Aristóteles se habían sentado las bases de ese esquema: para mover la conmiseración es necesario mover el miedo, lo que se logra *acercando* (haciendo *visible*) los males a quienes se desea persuadir, y entre las cosas que provocan compasión están los males grandes de que es causa la fortuna. Los autores ibéricos del siglo XVI hicieron sus propios ajustes a este esquema. Como señalamos, Juan Luis Vives desvincula la compasión del temor para vincularla más bien al amor, y los autores de retóricas sagradas amplían los sujetos de la compasión, adaptando la preceptiva jurídico-deliberativa al ámbito cristiano para exhortar a la misericordia hacia pobres, agraviados, pecadores, desesperados, etc.

Por otra parte, como quedó dicho, ya la preceptiva retórica latina no diera el mismo espacio que Aristóteles al tratamiento de las pasiones. En *Rhetorica ad Herennium* y *De inventione rhetorica* la moción de las pasiones quedaba restringida al proemio y al epílogo en cuanto partes del discurso en que se juega el *movere*. En consecuencia, la referencia a infortunios y desventuras en las retóricas que siguieron ese modelo se restringía igualmente a dichas partes. En el proemio, los trabajos e infortunios podían contribuir a la captación de la benevolencia. En el epílogo, la alusión al impacto de la fortuna en la vida humana sujeta a la mutabilidad, así como a los padecimientos del infortunio, eran centrales para la moción de la compasión. A pesar de la restricción que implicaba este modelo en comparación con un tratamiento amplio de las pasiones, la *Rhetorica ad Herennium* y sobre todo *De inventione rhetorica* aportaron una sistematización del *movere* del infortunio de extraordinaria difusión y muy duradera presencia en retóricas posteriores, incluyendo las del siglo XVI.

En 1515, Nebrija recordaba (*ex Aristotele, Cicerone, Quintiliano*) que conmueven por la misericordia la varia mudanza de fortuna, el deplorar nuestro hado o fortuna y el mostrar ánimo fuerte y paciente en las desgracias, sobre todo en el epílogo. Así también García Matamoros citará la *Rhetorica ad Herennium* y luego *Pro Sulla* de Cicerón para mencionar que el orador, al dar a conocer las desgracias, la soledad, escasez, calamidad y otras cosas de este tipo, procura suscitar la benevolencia a través de la conmiseración.

Los lectores del Jorge de Trebisonda (cuya retórica se imprimió en España en 1511) pudieron acceder a la versión bizantina de esa misma preceptiva: entre los lugares del exordio para obtener la benevolencia, Trebisonda menciona relatar nuestras desgracias, descubrir nuestra soledad, falta de recursos, pérdidas y otras semejantes, con las que se consigue benevolencia por conmiseración, todo lo cual no debe ser amplificado en el exordio, pues su pleno despliegue tiene lugar solamente en la *peroratio*[92]. En el libro III, Trebisonda refiere extensamente a la peroración y a los lugares comunes de la *conquestio*, retomando los tópicos sistematizados por Cicerón (como el lector podrá ver en la traducción del apéndice).

Arias Montano dirá que los buenos oradores saben buscar los momentos seguros para distribuir los afectos en el discurso: al comienzo esparce todas las semillas con sutil disimulación, para paulatinamente irlas buscando y removiendo hasta el final mismo (que es la tarea de mayor esmero para el orador), cuando manipula con todas las fuerzas las pasiones diseminadas en el exordio[93].

Incluso fray Luis de Granada señala que si bien normalmente la *conquestio* no es propia de la predicación sino del género jurídico, sí

92. Trebisonda, *Rhetoricorum libri quinque*, I, 20.

93. Arias Montano, *Rhetoricorum libri quattuor*, III, vv. 207-220.

cabe en cierto tipo de sermones, por ejemplo, cuando el predicador quiere amplificar la crueldad de la pasión de Cristo, el dolor de la Virgen al perder su hijo por tres días o al huir con él a Egipto, y sobre todo cuando lo vio morir en la cruz, dándole luego sepultura. En todos estos casos, como también en la narración de los combates de los mártires, el predicador puede hacer uso de la preceptiva de la *conquestio* o *miseratio*, razón por la cual Granada inserta en su retórica todo *De inventione* I, 55-56, sobre la moción de la conmiseración en la peroración[94].

Ya antes Miguel de Salinas había apuntado que la moción de la misericordia, propia de los discursos jurídicos, es muy útil también cuando se exhorta a socorrer la pobreza, a consolar y ayudar a los que han sido agraviados por alguna injuria, a contribuir con oraciones a los que están en pecado mortal o desesperados, o a los afligidos por pérdidas de parientes y amigos, a los apremiados, en fin, por desdichas en general. Salinas recuerda que la moción de la misericordia se hace "poniendo delante" lugares (*loci*) como la inocencia, la edad, la impotencia, la multitud de agravios y pérdidas recibidas o que se esperan recibir, la dicha o buena fortuna anterior, el padecimiento de trabajos sin culpa, entre otros.

Todo esto remitía a la sistematización latina de la teoría retórica helénica. En *Rhetorica ad Herennium* ya habían quedado señaladas las distintas partes de la conclusión, sobre todo para el discurso jurídico: enumeración, amplificación, apelación a la indignación o apelación a la conmiseración (*conquestio*, también llamada *miseratio* o *commiseratio*). La acusación suele amplificar y mover los afectos del auditorio hacia la indignación, mientras que la defensa apuesta por despertar la conmiseración en los jueces. La moción de la compasión queda, desde entonces, estrechamente vinculada a la mudanza de fortuna. Se fijan como lugares de la *conquestio*: hablar de la variabilidad de la fortuna, comparar los bienes anteriores con los males presentes, describir lo que sucederá en caso de no obtener un resultado favorable en la causa, suplicar y poner la suerte en manos de aquellos cuya benevolencia se desea captar, mostrar las calamidades que han

94. Me refiero a todo el apartado que comienza con "Conquestio est oratio auditorum misericordiam captans...", Granada, *Ecclesiasticae rhetoricae,* III, 11, pp. 346-350.

de venir sobre nuestros padres, hijos y demás allegados, cuyos males nos duelen más que los propios, recordar la clemencia, humanidad, misericordia que hemos tenido con otros, decir que siempre o muchas veces hemos sido infelices y quejarnos de la suerte o de la fortuna, anunciando por último que nuestro ánimo seguirá fuerte contra los reveses y molestias.

En *De inventione rhetorica,* Cicerón coincide parcialmente con el anónimo de la *Rhetorica ad Herennium*, pero llega a un elenco de dieciséis lugares para la *conquestio*[95]. Antes que nada, el orador ha de destacar el poder de la fortuna sobre todos nosotros y, en consecuencia, enfatizar la debilidad humana, pensamientos que expresados de manera grave y sentenciosa son el mejor recurso para tranquilizar la indignación y preparar para la compasión. Las desgracias ajenas, dice Cicerón, hacen ver la propia fragilidad.

La compasión se mueve, entonces, a partir de los siguientes lugares comunes: 1) se muestra la prosperidad de que se disfrutaba antes y las desgracias que ahora afligen; 2) división por tiempo: se muestran las desgracias sufridas, las que se sufren en el presente y las que se sufrirán; 3) lamento de las circunstancias de la desgracia, por ejemplo, si es la muerte de un hijo, se recuerda el encanto de su juventud, su amor, las esperanzas que suscitaba, el consuelo que reportaba, su educación, etc.; 4) exposición de las afrentas, humillaciones y ofensas así como actos indignos para su edad, nacimiento o fortuna anterior; 5) presentar a la vista de todos, una por una, todas sus desgracias, de manera que al oyente le parezca estar viéndolas y pueda ser movido a la piedad por los hechos mismos, como si asistiera a ellos y no solo los estuviera escuchando; 6) se señala que la situación de desgracia va en contra de lo que se esperaba, no solo no se consiguió lo que se esperaba sino que se precipitó en las mayores desgracias; 7) pedimos que se imaginen en un caso similar y que cuando nos miren piensen en sus hijos, padres o personas queridas; 8) decimos que ha ocurrido algo que no hubiera debido suceder o que no se ha hecho algo que hubiera debido hacerse; 9) atribuimos palabras a seres mudos e inanimados (prosopopeya), recurso que conmueve profundamente el ánimo de los oyentes que alguna vez han amado; 10) mostrar la pobreza, la enfermedad y la

95. Cicerón, *De inventione rhetorica*, I, 55-56.

soledad; 11) encomendarse a los oyentes; 12) quejarse de estar separado de alguien; 13) quejarse indignado de haber sido maltratado por aquellos que menos tienen derecho (parientes o amigos, o personas a las que hemos ayudado); 14) súplica ferviente: se implora la compasión con lenguaje humilde y sumiso; 15) mostramos que no son nuestras desgracias las que deploramos sino las de nuestros seres queridos; y 16) declaramos que nuestro espíritu es compasivo con las desgracias ajenas, así como capaz de soportar la adversidad y las desgracias que puedan presentarse[96].

Como puede verse, algunos de estos lugares enumerados por Cicerón habían sido señalados en la *Retórica* de Aristóteles como procedimientos técnicos fundamentales para la moción de la conmiseración, como la descripción con *enárgeia* (la *evidentia* latina) o figuras como la prosopopeya. Otros aplican los lugares de persona y de cosa, de tiempo, modo y circunstancia a la situación de fortuna adversa.

Todo ello es reiterado en extenso por Quintiliano, otra de las fuentes recurrentes para la moción de la conmiseración por el infortunio en el siglo XVI. Su tratamiento de la *conquestio* incluye los principales puntos mencionados hasta aquí: la importancia de la descripción vívida de los males (padecidos o por padecer), la posibilidad de mover la compasión con palabras o con gestos, y el precepto de la *brevitas*. A esto, Quintiliano añade interesantes comentarios sobre la dificultad que reviste mover las lágrimas y el fugaz desvanecimiento de la conmiseración.

Concuerda Quintiliano con Aristóteles y con Cicerón en que el camino más efectivo para excitar la conmiseración es pintar los males que ha sufrido o que sufrirá el reo, males que se amplifican con referencia a la edad, el sexo y las prendas amadas del mismo (hijos, padres y parientes). Estos últimos podrán hablar por boca

96. Estas afirmaciones se reiteran en otras obras de Cicerón. Baste citar aquí la formulación resumida de *De partitione oratoria*, 57, donde se afirma que hay un lugar propio para la amplificación de cosas perdidas o en peligro de perderse. Entre ellas, nada más conmovedor que el hombre que pasa de dichoso a miserable, que cae desde la fortuna próspera y que no recibe la caridad de otros. Aquí mismo se insiste en que esta amplificación no debe ser demasiado extensa pues, "cito enim arescit lacrima, praesertim in alienis malis..." ("rápidamente, en efecto, se seca una lágrima, especialmente de males ajenos...").

del orador quien, haciendo uso de las prosopopeyas, tanto al poner razonamientos en boca de otras personas como al hacer hablar o hablar con cosas inanimadas, logra gran eficacia en la moción de la compasión. De ese modo, dice Quintiliano, el juez parecerá estar oyendo las quejas y lamentos de los miserables.

Otra fuente importante para esta preceptiva del epílogo es el tratado retórico de Apsines de Gadara, autor de la Roma imperial, nacido probablemente en el año 190 y muerto alrededor del 250. Su texto fue editado por Aldo Manuzio (Venecia, 1508-1509) en los volúmenes que incluían también los *progymnásmata* de Aftonio, las retóricas de Hermógenes, Aristóteles, Dionisio de Halicarnaso, Alejandro Sofista y Arístides[97].

En el capítulo décimo de su retórica, Apsines de Gadara detalla la *téchne* del epílogo, tanto de su dimensión pragmática (el recordatorio o recopilación, *anámnesis*) como de la patética —la moción de la piedad (*éleos*) y de la indignación (*deínosis*)—. En cuanto a la piedad, Apsines de Gadara subraya la importancia de una gradual preparación de los jueces, preparación que se funda en el uso del lugar común de la piedad. Dicho *tópos* destaca el relieve de los sentimientos humanos, la necesidad de tener pensamientos compasivos o de tener más placer con las emociones suaves que con las severas, así como la utilidad pública y política de la piedad, lo que diferencia al hombre de las bestias. El auditorio o el juez es interpelado a ponerse en la hipotética situación de necesitar la piedad de otros: todos los seres humanos en algún momento llegan a necesitar ese sentimiento de los demás y será función del orador hacer ver ese futuro. En ese contexto, puede ser muy persuasiva la referencia a alguna ocasión en que el acusado podría haber usado la fuerza y en cambio tuvo gestos humanos para con otros.

Al cabo de esta preparación, el orador debe recurrir a los tópicos de la moción de la piedad. Según Apsines de Gadara, uno de estos tópicos es el *Parà tèn elpída*, la idea de que lo sucedido es contrario a aquello que se esperaba, como por ejemplo un hijo que no cuida a su padre cuando viejo o un general llevado a juicio tras una victoria.

97. Para más detalles sobre esta retórica atribuida a Valerius Apsines de Gadara, así como a su recuperación en el humanismo renacentista, ver la introducción a la edición de Mervin R. Dilts y George Kennedy, 1997.

Otro tópico fundamental es *Parà tèn axían*, la idea de que sufrir algo puede ser para alguien una degradación, por ejemplo, que aquellos que nacieron ricos se hagan pobres, que los líderes políticos sufran el exilio, que los generales caigan en deshonor, en suma, un cambio de la fortuna próspera a la adversa. El tópico incluye la amplificación de la buena fortuna anterior, ya sea de una persona ya de una ciudad, y la consiguiente enumeración detallada de los padecimientos presentes. Apsines cita a Eurípides cuando hace decir a Hécuba que estuvo sentada en el trono real, casada con un rey, con hijos heroicos, contrastando eso con sus desgracias presentes: lo digno de piedad se hace todavía más cuando los grandes infortunios suceden después de una brillante felicidad[98].

"Nada se seca más rápido que una lágrima"

Ahora bien, este movimiento patético del epílogo no debe durar mucho, según algunos rétores. Como ya dijera el anónimo de la *Rhetorica ad Herennium* y Cicerón en *De inventione rhetorica*, atribuyendo la máxima al rétor Apolonio Molón, "nada se seca más pronto que las lágrimas". Una vez lograda la conmiseración en el oyente, no conviene detenerse en la súplica, explica Quintiliano, porque si aun los sentimientos verdaderos tienen fin, mucho más los que finge y mueve el orador. La detención excesiva en los males que provocan la conmiseración cansa al auditorio que, en consecuencia, se aquieta y pierde el primer ímpetu, recuperando la razón.

Es por eso que Quintiliano advierte que solo el orador que tiene comprobada habilidad debe intentar mover a lágrimas. La moción de la conmiseración, como afecto más fuerte entre todos, conlleva el peligroso riesgo de fracasar en el intento, lo que puede provocar risa en vez de lágrimas.

El orador que decide apostar por la *miseratio* invertirá entonces en la amplificación, por medio de expresiones y sentencias, además de todos los adornos que pide la ocasión, ya que ninguna cosa miserable o atroz debe ser contada sin afectos. Asimismo, cosas menores también pueden ser mostradas como males intolerables, a través de

98. Apsines de Gadara, *Two Greek Rhetorical Treatises*, p. 213.

la fuerza de la elocuencia que excita y aviva las pasiones más allá de la naturaleza misma del asunto.

Para eso, en primer lugar el orador debe moverse a sí mismo, recuerda Quintiliano en la huella de Horacio y Cicerón. Es decir, mover las pasiones a través de la *phantasía*, la *imaginatio* latina, representación interna de las cosas como teniéndolas ante la vista, y junto a las cosas, las voces, las acciones de las personas y todas las circunstancias que las envuelven. En el caso de la moción de la compasión, el orador se ha de imaginar que sufre las desgracias que va a describir, poniéndose en el lugar de aquellos que han padecido calamidades, revistiéndose de aquel dolor. Ponerse en el lugar del huérfano, del náufrago y del que está en peligro es necesariamente revestirse de sus pasiones; con ellas se ha de mover el orador a sí mismo, hasta sacar lágrimas de los ojos, insiste Quintiliano[99].

Como vimos, estas recomendaciones de Quintiliano son recuperadas por Vives quien le atribuye un énfasis especial a partir del símil de las liras tensadas. Para Vives, los afectos crueles y ásperos como el odio, la desconfianza, la aversión y la ira son muy fáciles de suscitar y prácticamente no requieren mayor dominio técnico. En cambio, los afectos suaves como la simpatía, la misericordia y —en suma— los afectos vinculados al amor, son de muy difícil manejo retórico dada la naturaleza viciada del ser humano[100]. En el movimiento de estos afectos el orador requiere total precisión, una técnica que Vives asemeja a la de tañer una lira: las sentencias y las

99. Precepto que será recomendado con fervor por Sánchez de las Brozas en *Ars dicendi* (*El arte de hablar*, Salamanca, 1556 y 1558): "para conmover los ánimos, no encontrarás ningún otro precepto más apropiado que el que Horacio ofrece en su *Ars poetica*: 'Igual que los rostros humanos sonríen cuando ven reír, también así lloran cuando ven llorar. Si quieres que yo llore, primero has de sufrir tú en persona; entonces, tus infortunios, Télefo o Peleo, me conmoverán'", *Ars dicendi*, I, 16, 24-29, p. 99.

100. "Todo ser vivo, por empuje e instigación de la naturaleza, se estima a sí mismo, pero lo viciado de nuestra naturaleza hace que cada uno de nosotros se ame a sí mismo con más entrega de la conveniente; el resultado es que el calor se concentra en el interior y deja frío el exterior, lo cual hace que nadie deje de ser juez injusto en los temas que a él le conciernen, a causa de lo desmesurado de su simpatía para consigo mismo, y que le resulte fácil a cualquiera persuadirse en su propio interés de lo que le viniere en gana; además, nuestra frialdad para con los otros nos expone a depravados actos de desconfianza, al odio, a la aversión, a la ira; es más fácil suscitar estos afectos que la simpatía y la misericordia", Vives, *De ratione dicendi*, II, 60.

palabras no deben ser ni mayores ni menores que lo conveniente, ni ajenas al momento y al lugar, por poco que sea, pues los afectos suscitados pueden volverse peligrosamente en contra del orador, provocando la animadversión o la burla. Por ello, solo el conocimiento pleno del *éthos* del auditorio pone al orador en terreno firme: al pasar revista a todas las costumbres y circunstancias de su público, el orador puede ponerse en su lugar, adoptar su mentalidad, "una ficción sorprendentemente útil para encontrar lo que necesitamos", dice Vives[101].

Tensadas las liras del orador y del auditorio en total armonía y proporción, la moción de afectos es tan eficaz que cada cuerda que se toque producirá el mismo movimiento en la otra. Y de ese modo las descripciones de bienes y males ajenos sacuden nuestros espíritus, incluso en los relatos ficcionales, dice Vives, con los que "nos regocijamos, reímos, lloramos, esperamos, tememos, odiamos, nos indignamos, nos dejamos llevar por la simpatía o por la ira"[102]. Para ello es fundamental la descripción vívida: las cosas constreñidas y enrolladas no producen sentido, mientras que las desplegadas y desenrolladas conmueven fuertemente. En confirmación de esto cita luego a Quintiliano: "quién no se siente más impresionado con el libro segundo y tercero de la *Eneida* que con aquella célebre frase, aunque aguda e ingeniosamente sintética: '¡Y los campos donde estuvo Troya!'"[103]. La conmiseración por las ciudades tomadas crece si se describen todas las eventualidades que semejante suerte lleva consigo, si aparecen las llamas desatadas por entre las casas y los templos, el estruendo de los tejados que se desploman, el fuerte clamor, la suma de los diferentes gritos y otros efectos desastrosos.

101. Vives, *De ratione dicendi*, II, 60.
102. Vives, *De ratione dicendi*, II, 61.
103. Vives, *De ratione dicendi*, III, 7.

Imaginatio, amplificatio y *evidentia* del infortunio

El precepto de la brevedad, con la alusión a la famosa sentencia de Apolonio, muchas veces atribuida a Cicerón, "nada se seca más rápido que una lágrima", se encuentra en diversas retóricas españolas del siglo XVI: Nebrija, Vives, Salinas, Matamoros, Granada y otros retóricos la recuperan y hacen suya al desaconsejar una extensión excesiva en la actualización de los lugares comunes de la conmiseración[104].

Aplicada principalmente a la moción de la piedad en el discurso jurídico, esta *brevitas* del infortunio tiene su contraparte, sin embargo, en el relieve concedido a la amplificación y a la descripción vívida (descripción con *enárgeia* o *evidentia*) de males, infortunios y adversidades. Ya en la *Retórica* de Aristóteles se distinguiera un modo sintético de narrar infortunios y uno amplificado, que busca la moción de la piedad o el sobrecogimiento (III, 1416b y1417b): los trabajos de Odiseo pueden ser narrados en breves versos a Penélope (Homero, *Odisea* XXIII 264-84 y 310-43), pero, ante Alcínoo, el héroe rememora los hechos pasados actualizándolos, como si estuvieran ocurriendo en ese momento, poniéndolos ante los ojos de su auditor con *enárgeia*, con el fin de lograr la piedad y la conmiseración.

En varias retóricas españolas del siglo XVI, la amplificación aparece como la técnica central para la moción de emociones y en varios autores se vincula a la narración de males e infortunios. Lo resume Cipriano Suárez (1524-1593) en su *De arte rhetorica libri tres* (*Los tres libros del arte retórica*, Coimbra, 1560): nada hay que estudiar con más detalle que la amplificación (cap. 41, "Qué hay que guardar en la amplificación"). Y en ello, cada género dicta sus propias necesidades. En discursos que persiguen el deleite, la amplificación se centra en los *loci* que mueven atención, admiración o gusto. En los discursos que apuntan a la ejemplaridad, como las exhortaciones, la amplificación ha de enumerar bienes y males, con sus correspondientes ejemplos. En el discurso jurídico, el acusador amplificará las

104. Erasmo incluyó el precepto entre sus *Adagia* (IV, IX, 14): *Lacryma nihil citius arescit,* precepto que toma de Cicerón (*De inventione*, lib. I) y que dice remontar a Apolonio. Erasmo llega a proponer una formulación griega del precepto, no rastreable en fuentes antiguas, y que, sin embargo, migrará a obras posteriores como el *Thesaurus Graecae linguae* de Estienne (Ginebra, 1572).

cosas que incitan a la cólera, mientras el reo amplificará los lugares que mueven a compasión y misericordia. Así, la amplificación guarda relación con las funciones básicas de enseñar, deleitar y mover, en los géneros demostrativo, deliberativo y judicial.

En la primera retórica en lengua castellana, Miguel de Salinas se detiene en la consideración de la importancia de la amplificación y de la evidencia (*enárgeia* o *evidentia*), así como de la imaginación (*imaginatio*) para encender los afectos en el orador que se siente "frío" para la moción de pasiones en su auditorio. En términos generales, Salinas define la amplificación como pintar la cosa con palabras que en sí son más graves que aquello que por ellas queremos significar, lo que se logra a través de figuras como la hipérbole, el incremento (cuando se va subiendo de grado en grado de lo inferior a lo superior), la comparación y el "ayuntamiento" (acumulación de palabras o sentencias de una misma significación para amplificar).

Para los predicadores, y en general para el discurso que busca la reprehensión, la amplificación de los vicios es central dado que es a partir de esa técnica retórica que la prédica logra mover al aborrecimiento o a la indignación contra los vicios. Para esto, el ejercicio de *imaginación* es fundamental, pues solo el predicador totalmente movido él mismo por el afecto puede persuadir de forma duradera. La oración y la lectura de la Sagrada Escritura o de los doctores de la Iglesia son recomendadas por Salinas, como por tantos otros autores, para encender los afectos en el predicador que se sintiere débil en las pasiones que ha de mover. Pero la retórica también provee una técnica útil para estos casos. Recoge Salinas los preceptos de la *fantasía* ya presente en la retórica antigua, según la cual el orador debe pensar

> [...] pasando por la fantasía las imágenes que representan la cosa que ha de tratar: porqué mucho más mueve lo que vemos con los ojos que lo que oímos. No hay quien no se turbe si viere a uno mudado el gesto, la espada en la mano, dando voces y bramando contra otro que está temblando y sin ayuda, y le da de cuchilladas hasta que le derriba y herido con muchos gemidos se muere: más que si oímos haberle muerto cruelmente, y por esto es muy gran ventaja cuando los que escriben ponen la cosa con tanta evidencia que realmente parezca a los oidores que la ven[105].

105. Salinas, *Rhetorica en lengua castellana*, XXIX, fol. 58.

Con la imaginación o contemplación, el orador deberá considerar todas las circunstancias de personas, tiempos y lugares que pueden agravar o disminuir la cosa (*amplificatio*). Agravando o disminuyendo y pintando con evidencia, el discurso logra el efecto de una primorosa pintura. Siguiendo con el paralelo entre pintura y retórica, tan usual en la época desde León Battista Alberti, Salinas advierte que este ejercicio supone el manejo de una *téchne* que, así como el que domina el arte de pintar ve de modo diferente una pintura del que no maneja este arte, el orador logra tomar provecho de las *circunstancias* para el discurso. La contemplación de todas las circunstancias y su posterior desarrollo en amplificación es tan relevante que aun en la declaración de la Sagrada Escritura es útil, dice Salinas, para alcanzar mayor *evidencia.* Y esto no significa inventar cosas o "fingir cosa nueva", sino "poner la misma delante de los ojos más clara y abiertamente"[106].

A través de esta técnica, el orador podrá sentir el movimiento de dolor o compasión o alegría, como si él mismo lo padeciese, como acontece naturalmente a ciertas personas cuando reviven los pasos de la pasión de Cristo. Salinas advierte, sin embargo, que la imaginación y el movimiento de las pasiones en el orador deben tener un límite, pues al igual que reprimir las pasiones puede estorbar la persuasión, el movimiento excesivo de afectos, cayendo en las lágrimas, sollozos o turbación exagerada, estorba a decir lo necesario y, por tanto, incapacita al orador. Término medio que se asemeja al precepto de la *brevitas,* con igual énfasis en los límites persuasivos de afectos vinculados a padecimientos.

En *Ecclesiasticae rhetoricae,* fray Luis de Granada retoma este asunto y, a diferencia de Salinas, reconoce haber derramado lágrimas, mostrado palidez en el rostro e incluso haber sufrido un dolor "parecido al verdadero", por efecto de la *fantasía* de los griegos, que él prefiere llamar *visión.* Para Granada, la visión es un ejercicio indispensable a través del cual el orador imagina todas las circunstancias para mover en sí mismo el afecto que quiere suscitar en su auditorio. Es del todo necesario cuando el orador pretende mover la compasión y para ello el orador debe persuadir su propio ánimo pensando que a él mismo ha acontecido todo aquello de lo cual se

106. Salinas, *Rhetorica en lengua castellana*, XXIX, fol. 58.

queja. Representar al huérfano, al náufrago, al que está puesto en peligro, es revestirse, por ende, de todos sus afectos.

En última instancia, aclara Granada, es el Espíritu Santo el que infunde el afecto, don en el corazón de los humildes, ardor de carbón ardiente en los profetas, como Jeremías, cuya elocuencia, inspirada por el Espíritu, incluía tantas figuras retóricas, emociones, metáforas y demás tropos, tanta energía expresiva, tantas personalidades, tantos gestos y figuras, espíritu y emoción. Pero el orador se ayudará también con las *visiones*, la representación en el ánimo de las cosas ausentes, como si las mirara con los ojos hasta parecer tenerlas presentes. La visión, *phantasía* de los griegos, hace al *euphantasíotos,* es decir, aquel que finge muy al vivo las cosas, las voces, los actos, conforme a lo natural o a lo verosímil. Por ejemplo, si han asesinado a un hombre, dice Granada, el orador deberá tener a la vista todo aquello que es creíble que haya acontecido: saldrá de improviso el asesino, el otro se asustará sobrecogido, exclamará, rogará, huirá, verá al que hiere o al que cae herido, se imprimirá en el ánimo la sangre, el pavor, el gemido, la última boqueada que aspira...

Movido en sí mismo el afecto a través de la *fantasía* o *visión,* el orador moverá las pasiones en el auditorio empleando dos recursos fundamentales, la amplificación y la evidencia (que llama también *ilustración* e *hipotiposis*). Ya en la argumentación, entra en funcionamiento el *movere* de los afectos, pero es sobre todo con la amplificación que se "acicatea" el estado de ánimo del oyente hacia la ira, la misericordia, la aflicción, el odio, el amor, la esperanza, el miedo, la admiración o cualquier otra configuración anímica.

Granada dedica buena parte del libro III de su retórica a la amplificación, reconociendo su enorme importancia en el hecho de que todas las tareas del orador (persuadir, disuadir, alabar, vituperar, mover) necesitan la *amplificatio*. Si la argumentación se ocupa de qué sea la cosa, si existe o no, cómo es, etc., la amplificación es la que distingue su grandeza y amplitud, manifestando algo en extremo indigno en su género, lo calamitoso, alegre, triste, miserable, amable, aborrecible, formidable, apetecible y cosas de esa naturaleza. Los lugares de la amplificación son los mismos de la argumentación pero algunos son más útiles para amplificar, sobre todo los que muestran que hay muchos asuntos implicados en otros, como las partes, las causas y efectos, sus colindantes, como los adjuntos (antecedentes y consecuentes), todos los cuales se ven acrecentados y confirmados por ejemplos, símiles y testimonios de las Escrituras o de los Santos Padres.

Así, Granada distingue algunos tipos básicos de amplificación. La amplificación por los adjuntos (antecedentes, concomitantes y consecuentes), la amplificación por las causas, la amplificación por las emociones, la amplificación por las partes y la amplificación por lugar común y circunstancias conjuntamente.

Entre los ejemplos destacan varios referidos a sucesos desventurados. Como muestra de la amplificación por partes, Granada pone las menciones a infortunios de distintos reinos, que no consisten en una narración sencilla de la destrucción sino en la amplificación por enumeración de todas las calamidades que acompañan la devastación. Así, menciona a Jeremías, quien en sus *Lamentaciones* amplifica la ruina de Jerusalén y la desolación de Babilonia; a Exequiel, que amplifica la ruina de Tiro, de Egipto, de los asirios, contando largamente todas las riquezas de estos reinos que habrían de ser saqueadas; a Joab, que enumera todos los servicios hechos por los vasallos de David, las lágrimas intempestivas de este, etc.

Granada vuelve a citar las *Lamentaciones* de Jeremías cuando entra plenamente al tratamiento de los afectos, en el capítulo X, para mostrar que la moción de los ánimos se logra por medio de la amplificación y la evidencia. Jeremías amplifica la ruina de la Ciudad Santa y las calamidades de sus ciudadanos, enumerando y poniendo ante los ojos "*¡Cómo se siente en soledad la ciudad populosa!*, etcétera. Y: *Eran sus nazareos más brillantes que la nieve, más blancos que la leche...*, etcétera. Y: *Todas sus puertas están desoladas, sus sacerdotes gimiendo, sus vírgenes escuálidas, y ella llena de amargura*"[107].

Como ejemplo de amplificación por enumeración de las partes, Granada remite también a la *Homilía sobre los siete macabeos* de Gregorio el Teólogo, donde se amplifica la constancia de la madre a partir de todos los tipos de tormentos sufridos:

> Nada pudo doblegar, ablandar ni debilitar el vigor de la madre ni la constancia de su espíritu. Ni los utensilios diseñados para descoyuntar las articulaciones, ni los potros de tormento que se le pusieron a la vista,

107. Granada, *Ecclesiasticae rhetoricae*, III, 10, p. 337.

ni los rebuscadísimos tipos de tortura, ni las filas de uñas de hierro, ni las rabiosas fieras, ni las espadas que estaban afilando, ni los calderos hirvientes, ni los fuegos que se avivaban, ni el gentío variopinto, ni los guardias que la acosaban, ni la visión de su progenie, ni los miembros arrancados, ni las carnes laceradas, ni los ríos de sangre que bajaban, ni la flor de la edad que perecía, ni los males presentes ni las crueldades pendientes[108].

Otro caso es la amplificación de Lactancio de lo terrible de la cruz por la mención al daño inferido a cada uno de los miembros de Cristo:

> De arriba a los pies obsérvame, ea, contempla mis cabellos de sangre cuajados y, sanguinolento bajo ese pelo, mi cuello y mi cabeza por crueles espinas atravesada, por doquier sobre mi divina boca goteando sangre viva mis ojos, obligados a contemplar y de luz carentes, y mis rodillas abatidas. Fíjate en mi lengua reseca por la hiel envenenada, y en el pálido rostro de muerte; mira mis manos clavadas y los extendidos brazos y la enorme herida de mi costado; mira desde ahí el chorro de sangre y los pies horadados y los miembros ensangrentados. Arrodíllate y adora el venerable madero de la cruz[109].

Luego, como ejemplo magistral de larga descripción y amplificación, Granada cita en extenso el libro 6 de *Del sacerdocio* de San Crisóstomo, en que con varias descripciones se excusa frente a Basilio de rehusar la dignidad de Obispo. Entre las numerosas descripciones, interesan las de infortunios marítimos y cautiverios, que comparará después a los combates con las tenebrosas filas del demonio:

> [...] Que le cuente igualmente los males y perjuicios de la marina. Unas galeras chocando en medio de las aguas, otras que se van al fondo con su infantería pesada, el fragor de las olas, el tumulto de los marinos, el griterío de los soldados, la espuma, mezclada ya de sangre, ya de agua, y entrando de golpe en todas las naos a la vez, unos cadáveres yacentes sobre los bancos remeros, otros hundiéndose, otros flotando, otros arrojados a la costa por el ímpetu del hirviente mar, otros por medio de las olas deslizándose de tal modo que casi le cierran el paso a las naves. Por

108. Granada, *Ecclesiasticae rhetoricae,* III, 2, p. 269.
109. Granada, *Ecclesiasticae rhetoricae,* III, 2, p. 269.

> último, en cuanto que le haya enseñado con precisión las tragedias de la guerra, añádale también las calamidades del cautiverio y de la esclavitud, más dura que muerte alguna [...][110].

La amplificación se apoya, pues, elocutivamente en la *descriptio*, especialmente en la descripción vívida, con *enárgeia* o *evidentia*: los estados de ánimo, insiste Granada, se ven sobremanera concitados por la envergadura de lo que se pone ante los ojos como ocurre, con todos los colores, de modo que se lo pueda captar como en un teatro. Granada recupera el término griego *hypotýposis* para este tipo de representación de las cosas que contempla la explicación de las circunstancias, y sobre todo las circunstancias que muestran los estados de ánimo, hábitos e inteligencia de las personas[111]. Hay figuras que apoyan de modo especial este tipo de representación, entre ellas, Granada destaca las colaciones, símiles, disímiles, imágenes, metáforas, alegorías y demás figuras que ilustran un asunto.

Esta *téchne* se aplica a la moción de los afectos en general, como la ira, la mansedumbre, el amor, el odio, el temor, la osadía, la vergüenza, la indignación, la misericordia y otros semejantes, ya abordados —recuerda Granada— por Aristóteles, pero también a los afectos específicamente cristianos como el amor de Dios, el aborrecimiento del pecado, la esperanza en la divina misericordia, el temor del divino juicio, el gozo del espíritu, la tristeza salvadora, la admiración de las cosas divinas, el menosprecio del mundo, la humildad de corazón y la sumisión de ánimo. El temor de la justicia divina, ese "salutífero miedo", como lo llama Granada, mueve y "acicatea" a multitud de pecadores al insistir en la condición incierta de la vida, la inevitable necesidad de la muerte, el abismo de los juicios divinos, el pensamiento en las cuentas que habrá que rendir, la severidad terrorífica del Juicio Final, la crueldad y eternidad de las penas del infierno. La amplificación y evidencia de los males, haciendo ver con los ojos los *loci* mencionados, suscitaría el afecto persuasivo deseado en el auditorio, con ayuda de los *exempla*, símiles, disímiles y testimonios de las Escrituras y de los Santos Padres.

---

110. Granada, *Ecclesiasticae rhetoricae,* III, 6, p. 307.
111. Granada, *Ecclesiasticae rhetoricae,* III, 6, pp. 297-298.

Decir la desventura: aspectos elocutivos

La preceptiva retórica sistematizó no solo los asuntos y tópicos vinculados a fortuna e infortunios sino también el modo más adecuado y persuasivo de decirlos. Como vimos, en el listado de los dieciséis lugares para la *conquestio* en *De inventione rhetorica* de Cicerón, uno de ellos refería a la atribución a seres mudos e inanimados de palabras (es decir, la prosopopeya) como recurso que conmueve profundamente el ánimo de los oyentes, sobre todo de los que han amado.

Quintiliano lo reitera en *Institutio oratoria* (VI, 1, 2) al afirmar la utilidad de prosopopeyas o razonamientos en boca de otras personas, el hacer hablar a las cosas inanimadas o el hablar con ellas. A esto añade Quintiliano que el orador que toma la palabra del interesado en la causa y se dirige al juez como si fuera el acusado, de modo tal que el juez pareciera estar oyendo los quejidos y lamentos de los miserables, mueve con gran eficacia.

En sus *Progymnasmata rhetorica* (Basilea, 1550) Antonio Llull (1510-1582) llega a poner la prosopopeya (que llama también "inquietud") como una de las partes de la *peroratio* (que tendría, así, cuatro partes: transición, recapitulación, inquietud y sufragio). Según Llull, es mediante prosopopeya que el orador intenta inspirar en el ánimo de los oyentes afectos como el miedo, el odio o la esperanza. En *De ratione dicendi libri duo* (Alcalá, 1548) Alfonso García Matamoros también incluye la prosopopeya entre los recursos que mueven, añadiendo, asimismo, el hablar de modo velado, con parábolas, con imagen, la duda, la hipérbole, la exclamación, la *aposiopesis* (o taciturnidad), la repetición y la refutación.

La elocución preocupó muy especialmente a los retóricos del siglo XVI. Como quedó dicho más arriba cuando presentamos las particularidades de *De ratione dicendi* de Juan Luis Vives, la concepción de la *elocutio* como único ámbito propiamente retórico ocupa un lugar de destaque entre las transformaciones más significativas que sufre la retórica bajo el influjo del humanismo renacentista. Ya a fines del siglo XV, Rodolfo Agrícola había dado los primeros pasos en estos cambios al asignar al dominio de la dialéctica (y no a la *inventio* retórica) tanto los lugares comunes como las técnicas de la argumentación. Junto a las observaciones del humanista frisón, fueron de igual impacto las novedades traídas por el cretense Jorge de Trebisonda, vía de transmisión de la retórica bizantina y, en particular, de las concepciones retóricas de Hermógenes. Esta tendencia se cristalizó en la segunda mitad del siglo XVI con la obra de Petrus Ramus, la cual, a pesar de engrosar la lista de textos prohibidos en España a partir de 1568, dejó huellas evidentes en retóricos españoles como Pedro Juan Núñez, Fadrique Furió Ceriol, Antonio Llull, Juan Lorenzo Palmireno y Sánchez de las Brozas (el Brocense). Hay que decir, finalmente, que aun en autores más apegados al bloque grecolatino, como fray Luis de Granada, la elocución recibe un énfasis considerable, tanto que aparecen observaciones elocutivas diseminadas en diversas partes de su tratado, incluso en cuestiones propias de la *inventio.*

Para Juan Luis Vives, la elocución es definidora del impacto de un discurso en su oyente. Lo ejemplifica con la tragedia que impresiona gracias a sus palabras y al metro, y que tratada de forma menos altisonante y con pies sueltos carece de vigor. Según Vives, lo que se dice de manera figurada tiene más fuerza y, en consecuencia, eliminadas las figuras se pierde toda la potencia de lo dicho. Es por ello que, de acuerdo con el valenciano, la técnica más eficaz para templar las pasiones provocadas por un adversario (que Vives llama sus "proyectiles") es dejar al descubierto su artificio[112].

Por lo tanto, la moción de afectos debe buscar sobre todo la disimulación del artificio, sostiene Vives. El orador tiene que encender la llama de la pasión con cuidado disimulo y solo cuando el fuego se ha encendido plenamente ha de luchar con armas más contundentes, haciendo la composición más elevada, más brillante, con bastante sangre, y más que nada inundándola de la misma pasión que busca mover, más audaz, combativa, hiriente, provocadora, grandiosa[113].

La disimulación del artificio es importante también porque los afectos, dado que están a medio camino entre la mente y los sentidos, se dejan excitar más por lo que cae en el ámbito de los sentidos

112. Vives, *De ratione dicendi*, II, 67.

113. Vives, *De ratione dicendi*, II, 66. Ya Longino en *De lo sublime* dijera algo similar: "la mejor figura es aquella que pasa inadvertida como tal figura. Y, para ello, lo sublime y la pasión son una defensa y estupendo apoyo contra la desconfianza suscitada por las figuras. La destreza empleada queda oculta y se sustrae toda la sospecha desde el momento en que se vincula con lo bello y lo sublime" (XVII, pp. 46-47).

que lo abarcable únicamente por el pensamiento[114]. Así como mueve más lo visto que lo oído, penetra con mayor facilidad aquello que se dice con llanura y franqueza, aquello para lo cual no hay necesidad de aplicar el discernimiento. Por lo mismo, dice Vives, las agudezas y cosas que no son inmediatamente inteligibles estorban, pues las acciones de la mente son contrarias a los afectos y retardan su envite al necesitar especulación mental. En ese aspecto, es notable la diferencia con el predominio que alcanzará la noción de agudeza al cabo del siglo, y sobre todo en el siglo XVII, en tratados retórico-poéticos como *Agudeza y arte de ingenio* (1648) de Baltasar Gracián o *Il cannocchiale aristotelico* (1670) de Emanuele Tesauro.

Esto se debe a que para Vives es fundamental la proximidad de los sentidos y la semejanza con la naturaleza. El discurso observa esa semejanza en el estilo y los argumentos deben dejar ver la pasión. Al representar una pasión ardiente, el discurso debe estar lleno de argumentos de variados lugares, pues ello expresa el ardor del espíritu que recorre todo el organismo con admirable rapidez, como una chispa que no puede quedarse quieta en un solo lugar. Si lo que el discurso refiere es un gran dolor, todo será un gemido continuo, argumentos mezclados y revueltos. Si una pasión indolente, sentencias agudas, vibrantes y frecuentes. Si el auditorio está sumergido en la tristeza, el orador debe aguijonearlo con un discurso rápido y agudo, excitar para que oiga y comprenda, como en una luctuosa aflicción. Si el ánimo hierve, el ardor se refrena con argumentos, con sentencias arrebatadas, vigorosas, con nervio, nunca pueriles ni vacuas. Si pretende conmover, debe usar sentencias trilladas y corrientes, porque el oyente las entiende al momento. Si representar afectos arrebatados, usar traslaciones ásperas, arrastradas, traídas de lejos, como en las tragedias. Como en la *ékphrasis* de los ejercicios preliminares bizantinos, la *descriptio,* según Vives, debe adecuarse a los temas, es decir, emplear palabras grandes para las cosas grandes, festivas y dulces para las cosas dulces, tremendas para las tremendas, horribles para las horribles[115].

García Matamoros coincide en atribuir a los símiles (ejemplos, parábolas e imágenes) gran fuerza para mover afectos. La moción

---

114. Vives, *De ratione dicendi,* II, 62.
115. Vives, *De ratione dicendi*, III, 9.

de la misericordia puede apoyarse en los ejemplos (*exempla*), como en Virgilio ("Si Orfeo pudo rescatar a su esposa de entre los manes confiado en su cítara tracia, si Pólux recobró a su hermano muriendo en su lugar, ¿para qué recordar a Teseo?, ¿para qué al gran Alcides?", *Eneida*, VI, 120-121). Asimismo, la parábola suele mover los afectos haciendo a alguien digno de compasión, como en el libro IV de las *Geórgicas* ("Cual la afligida Filomela a la sombra de los álamos..."). La imagen también es idónea para la moción de pasiones, pues describe la forma del cuerpo ausente ("Tú, que eres la única imagen viva que me queda de mi Astianacte ya. Sí, son sus mismos ojos, sí, eran así sus manos, así el rostro", *Eneida,* III, 489-490).

A estos, García Matamoros añade muchos otros recursos elocutivos. Según el autor, el *páthos* suele conmover y llevar un asunto a la misericordia cuando no se dice abiertamente sino que solo se da a entender ("como cuando habla Mecencio en el libro X de la *Eneida*: 'Ahora sí que la herida cala en lo hondo'. Porque qué otra cosa se da a entender sino que esta herida honda es perder un hijo"[116]). Asimismo, el afecto se consigue "por lo menor", cuando se propone algo que es grande de por sí como inferior a nuestra desdicha o aquello que queremos encarecer. Nuevamente el ejemplo es de la *Eneida*: "Dichosa sobre todas aquella muchacha, hija de Príamo, condenada a morir ante tumba enemiga bajo los altos muros de Troya" (III, 321-323), de lo que se desprende, como explica García Matamoros, "por mucho que se trate de 'una tumba enemiga' y por mucho que se trate de 'ser condenada a morir', sin embargo, Casandra, aquella virgen hija de Príamo, fue más feliz que yo, porque la suerte no la llevó hasta aquellos"[117]. La comparación por lo mayor también es efectiva, como en Dido, "Igual que si Cartago entera o la antigua Tiro se vieran invadidas de enemigos", para decir que no había sido menor el dolor por la muerte de uno solo que si toda la ciudad, que sin duda era más grande, se hubiera echado a perder.

Otros recursos para mover afectos, según García Matamoros, son el discurso en animales u objetos inanimados; la duda (como Dido en Virgilio: "¡Ay! ¿Qué haré? ¿Volveré a mis antiguos pretendientes a servirles de mofa?", *Eneida*, IV, 534; o Ana cuando se conmueve:

116. García Matamoros, *De ratione dicendi libri duo,* II, X, 294.
117. García Matamoros, *De ratione dicendi libri duo,* II, X, 300.

"¿Por dónde empiezo a lamentarme de tu abandono? ¿Has desdeñado que tu hermana te hiciese compañía al morir?", *Eneida*, IV, 677); el testimonio de una cosa vista (en la *Eneida,* VIII, 197, "Pendían pálidos rostros de hombres de repelente podredumbre", y en XI, 433, "Rueda a la muerte, Euríalo. La sangre va fluyendo por sus hermosos miembros"); la hipérbole, que provoca ira o misericordia (la misericordia cuando dice en la *Égloga*: "Oh Dafnis, que aun los leones africanos gimieron por tu muerte", *Bucólicas*, V, 27-28); la exclamación, a veces por la persona del poeta o del orador y otras veces a través de la persona que introduce hablando; la *aposiopesis* o taciturnidad, que oculta o calla dando a entender al oyente (como la misericordia insinuada por Sinón, "Hasta que con la ayuda de Calcante, su ministro... pero ¿por qué revolver lo que a vosotros nada puede importar?", *Eneida,* II, 100); las repeticiones (como en "Eurídice, decía la misma voz, y la lengua fría, ¡ah, desgraciada Eurídice!, exclamaba al marchársele la vida, y las riberas a lo largo de todo el río, Eurídice, repetían", *Eneida*, IV, 525-527); y, cuando lo exigiere la magnitud del asunto o la atrocidad del hecho, dar vida con la voz a los difuntos y a la naturaleza muerta, como Cicerón contra Clodio, donde volvió a dar vida al ciego Apio, para reprender severamente a una mujer de vida desenfrenada[118].

Por su parte, fray Luis de Granada dedica todo el libro V de su *Ecclesiasticae rhetoricae sive de ratione concionandi libri sex* a la elocución. En el prefacio del libro, Granada se disculpa con el lector por "descender" a tan "pormenorizados preceptos" elocutivos, pero luego encarece la importancia de esta parte de la retórica, la más difícil de todas y en la cual se prueba la verdadera elocuencia del orador, dice, citando a Cicerón y a Quintiliano. De la mano de san Agustín destaca, además, su importancia para la predicación, la posibilidad de alcanzar la fórmula del "remedio agradable" (ni amargo ni perniciosamente dulce) cuando el eclesiástico trata las palabras divinas no solo con sabiduría sino también con elocuencia.

En cercanía con el bloque grecolatino, Granada aborda los principales aspectos de la elocución, las cuatro virtudes elocutivas, la latinidad, la claridad, el ornato (con los tropos y figuras de palabras y pensamientos, los tipos de composición) y el decoro. Subraya como

118. García Matamoros, *De ratione dicendi libri duo,* II, X, 313.

auxiliares de la amplificación y de la descripción vívida (fundamentales, como vimos, para la moción de afectos) las colaciones, los símiles y disímiles, las imágenes, las metáforas, las alegorías y otras figuras que ilustran un asunto por la cercanía de lo familiar y sensorialmente perceptible. Otras figuras que mueven especialmente afectos son la exclamación, el apóstrofe (sobre todo si nos dirigimos a cosas mudas e inanimadas), la prosopopeya (como atribución de palabras y emociones humanas a cosas mudas e inanimadas), la hipérbole, la repetición de interrogaciones repartidas en divisiones o en miembros, la obsecración ("os ruego que...", cuando se pide algo al auditorio), el conjuro ("te conjuro, lector, seas quien seas, a que una vez sopeses en tu corazón de cristiano..."), la imprecación y la admiración.

En cuanto a los estilos, bajo, mediano y grave o sublime, asociados tradicionalmente a las funciones del orador de enseñar, deleitar y mover, Granada advierte que son la fuerza y la sublimidad del discurso grave o elevado las que mueven las emociones, *movere* que consiste —recuerda el fraile— en la principal función del predicador. Granada recomienda introducir en todas las prédicas una o más cuestiones que se desarrollen con las figuras del género elevado. Estas cuestiones o materias son, en el ámbito cristiano, la severidad del Juicio Final, la atrocidad y eternidad de las penas que sufren los ímprobos en el infierno, la gravedad del pecado mortal, el peligro de quienes tras confesión caen de nuevo en el mismo delito, el peligro de los que van aplazando día a día su conversión, el de quienes difieren la penitencia, el de los acostumbrados a los pecados, el del corazón endurecido y cegado por la costumbre de pecar, etc. Pero junto a estas materias que mueven el miedo y la indignación, el género sublime es apto también para cuestiones de enorme gozo o para la lamentación en estilo afligido de desgracias y ruinas[119].

119. Granada, *Ecclesiasticae rhetoricae,* V, 19, pp. 615-618.

Actio: gestos y voces del infortunio

La retórica previó, asimismo, una *téchne* para la pronunciación y la gesticulación, materia de una de las partes tradicionales de los tratados retóricos, la *actio*. En esta parte, el orador hacía recomendaciones para la entrega oral del discurso partiendo de la importancia de la actuación para efectos de la persuasión. En ese contexto, la retórica contempló una actuación específica también para las materias lamentables y la moción de la conmiseración. Ya en la *Rhetorica ad Herennium* se preceptuaba que en la lamentación el orador debía poner una voz sumisa, de sonido apagado, con intervalos frecuentes, con inflexiones largas, y en el gesto, clamores femeniles, gestos ora mesurados, ora conturbados y tristes, llevando algunas veces las manos a la cabeza. Al tratar la *miseratio*, Quintiliano observara que se hace llorar no solo con palabras sino con el ademán: poner a la vista, en traje miserable, a los que están en peligro, a sus hijos y padres; presentar el puñal ensangrentado, los huesos sacados de las heridas, los vestidos salpicados de sangre, las heridas desatadas y el cuerpo lleno de cardenales, son todos medios de mucha fuerza, dado que ponen la cosa a la vista y hacen una viva pintura de la miseria y situación infeliz.

Hacia el siglo XVI, la dimensión oral del discurso ha perdido importancia llegando a desaparecer la parte de la *actio* en la mayoría de las retóricas. La gran excepción es la retórica eclesiástica, que mantiene el tratamiento de la entrega del discurso como asunto central para la predicación eficaz. En esta, la *actio* es sobre todo el espacio para la definición de un término medio prudente que supere la frialdad que causa tedio en el auditorio pero que huya de los excesos de algunos predicadores.

Es posible desprender de las repetidas críticas de autores españoles a una *actio* exagerada, que esta sería práctica habitual entre predicadores del siglo XVI. Cuando Salinas trata la materia se preocupa sobre todo de criticar los meneos exagerados de predicadores que más parecen truhanes u hombres sin vergüenza al hacer gestos y meneos extremados del cuerpo para mover pasiones. Salinas más bien confía en la elocución, en las “maneras especiales de decir”, para la moción de los afectos[120].

120. Salinas, *Rhetorica en lengua castellana*, XXIX, fol. 59.

También fray Juan de Segovia advierte al predicador que debe evitar en todo momento el exceso en la *actio*[121]. El principio del decoro es central para la predicación eficaz, la que al mismo tiempo que aspira a mover huye de los excesos que generan una *actio* deforme. Fray Juan de Segovia preceptúa, así, un término medio preciso: rechaza tanto la frialdad de los predicadores insípidos y flemáticos que no hacen ningún gesto o movimiento del cuerpo para vivificar la predicación, como el exceso de los que predican con tal cantidad de gestos y movimientos que parecen hombres que luchan o actores de teatro.

Por cierto, la representación en la predicación no puede ser la misma que en la comedia. Segovia reprende duramente a aquellos predicadores que no siguen el decoro: algunos corren detrás de un toro con la misma inquietud y saltos que un actor, otros siguen a un gorrión que muestran luego apresado con las manos y lo despluman con gestos pueriles y vanos como si fueran niños, otros representan un cojo tan minuciosamente que llegan a la indecencia, otros simulan una riña de mujeres con el mismo griterío y arranque de cabellos... En el teatro, esta minuciosidad nunca rebaja a la persona que representa, sino que hace al actor excelente. En el púlpito, en cambio, no cabe la representación fiel de minucias de ese tipo, y si ellas deben ser tratadas de todos modos en la predicación, ha de ser de modo diferente a como se hace en las comedias[122].

Por otro lado, así como el predicador debe corregir el exceso, debe evitar también el otro extremo, que es la frialdad. La corrección de este defecto se logra mediante el arte, específicamente con la *imaginatio* y la ejercitación en la representación de las cosas de tal modo que suscite en el predicador el espíritu de hablar. La imaginación de las cosas proporciona los movimientos y los gestos de las mismas: el predicador ha de imaginar la ira, las materias de reprensión, la mansedumbre, la inflamación del ardiente amor de los hombres, etc., lo que naturalmente llevaría a su *actio*[123].

---

121. Ver a este respecto todo el capítulo octavo del libro III de *De praedicatione evangelica* de fray Juan de Segovia. Dicho capítulo, titulado "De los gestos y movimientos del predicador", es la fuente de la síntesis que propongo aquí.

122. Segovia, *De praedicatione evangelica*, III, 8, 1120-1121.

123. Segovia, *De praedicatione evangelica*, III, 8, 1122.

No por ello, sin embargo, Segovia deja de entregar una detallada sistematización de los gestos y movimientos que debe hacer el predicador en diversas materias tratadas en el púlpito, como puede verse en el cuadro que he confeccionado. Las indicaciones de Segovia insisten en que el predicador no debe realizar ningún movimiento excepto los mencionados. Debe cuidar especialmente los movimientos de los labios, evitando cualquier gesto innecesario con la boca[124].

Los asuntos tristes e infortunios son mencionados en las indicaciones referidas a las distintas partes del cuerpo. La intersección de estas partes da cuenta de una *actio* de la desventura y el dolor: la frente arrugada, las manos entrelazadas, el cúbito del brazo derecho sobre el borde del púlpito, reclinando la cabeza sobre la mano, postura del hombre triste[125], que nos recuerda a *Melancolía I* (1514) de Durero.

Por su parte, fray Luis de Granada concede gran importancia a la *actio*, dedicándole todo el libro VI de su *Ecclesiasticae rhetoricae sive de ratione concionandi libri sex*. Según el dominico, la *actio* es la parte más difícil de escribir de una retórica ya que implica —dice citando a Cornificio— referir con la escritura materias tan sensoriales como los movimientos corporales y los tonos de voz. Al mismo tiempo, no obstante, es la parte más útil de la retórica, pues una buena *actio* logra presentar un discurso como si saliera del alma. Para Granada, pronunciación y estilo están en íntima conexión, la pronunciación es la configuración externa del estilo que genera en los ánimos del auditorio las emociones proporcionadas y las que llevan consigo la voz, el rostro y la gesticulación del que habla. Esto es tan evidente que una cuestión indignante puede no conmover si es pronunciada con voz lánguida y lenta, y una injuria muy leve puede excitar fuertes emociones si enunciada con voz y rostro amargos[126]. Granada confirma la observación con cita de Quintiliano, libro XI de *Institutio oratoria*: "fuerza es que toda emoción languidezca si no se la enardece con la voz, el rostro y prácticamente la apariencia de todo el cuerpo"[127].

124. Segovia, *De praedicatione evangelica*, III, 8, 1116-1119.
125. Segovia, *De praedicatione evangelica*, III, 8, 1116-1117.
126. Granada, *Ecclesiasticae rhetoricae,* VI, 1, p. 643.
127. Granada, *Ecclesiasticae rhetoricae,* VI, 1, p. 643.

Movimientos corporales de la *actio* de acuerdo a Fray Juan de Segovia
De praedicatione evangelica libri quatuor (1573)

Parte del cuerpo	Materia	Movimiento
Brazos	Cosas celestes Representación del estado de bienaventuranza (paz, quietud y deleite de los que lo consiguen)	Elevar los brazos a lo alto como si se quisiera transportar a los oyentes al cielo
	Cosas terrenales e infernales	Soltar los brazos como arrojando a los hombres al abismo
	Representación del gobierno de Dios sobre todas las cosas (máquina del mundo)	Extender los brazos hacia ambos lados, torciéndolos un poco en círculo como si se quisiera abarcar la amplitud
	Asuntos de amistad y concordia	Colocar los brazos a la manera de un abrazo, poniendo uno sobre otro, sobre el pecho
	Asuntos tristes	Fijar el cúbito del brazo derecho sobre el borde del púlpito, reclinando la cabeza sobre la mano, postura que es la del hombre triste
Manos	Cosas del corazón: amor o sus afectos. Pensamientos íntimos.	Colocar la mano en el cuerpo junto al lugar del corazón
	Condición del hombre avaro	Puños cerrados
	Asuntos dignos de dolor, asuntos lamentables o infortunios	Manos entrelazadas entre sí
	Olvido	Manos sobre los hombros
Rostro	Cosas alegres y dignas de atención	Ambos ojos bien abiertos
	Cosas deformes y abominables	Cerrar los ojos como si no quisiera ver las cosas que representa
	Cosas difíciles y tristes	Formar arrugas en la frente

De todos modos, la *téchne* de la *actio* no es más que un arte de imitación de la naturaleza, pues expresarse adecuadamente en público es hacerlo como manda la propia naturaleza y el modo de hablar. La pronunciación y la acción del que predica no deben ser distintas de las del que habla. Así, el decoro en la *actio* es la observancia de la naturaleza de cada asunto tratado, dado que es el asunto el que exige un modo de actuar y pronunciar.

Como hiciera Salinas, y ya antes Quintiliano, Granada vitupera contra la sobreactuación fea e indecorosa de aquellos que parecen estar en combate más que pronunciando un discurso, o de aquellos que imitan a los actores cómicos en el gesto excesivo. Así, Granada corrige varios defectos de la *actio*, la mayor parte del tiempo siguiendo de cerca a *Institutio oratoria*. La exclamación, por ejemplo, debe ser un impulso del pecho y no de la cabeza; se ha de evitar retorcer los labios y distender una desmesurada apertura de boca; los ojos nunca deben estar fijados en el suelo ni el cuello hacia cualquiera de los lados; ni levantar ni contraer las cejas con cada impulso de voz; la pronunciación, por su parte, ha de ser clara, adornada y correcta, ni demasiado veloz ni demasiado lánguida, con gran variedad de voces según los asuntos, evitando el gran defecto de la monotonía[128].

El decoro entre voz y asunto requiere que lo grande sea proferido con gravedad, lo mediocre con templanza, lo humilde con suavidad, lo atroz con vehemencia y acritud. Pero hay una *téchne* específica para cada parte del discurso, es decir, una pronunciación adecuada a la exposición, a la argumentación y a la amplificación. La amplificación es la parte de mayor variedad puesto que en ella el orador ensalza y amplifica la envergadura de cosas distintas, al mismo tiempo que intenta mover y provocar distintas emociones —amor, odio, admiración, dolor y miedo, indignación y conmiseración— que requieren distinta *actio*.

En lo que refiere a la voz, Granada especifica los distintos tipos recomendados para la moción de los afectos, citando *De oratore* de Cicerón (3, 217) e *Institutio oratoria* de Quintiliano (XI, 3, 63), tal como resumo en este cuadro:

128. Granada, *Ecclesiasticae rhetoricae,* VI, 3, pp. 651-659.

Emoción	Tipo de voz
(Cic. *De or.* 3, 217)	
Misericordia y aflicción	Dúctil, plena, entrecortada, llorosa
Miedo	Abatida, dubitante, humilde
Fuerza	Tensa, vehemente, dominante, con un prurito de gravedad
Placer	Fluida, suave, relajada, jacarandosa, remisa
Ira	Aguda, espoleada, con frecuentes cortes
(Quint. *Ins.* xi, 3, 63)	
Ira	Tenebrosa, áspera, densa Respiración rápida, no aliento largo

Como contribución personal a esta *téchne*, Granada presenta numerosos ejemplos y aplicaciones a las letras sagradas, ofreciendo también al lego un análisis detallado de la *actio* de un texto extenso, frase por frase. Entre estos ejemplos, Granada refiere a diversas emociones que reclaman distintas formas de pronunciar, una de ellas la lamentación del que deplora su suerte: "como cuando el Profeta se lamenta con piadoso y afligido ánimo, diciendo, *¿Hasta cuándo te olvidarás, Señor, de mí? ¿Hasta cuándo apartarás de mí tu rostro? ¿Cuánto voy a poner yo cuitas en mi alma y pesares diarios en mi corazón?¿Hasta cuándo será mi enemigo exaltado por encima de mí?...*"[129], lo que también puede verse con más acritud en la lamentación del profeta Habacuc: "¿Hasta cuándo, Señor, gritaré y no me oirás, daré voces a ti sufriendo violencia y no me salvarás?, ¡Ay de mí, que he venido a ser como quien recoge en otoño uvas de la vendimia. No hay una para comer, brevas ha deseado mi alma. Se ha marchado el santo de la tierra y no hay nadie recto entre los hombres... etc."[130].

129. Granada, *Ecclesiasticae rhetoricae,* VI, 9, p. 689.
130. Granada, *Ecclesiasticae rhetoricae,* VI, 9, p. 689.

Otro rétor que dedica especial atención a la *actio* es el mestizo novohispano fray Diego Valadés (1533-1582). En su *Rhetorica christiana* (Perugia, 1579), el franciscano describe en detalle la declamación, observando —como ya hicieran Juan de Segovia y Luis de Granada— que es fundamental evitar los movimientos exagerados en el púlpito. Este último no es lugar para el "juego gladiatorio", para los "titubeos de ebrios", las "gesticulaciones de músicos" o las "inepcias de mujeres"; el predicador debe ser serio y no un charlatán ni un mimo[131].

Valadés presenta la pronunciación como la parte más grave de la retórica, pues en ella radica la fuerza y el poder de los discursos, "los oyentes dan al asunto mismo una importancia tan grande cuanta es la dignidad con que es presentado por el orador"[132]. Por ello, los movimientos del predicador deben estar cuidadosamente controlados. El predicador debe subir al púlpito con paso moderado y esperar, con la cabeza descubierta e hincado de rodillas, el momento exacto para empezar. Al hacerse presente, con el cuerpo erguido y las manos compuestas, ha de mirar todo el auditorio, con mirada grave y humilde, mientras se hace silencio. Para Valadés, ese contacto visual es muy importante dado que los ojos —reveladores del alma— son una parte muy preciosa del cuerpo. Cuando haya cesado el susurro del auditorio, el predicador ha de descubrir la cabeza con ambas manos y santiguarse con gran veneración para luego besar la cruz devotamente en ambos pulgares. A continuación, vuelto a cubrirse, debe enunciar su tema dos veces, saludar el auditorio, implorar ayuda a la Virgen María y ponerse de pie para comenzar su discurso con voz grave y baja.

Valadés recomienda no apoyarse nunca sobre el púlpito sino mantenerse siempre erguido, para facilitar todos los movimientos de brazos y manos, según la descripción que sintetizo en este cuadro:

131. Valadés, *Rhetorica christiana*, III, 16, p. 345. El número de páginas corresponde a la traducción de Herrera Zapién.

132. Valadés, *Rhetorica christiana*, III, 16, p. 345.

Enumeración o división	Uso de la mano o del brazo izquierdo (los demás movimientos, por lo común, se hacen con el brazo derecho)
Al hablar del amor y de la caridad de Dios	Abrir las manos sobre el pecho como si quisiera sacarse las fibras y las entrañas
Cuando se execra o detesta algo	Apartar el rostro hacia la izquierda con la mano derecha extendida hacia delante

La regla fundamental es el decoro —la acomodación de la voz y de los movimientos al discurso—, pues cada quien es conmovido según la forma en que oye hablar y los argumentos mismos son aceptados según la aseveración del que habla. Así, las cosas alegres se exponen en forma alegre, las temibles en forma tremebunda y las tristes en forma afligida. Para Valadés, los dos asuntos de la invención son las cosas tristes y las cosas alegres (subdivididas, a su vez, en mejores y más eficaces)[133]. Respecto de los asuntos tristes, el franciscano subraya la importancia de exponerlos con voz lúgubre y semblante abatido, *actio* particular de discursos que refieran a materias tristes tales como la miseria humana, la abundancia de tribulaciones y la falta de consuelo, el sufrimiento que no encuentra alivio, la pena de los infiernos y de los condenados, entre otros[134].

***

Hasta aquí hemos trazado un recorrido por los fundamentos de la persuasión del infortunio y algunas de sus variaciones en autores del siglo XVI. Como vimos, su tratamiento se instala principalmente en el ámbito de una retórica de los afectos o pasiones. Asociadas al placer o al sufrimiento, las pasiones fueron pensadas por la retórica

133. Según Valadés, en la invención se deben procurar los asuntos teniendo en consideración que estos se dividen en: tristes o agradables, mejores o más eficaces (*tristes / iucundas* ; *meliores / efficaciores*) Valadés, *Rhetorica christiana,* II, 20, p. 191.

134. Valadés, *Rhetorica christiana,* II, 20, p. 191.

como lo incontrolable y lo reductible a la vez, dado que susceptibles de ser contrariadas o invertidas con ayuda de una determinada *téchne*. Algunos retóricos del siglo XVI —en concordancia con antiguas prevenciones hacia el manejo retórico de las pasiones— restaron importancia a tal arte. Así, por ejemplo, Arias Montano confía más en la naturaleza como guía de la moción de afectos que en los preceptos establecidos por los tratados[135] y fray Juan de Segovia parece atribuir a la complexión del predicador (melancólico, sanguíneo, flemático o colérico) una predisposición insalvable hacia la moción de pasiones propias de tales caracteres[136]. Pero, como señalamos, la *téchne* pasional gozó de amplio favor en muchos rétores del siglo XVI que siguieron sus fundamentos antiguos y medievales, haciendo las adaptaciones que creyeron necesarias. Su impacto en textos como las narraciones de naufragios es igualmente claro, según veremos.

Desde el punto de vista retórico, tanto la fortuna próspera como la fortuna adversa implicaban desafíos para el orador que pretendía mover pasiones y persuadir. En la cumbre de la buena fortuna, el oyente se hace sordo, impasible a pasiones como el temor o la conmiseración. Ya lo dijera Aristóteles y lo seguirán afirmando los autores del siglo XVI. Por otra parte, mover la compasión con el infortunio es una operación retórica que debe lidiar con lo que Juan Luis Vives llamó el "amor excesivo" que sentimos hacia nosotros mismos. El amor de las madres por sus hijos, de las abuelas por sus nietos, son afectos "suaves", afectos naturales, como observara Miguel de Salinas, mientras que la compasión al otro ajeno a nosotros es un afecto "recio", de difícil moción. Para vencer esta barrera, los rétores sistematizaron una preceptiva en torno al infortunio. Dicha preceptiva buscaba la compenetración entre hablante y oyente, representada por Vives en la imagen de dos liras tensadas en exacta proporción. Solo con esa total compenetración, el infortunio y sus padecimientos se desprendían del otro, alcanzando una presencia en cuanto tales, posibilitando la imaginación de nuestra propia desventura.

Esta técnica producía un movimiento circular y especular. No solo emerge del ánimo del hablante y se logra en el ánimo del oyente,

---

135. Arias Montano, *Rhetoricorum libri quattuor,* III, vv. 2126-2133.
136. Segovia, *De praedicatione evangelica,* IV, 3, 1200-1208.

como dijera Vives[137], sino que, una vez logrado en el ánimo del oyente, regresa en forma de afecto (o de acción) hacia el hablante o hacia el sujeto de su discurso. Para ello, el orador debía primeramente compenetrarse en el afecto que deseaba mover en su oyente o lector, valiéndose de la imaginación (*imaginatio*). Puesto en la piel del náufrago, por ejemplo, imaginaría todas las circunstancias de su padecimiento. La imaginación (*phantasía*, *imaginatio*, *visión*) del orador redundaría posteriomente en una representación que "pone ante los ojos" el infortunio, con recursos como la amplificación, la descripción vívida y el apoyo permanente de figuras y tropos que contribuyen a brindar *evidentia*. Todo ello lograría mover en el auditor/lector afectos por semejanza, los que volverían hacia el orador que, de ese modo, lograba la persuasión. Este movimiento circular se fundaba, además, en otra compenetración total, la de *inventio*, *elocutio*, *dispositio* y —en el caso de los discursos orales— también *actio,* todo ello amparado por la *memoria*[138]. Esta doble circularidad aseguraba la eficacia de la *téchne*, que previó modelos específicos para los casos de fortuna adversa.

El gran final de la *Historia general y natural de las Indias*

Al comienzo de esta primera parte, me referí a la idea sostenida por Antonello Gerbi de que el único esfuerzo compositivo de la *Historia general y natural de las Indias* de Gonzalo Fernández de Oviedo habría sido disponer al inicio de la obra el feliz viaje de Colón y, al final, los temibles casos de naufragios e infortunios acaecidos en América. A este propósito, defendí que tal esfuerzo compositivo introduce en la extensa obra de Oviedo la misma contraposición entre próspera y adversa fortuna, entre bonanza y tempestad, tan común en la iconografía del siglo XVI.

137. Vives, *De ratione dicendi*, II, 46.

138. El buen funcionamiento de la *téchne* que hemos recuperado hasta aquí dependía de la memoria, fundamental en un contexto en que la escritura es principalmente *imitatio*. No me detengo en este importante asunto puesto que el arte de la memoria cuenta con los excelentes estudios de Bolzoni, 2007; Carruthers, 1990; Yates, 1974; Rossi, 1960, entre otros.

Al mismo tiempo, planteé que la decisión de Oviedo de concluir su *Historia* con la narración de infortunios y naufragios podría vincularse también a la larga tradición retórica de extremar la moción de pasiones en la parte conclusiva de un discurso. Podría pensarse, por ende, que el *Libro de infortunios y naufragios* funciona como peroración (e incluso como *conquestio*) del extenso discurso historiográfico de Oviedo, exacerbando la moción del temor y de la conmiseración, como medios para la persuasión. Las páginas que siguen profundizan en esta tesis, a la luz de la preceptiva del infortunio recuperada hasta aquí.

Temor y esperanza: de la teología mística a la historia

Como la misma *Historia* de la cual es parte, el *Libro de infortunios y naufragios* sufre revisiones y adiciones continuadas durante casi quince años (1535-1549). En términos generales, se observan en las transformaciones de este último libro de la *Historia* de Oviedo las mismas fases que Jesús Carrillo distinguió para la obra completa: un periodo inicial entre la primera edición de 1535 y el año 1541; un segundo momento hasta el viaje frustrado de Oviedo a España a mediados de 1542; y un tercer periodo, entre 1542 y 1549, en que Oviedo introdujo las últimas adiciones a los manuscritos antes de dejarlos en Sevilla[139].

En la edición de 1535, el *Libro de infortunios y naufragios* culmina la *Historia,* ocupando el libro XX y último de la misma. Para entonces, consta de once capítulos, siendo el primero de ellos el proemio y el último la historia del naufragio y los trabajos del licenciado Alonso Zuazo que, con su larguísima extensión (dividida en treinta y nueve partes), ocupaba un lugar de indiscutible protagonismo como ejemplo máximo "para cuerdos y prudentes", en palabras de Oviedo.

En la edición decimonónica de la Real Academia de Historia (1851-1855), primera edición completa de la *Historia,* los once

139. Importantes y detalladas precisiones en torno al proceso de escritura y producción del libro pueden ser consultadas en Carrillo, 2004, pp. 107-142.

capítulos de la edición de 1535 aparecían ampliados a treinta[140]. Los veinte capítulos añadidos responden a los referidos periodos de redacción de Oviedo. En el capítulo XXV, Oviedo reconoce que en el anterior (es decir, en el XXIV, que contiene la narración de la navegación del río Marañón escrita por fray Gaspar de Carvajal) había pensado poner fin a las materias del libro, pero la novedad del naufragio de un canónigo de Santo Domingo en la supervisión de la extracción de perlas, ocurrido en noviembre de 1542, le hizo proseguir la redacción. Los quince capítulos siguientes seguirán acumulando relatos de naufragios e infortunios entre los años 1543 y 1549, cuando añade el que será el último capítulo del libro, el único ajeno a la materia "infortunios y naufragios", pues se trata de un descargo del autor a la crítica de algunos amigos por no haber escrito la *Historia* en latín.

En tan largo proceso de redacción, algunos aspectos del libro se mantienen pero otros son objeto de ajustes a la luz de los nuevos énfasis e intereses del autor. En la edición de 1535, el protagonismo de la historia de Alonso Zuazo hacía de esta el gran foco de la persuasión. Su larga extensión, su posición estratégica, su fuerte dimensión jurídica, así lo demostraban. Desde el proemio, la figura de Zuazo anunciaba su aparición definitiva como culminación del libro: en las primeras páginas, Oviedo mencionaba que la embarcación en la que naufragaría el licenciado Zuazo le había sido vendida por el mismo historiador, quien ya antes casi naufragara con esa nave[141].

Pero las sucesivas adiciones de Oviedo al *Libro de infortunios y naufragios* incluirán relatos que competirán en extensión con la historia de Zuazo, como el naufragio de Cristóbal de Sanabria o la navegación del capitán Francisco Orellana por el río Marañón contada por fray Gaspar de Carvajal. Además, los capítulos añadidos entre 1535 y 1549, reforzarán el sentido escatológico del libro como "espejo para prudentes", poniendo los casos de infortunios y

140. De estos treinta, están perdidos del XI al XIX, así como los primeros seis párrafos del XX. La edición de la Real Academia de Historia, inserta en el lugar correspondiente los títulos de los capítulos, conservados en la tabla de los contenidos de la tercera parte de la *Historia*.

141. Oviedo, *Historia general y natural de las Indias*, p. 464. Los números de páginas de la *Historia* remiten siempre a la edición de la Real Academia de Historia, 1855.

naufragios como "avisos" o evidencia de la fragilidad de la existencia humana y su único sentido proyectado hacia el encuentro definitivo con Cristo. A nivel elocutivo, este énfasis se observa en el empleo recurrente de exhortaciones e interrogaciones retóricas en pasajes reflexivos y patéticos que acompañan las narraciones, como en estos ejemplos:

> ¿Paréceos, lector, que es gentil manera la que habéis oído para buscar este oro de las Indias? Pues sabed que los menos de cuántos acá han venido le han hallado, y que los más han topado en estas y otras muchas desaventuras[142].

> ¡Oh, inmenso Dios, qué grandes desaventuras y cuán notables las que a tan poca fuerza y resistencia como el hombre tiene le aplican sus pecados y codicia, y qué géneros de muertes y por tantas vías se le conceden, y cuán incomportables, si tu misericordia no le socorre![143]

> ¿Qué vida ni pluma ni lengua puede bastar para recitar o escribir los peligros de esta peregrinación y humana habitación, en que tan obligados están los que viven en este valle de lágrimas? Bien sentía aquel doctor santo aquesto, cuando dijo: "Esta vida, es vida de miseria, vida caduca, vida incierta, vida trabajosa y no limpia: esta vida es señora de los malos y reina de los soberbios, llena de miserias y de espanto [...]". Porque sea verdad esto que dice San Agustín, no se puede negar, ni persona humana lo debe contradecir, así por los innumerables acaecimientos que en todas las mares y tierras del mundo han sucedido, como por lo que en nuestros tiempos en aquestas Indias, en tan poca cantidad de años, se ha experimentado y visto, y yo en parte he escrito en este último libro de la *General historia destas nuestras Indias*[144].

Gran parte de los capítulos añadidos con posterioridad a la primera edición pretenden escarmentar a los lectores mostrando las penalidades y riesgos mortales asociados a la búsqueda de riquezas en América. "Sentid cómo se pescan estas perlas y oro que por estas Indias se tratan", insiste Oviedo, al paso que describe la pérdida repentina e irreversible de cargas de azúcar, oro, cueros de vacas y otros bienes. "Ningún católico puede oír tal lectura sin que le

142. Oviedo, *Historia*, p. 525.
143. Oviedo, *Historia*, p. 538.
144. Oviedo, *Historia*, p. 574.

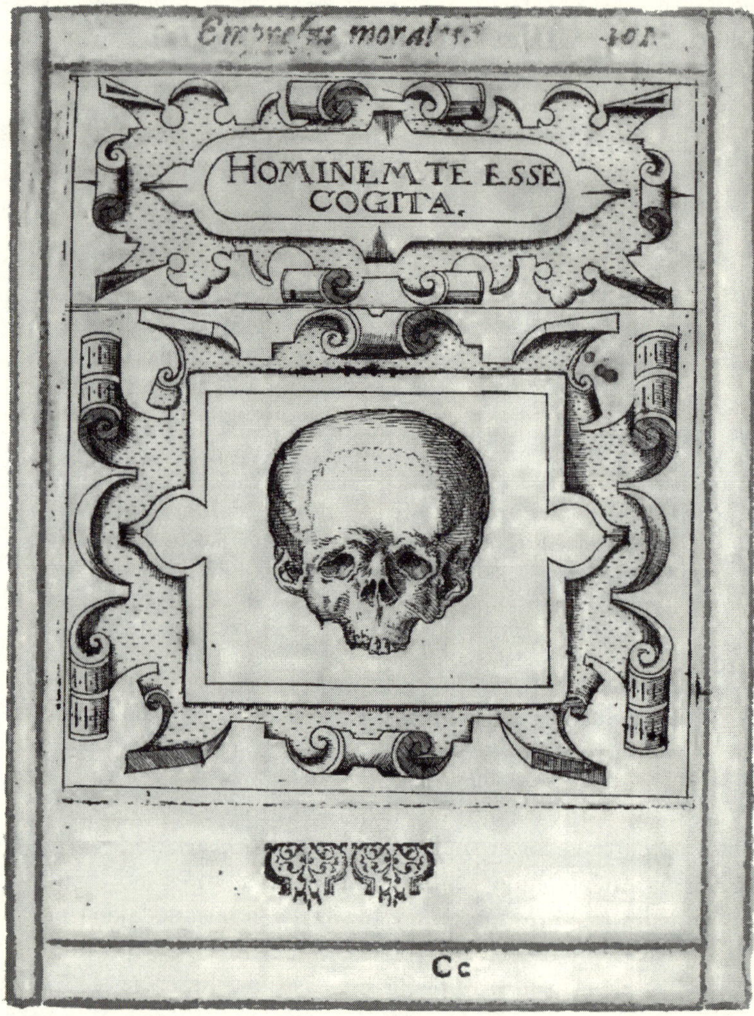

Figura 5. Juan de Borja, *Empresas morales* (Praga, 1581)

tiemble la barba"[145], afirma Oviedo dando cuenta, de este modo, del efecto buscado por este último libro, mover el miedo con la finalidad (compartida con tantos autores de la época) de recordar a los "desacordados" que son mortales y que su fin, aunque lo quieran ignorar, es el fin que todos hemos de tener como curso natural hacia la muerte. El recuerdo de esta condición priva de sentido la acumulación de riquezas y la vanidad de la vida terrena, reconduciendo la mirada del lector a las postrimerías, a la trascendencia, a la insondable misericordia divina y, en definitiva, al sentido teleológico de la existencia.

Para mover el miedo, pasión que ha de recordar al hombre que es hombre (como resumirá luego la empresa de Juan de Borja, Fig. 5), Oviedo aproxima el lector a la destrucción, la pérdida y la muerte, por medio de las técnicas que hemos descrito páginas atrás, es decir, por medio de la *ékphrasis*, la *amplificatio* y la *imaginatio*. Estas técnicas vienen a acercar el peligro del mal destructivo, clave para la moción del temor, como ya observara Aristóteles[146]. Las imágenes de males destructivos e inminentes provocan esa turbación y pesar propios del miedo, en escenas de naufragios descritas vívidamente por Oviedo: naves que por falta de carga y mal tiempo parecen volar sobre las olas; una nave que, tras el encuentro violento con una ballena, se llena de agua mezclada con sangre, sin que los pasajeros tengan tiempo de sacar el batel; sobrevivientes que deben alimentarse de los cueros de vacas que llevaban para comercializar; otros que se salvan en pequeñas canoas a punto de hundirse...

A ello Oviedo añade la descripción de la destrucción de la ciudad de Santo Domingo producto de tempestades y huracanes sufridos en septiembre de 1545, descripción que amplifica siguiendo los moldes para la *descriptio* de ciudades devastadas o destruidas:

> [...] arrebató el viento más de treinta almenas: y de una esquina de un muro que está a la parte de la mar, derribó un pedazo de un lienzo con parte del adarve, con otros edificios de esta casa real, que ruinó de tal suerte que sin mucha costa no se pueden tornar a su primer estado. Y así por consiguiente derribó el campanario del monasterio de Santo Domingo, y desbarató las celdas del monasterio de San Francisco; y en

145. Oviedo, *Historia*, p. 574.
146. Como ya indicamos, esto se destaca en Aristóteles, *Retórica,* II, 1386b5.

> muchas casas de particulares, de piedras, en unas más que en otras, ruinó parte de ellas. Y en solo las puertas y ventanas que en esta ciudad el viento hizo pedazos en todo o en parte de ellas, no se podrán restaurar sin mucha suma de pesos de oro; de manera que muy pocas o ningunas casas quedaron sin daño. Era muy gran lástima ver el campo y el estrago que se hizo en los ingenios de azúcar, y en los heredamientos y cañafístolas y arboledas de frutales arrancadas; los conucos y labranzas perdidas; los buhíos y casas de las heredades asoladas [...][147].

En ocasiones, sin embargo, el cronista reconoce la insuficiencia del lenguaje para dar cuenta tanto de los padecimientos como de la alegría y el gozo del sobreviviente: "yo no lo sé escribir tan bien como lo sabrá muy mejor pensar y entender el lector"[148]. Oviedo deposita, así, en la *imaginatio* del lector la amplificación de las emociones asociadas a estos casos, *imaginatio* que incluye la "conjetura copiosa", ya sea a partir de la propia experiencia de padecimientos y trabajos, ya sea a partir del "buen juicio" para imaginar estos detalles, técnica que, como sabemos, desde antiguo distinguió al lector preparado del simple[149].

Esta técnica que, como señalamos páginas atrás, era crucial para la preparación del predicador en lo que refiere a la moción de afectos en sí mismo para moverlos luego en su auditorio, se empleaba también como *téchne* para la meditación. Precisamente en un libro devocional que tradujo Fernández de Oviedo al castellano, las *Regule de la vita spirituale et secreta theologia* (Bologna, 1504) del canónigo italiano Pietro da Luca (muerto en 1522), se encuentra

---

147. Oviedo, *Historia*, p. 581.

148. Oviedo, *Historia*, p. 581.

149. Ruth Webb aportó interesantes datos para la comprensión de la visualización de las cosas como valor para la lectura, lo que diferenciaría al lector entrenado o cultivado del lector no preparado. Estos datos permiten entender la *enárgeia* de la *ékphrasis* (y posiblemente también la *amplificatio*) como un procedimiento internalizado para la lectura y no solo aplicado en la escritura. Ver Webb, 2009, pp. 21-22 y sobre todo p. 25: "es evidente que la visualización fue valorada y animada en la educación antigua como parte de una actitud más amplia hacia la literatura como una fuerza capaz de penetrar y dar forma al individuo. La habilidad de las palabras para afectar la imaginación está aliada a la idea de que ellas pueden entrar y vivir en el alma [...] la educación antigua claramente atribuyó valor a la visualización como respuesta, y creó un vocabulario para la identificación y la expresión de tales experiencias", mi traducción.

descrita esta aplicación[150]. Según explica Luca, la meditación es una prédica secreta del ánima para sí misma. Y al igual que la prédica, implica primero la lectura y memorización de las materias, pero luego su meditación mediante amplificación, tal como lo hace el predicador que induce a su auditorio a llorar por sus pecados, a dolerse de la pasión de Cristo, a sentir esperanza, temor y otros afectos necesarios dependiendo del asunto. Luca pone como ejemplo muy popular el de las penas del infierno y señala que en su meditación el cristiano ha de preguntarse, entre otras cosas, en qué peligros se encuentra, en qué puede encontrar consolación, qué pecados ha cometido, imaginando que, de perseverar en el pecado, no verá jamás la faz luminosa del creador y, por el contrario, estará encerrado en un penoso infierno, lleno de gusanos, rodeado de animales brutos y ánimas infelices, atormentado por crudelísimos demonios y una extensa amplificación guiada por la *imaginatio*[151].

La traducción de las *Reglas de la vida espiritual* tiene lugar en los años de vejez de Oviedo y coinciden, por tanto, con las adiciones a la *Historia* y al *Libro de infortunios y naufragios* entre 1542 y 1549. Así, al mismo tiempo que Oviedo traducía las reglas para la vida espiritual y la perfección cristiana, cargaba las tintas en el sentido moral y escatológico del libro L de su *Historia,* paralelo que todavía no ha sido suficientemente destacado por los estudiosos de Oviedo.

Las *Regule de la vita spirituale et secreta theologia* pretenden hacer accesible a un público amplio las principales reglas para el perfeccionamiento espiritual. Escrita en lengua vulgar y con una doctrina abreviada, la obra presenta el camino para abandonar los

150. El mismo Oviedo nos habla de esa traducción en el *Libro de la Cámara Real del príncipe don Juan.* Hay constancia de dos ejemplares de estas *Reglas de la vida espiritual y secreta teología*, impreso el 18 de febrero de 1548 por Dominico de Robertis, uno de propiedad de Eugenio Asensio (Gerbi, 1978, pp. 189-190, n. 101; por un tiempo prestado a Juan Bautista Avalle-Arce, ver Avalle-Arce, 2004) y otro en el *British Museum*, signatura 1019.d.35, según el mismo Avalle-Arce, lo que no se comprueba actualmente, de acuerdo con mi búsqueda bibliográfica). Cito las *Regole della Vita Spirituale* por la edición de Venecia, 1514, y las traducciones y paráfrasis son mías.

151. Pietro da Luca, *Regole*, p. 14. Otro ejemplo interesante de la obra es la meditación de la muerte, con la indagación de todos los *loci* y circunstancias (especialmente causas, signos, tipos de muerte, angustias y afectos), pp. 15-16.

deseos naturales y apetitos mundanos innatos al ser humano, con el fin de librarse de las penas del purgatorio y volar hacia la "patria feliz del paraíso"[152]. El texto distingue las tres operaciones del ánima (el pensamiento, la meditación y la contemplación), los tres tipos de hombres (cautivos, buenos y perfectos) y las reglas y técnicas del arte para alcanzar los tres grados a través de la invocación, el desprendimiento gradual del amor mundano hasta la unión del alma con el amor divino en el estado contemplativo. Las *Reglas* son, por tanto, una obrita de teología mística: su mismo autor reconoce compilar e imitar los "tratados piadosos y anagógicos", con (seudo) Dionisio Areopagita y Jean Gerson ("El Canciller Parisiense") a la cabeza.

Por ende, parece posible leer el *Libro de infortunios y naufragios* a la luz de las *Reglas de la vida espiritual,* especialmente en lo que refiere a la moción de los afectos del temor y la esperanza. Pietro da Luca recoge en las *Reglas* consideraciones divulgadas entre varios autores respecto de lo que llama las dos alas del ánima racional (temor y esperanza). Estos dos afectos son necesarios y se complementan permanentemente: necesarios, porque sin ellos no se puede elevar el ánima hacia la contemplación, y complementarios, porque el temor sin la esperanza cae en la desesperación y la esperanza excesiva hace el ánima negligente y presuntuosa. De este modo, el alma debe ser conducida como una barquita que se mantiene en un término medio prudente, sin desviarse hacia uno u otro lado. Tan pronto el ánima siente demasiada esperanza o tentación de pecar, debe meditar en las materias que mueven el temor, como la muerte, el purgatorio, el infierno, la caída de los ángeles, la expulsión del paraíso, la inundación del diluvio universal, la sumersión y conflagración de Sodoma y Gomorra, el fin del mundo, el juicio final, las dificultades para la salvación y —lo que nos interesa en particular— la gran fragilidad y miseria del ser humano, los grandes peligros que se presentan para su condena y las múltiples adversidades que con frecuencia debe enfrentar.

Es el temor el principio de la sabiduría, se afirma en las *Reglas:* la meditación sobre las materias citadas extirpa la presunción, la ambición, la vanagloria y las tentaciones, induciendo a la compunción,

152. Pietro da Luca, *Regule*, pp. 2-3.

al desprecio del mundo y a la humildad de recurrir al auxilio divino. Al mismo tiempo, la elevación a la contemplación también requiere la moción de la esperanza, anclada en el amor divino. El ánima ha de meditar sobre las materias que mueven esa esperanza como los numerosos ejemplos de la misericordia divina hacia los hombres, la liberación de Noé, de Lot, de David, de Pedro y Pablo, la gracia para con los ladrones, la cananea, María Magdalena, el hijo pródigo, la adúltera, la gloria del paraíso prometida, los auxilios de los sacramentos, especialmente de la eucaristía, los dones del Espíritu Santo, la ayuda e intercesión de los santos y, sobre todas las cosas, la Pasión de Cristo.

En el *Libro de infortunios y naufragios* es evidente la intención de Oviedo de mover tanto el temor como la esperanza, haciendo de la última parte de su *Historia* un espacio para el perfeccionamiento espiritual de un lector increpado con insistencia por el cronista. La narración, la écfrasis y la amplificación de pérdidas, muertes y padecimientos producto de naufragios e infortunios pretende suscitar la meditación en torno a la fragilidad y la miseria de la vida humana, al tiempo que contribuir al arduo camino de desprendimiento del mundo material al mostrar su caducidad y los grandes peligros que acarrean. Junto con ello, los mismos casos de infortunios buscan mover la esperanza, pues náufragos y sobrevivientes claman con fervor por el auxilio divino, y la infinita misericordia divina salva a muchos, incluso a las hermanas Taviras (que "no eran tenidas en tanta estima", cap. IX) y a la mujer de "sucio oficio" y el "rufián" que la acompaña (cap. V). Del mismo modo, los padecimientos y dolores mueven el recuerdo y meditación de la Pasión de Cristo, fuente máxima de esperanza en la salvación, especialmente en casos como el del licenciado Zuazo (cap. X).

En consecuencia, con ese monumental edificio historiográfico que comienza con el feliz viaje de Colón y termina con los infortunios, naufragios y muertes en el tormentoso océano de las Indias, Oviedo trazaba una línea que no iba del éxito al fracaso (como ha pretendido parte de la crítica), sino de la vida a la muerte, una muerte que no busca depositar la mirada del lector en las profundidades del mar donde se hunden las naves sino elevarla a la trascendencia, a la meditación y a la esperanza en la salvación.

Figuras 6 y 7. Jean Cousin,
Liber Fortunae centum emblemata et symbola continens (1568)

Al mantener —tras los sucesivos cambios y adiciones de la *Historia*— el *Libro de infortunios y naufragios* como último libro de su obra magna, el viejo y enfermo Oviedo proyectaba en ella la trayectoria tanto de la conquista del Nuevo Mundo como de la vida misma, una estructura que se encuentra en muchas obras del siglo XVI. Los cien emblemas de la Fortuna de Jean Cousin (*Liber Fortunae centum emblemata et symbola continens,* 1568), no casualmente comienzan con la audacia de *Fortuna audax* (Fig. 6) para terminar con *ultima Fortuna*, una Fortuna que toma el brazo de una parca que también porta una vela, como la diosa pagana (Fig. 7). Un siglo después de Oviedo, Quevedo sintetizaría esa estructura en *La cuna y la sepultura, para el conocimiento propio y desengaño de las cosas ajenas* (Madrid, 1634) al afirmar la contigüidad de aquello que solo el "divertimiento" podría creer opuesto o separado (Fig. 8)[153]. La estructura se repite en muchas otras obras del periodo: Diego Saavedra Fajardo, por ejemplo, construye un notable edificio político para el príncipe cristiano (*Idea de un príncipe político christiano en cien empresas*, Munich, 1640; Milán, 1642) que comienza en la cuna pero culmina en la tumba y en los ultrajes de la muerte que iguala los reyes a todos los mortales (Figs. 9 y 10). Allí, al igual que en los catafalcos de las exequias reales, el camino de la vida a la muerte evidencia la vanidad de la grandeza terrena pero al mismo tiempo la victoria postrera del monarca en la continuidad de la dinastía, ya que el desengaño de la muerte es también la elevación a la victoria de esa misma muerte gracias a la esperanza de la salvación.

153. Como afirma Quevedo en el conocido Proemio de *La cuna y la sepultura*: "Son la cuna y la sepultura, el principio de la vida y el fin de ella y, con ser al juicio del divertimiento las dos mayores distancias, la vista desengañada no solo las ve confines sino juntas con oficios recíprocos y convertidos en sí propios. Siendo verdad que la cuna empieza a ser sepultura y la sepultura cuna a la postrera vida".

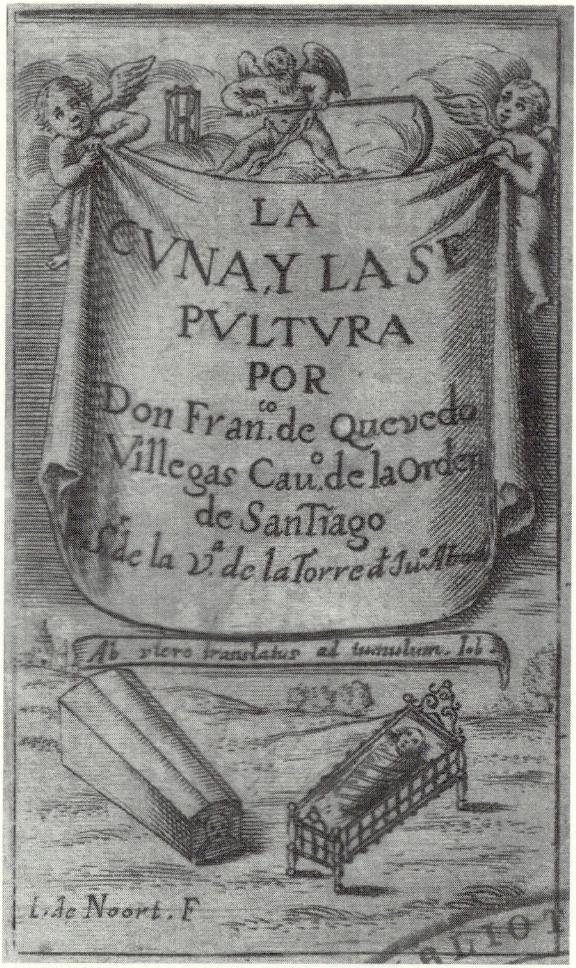

Figura 8. Francisco de Quevedo,
La cuna y la sepultura (Madrid, 1634)
Biblioteca de Menéndez Pelayo. Sig. (788)

SYMBOLVM I.

SYMBOLVM CI.

Figuras 9 y 10. Saavedra Fajardo, *Idea principis christiano-politici centum symbolis expressa* (Bruselas, 1649)

Infortunio y defensa: los trabajos de Zuazo en la pluma de Fernández de Oviedo

Pero no toda la persuasión del *Libro de infortunios y naufragios* se encamina a las "cosas celestiales". La extensa narración de los "trabajos" del licenciado Alonso Zuazo, si bien colmada de lecturas figurales, *exempla* bíblicos, meditaciones y consideraciones teológicas, es, a fin de cuentas, mucho más mundana, puesto que el centro de su persuasión es la defensa jurídica de Zuazo, acusado de robos y delitos en su gobernación de Santo Domingo y sometido a residencia ante el licenciado Juan Altamirano, tiempo después de su naufragio en la isla de los Alacranes.

Como quedó dicho páginas atrás, en la primera edición de la *Historia* (1535), el *Libro de infortunios y naufragios* culminaba con la historia de Zuazo, la cual ocupaba buena parte del libro, con un indiscutible protagonismo. En ese último capítulo, se intensificaban y ampliaban las muestras de la providencia divina, con reiterados milagros sin los cuales difícilmente habrían sobrevivido Zuazo y los demás náufragos, según sostiene Oviedo.

Pero las treinta y nueve partes de ese capítulo incluían mucho más que ese relato de sobrevivencia, tanto que la tortuosa estadía en la isla de los Alacranes no era sino uno (aunque el más importante) de todos los antecedentes para la defensa de Zuazo frente a las serias acusaciones en su contra[154].

---

154. Sostengo, por tanto, que no es posible analizar el naufragio de Zuazo aisladamente, como lo ha hecho la crítica (entre otros, Margo Glantz y Álvaro Félix Bolaños). Despojado de su marco jurídico, el relato del naufragio de Zuazo fue interpretado por Bolaños como "nostalgia por un ideal de conducta humana perfecta y una sociedad simple, armónica y feliz" (Bolaños, 1992, p. 164), "alegoría del fracaso de la experiencia española en las Indias" (Bolaños, 1992, p. 165), interpretación que difícilmente puede sostenerse si el relato es analizado en su totalidad: la conducta de Zuazo no es simple, utópica ni paradisíaca sino ejemplar y esperable en el marco doctrinal vigente en la época; no alegoriza el fracaso de la experiencia española en Indias sino que evidencia su signo providencial, al menos en la actuación de quienes son defendidos por el cronista como "justos" y "buenos", como Zuazo. Al final de su artículo, Bolaños refiere brevemente a la historia de Zuazo posterior al naufragio, sin embargo, lo hace para establecer una oposición entre la armonía cristiana de la isla y la corrupción de la sociedad española. Esta oposición tampoco es sostenible: como intento demostrar aquí, no hay oposición sino calculada complementariedad entre las partes del relato de Zuazo y la única oposición pretendida por el discurso

En el proemio al libro, Oviedo ya entregara una clave para esta interpretación. Apoyado en una cita de Plinio, Oviedo censura a los que, contraviniendo la ley natural (manifiesta en la facultad del lino para dejar estéril la tierra que incendia) se lanzan al mar y se exponen a peligros terribles, como morir sin sepultura, a causa de la ambición y la codicia. Pero allí mismo explica que otros, en cambio, lo hacen por necesidad, ya sea por "buscar vida" o "por cumplir con lo que son obligados"[155]. Este último caso sería, en efecto, el de Zuazo, quien naufraga cuando se dirige (con intención "santa y justa") a mediar en el conflicto entre Hernán Cortés y Francisco de Garay por la posesión del Pánuco. La narración de naufragios e infortunios en la pluma de Oviedo oscila, por tanto, entre la censura y la alabanza, censura de aquellos que por temeridad o ambición se entregan a los peligros del mar, y alabanza de los que —como Zuazo— sufrieron cristianamente (con paciencia y fortaleza, a imitación de Cristo) las adversidades a las que fueron conducidos por la providencia.

De este modo, todo el relato de los "trabajos" de Zuazo nos pone de lleno en la imbricación entre la concepción místico-agonal-dualista de la historia y los complejos entramados del poder colonial. La representación cronística de Zuazo como cristiano ejemplar salvado por la providencia divina tras su naufragio no puede separarse de su actuación como juez y gobernador en las Indias. El infortunio de Zuazo se presenta al lector como prueba de su carácter justo y recto, en una supuesta equivalencia entre los enemigos espirituales y los enemigos terrenales de Zuazo. Las fuerzas celestiales (a través del milagro) habrían salvado a Zuazo de la muerte pretendida por las fuerzas demoniacas (encarnadas en los delfines que vieron volar sobre la carabela), así como las acusaciones de los "cizañadores" enemigos terrenales habrían sido apagadas por la luz de la verdad, sancionada finalmente por la palabra del rey[156].

de Oviedo es entre "buenos" y "malos" servidores del monarca, "justos" y "cizañadores", en un discurso jurídico de defensa del licenciado.

155. Oviedo, *Historia*, p. 465.

156. "Informado, pues, Su Majestad de las verdades, y entendidas las malicias de los cizañadores, hizo al licenciado Zuazo oidor de esta Audiencia Real y Cancillería que reside en esta ciudad de Santo Domingo de la Isla Española, con trescientos maravedíes de salario, donde reside y es el más antiguo juez y oidor que hay en ella", Oviedo, *Historia*, p. 521.

Esta representación de Zuazo como cristiano ejemplar salvado por la providencia se sostiene en una amplificación de la historia de su naufragio interpretada en clave figural y escatológica. La intensa amplificación se hace evidente a la luz de otros relatos, como el muy escueto de López de Gómara. Vale la pena citar en extenso a este último:

> Capítulo CLVII
> Los trabajos del licenciado Alonso Zuazo
> Partiendo el licenciado Zuazo del cabo de San Antón, en Cuba, para la Nueva España, le dio temporal que desatinó al piloto de la carabela, y se perdió en las Víboras, donde algunos fueron comidos de tiburones y lobos marinos, y el licenciado y otros de su compañía se mantuvieron de tortugas, peces como adargas, y que se llevaba una seis hombres sobre la concha andando, y que ponen en tierra quinientos huevos pequeños; pero comíanlo todo crudo a falta de lumbre. En otra isleta estuvo muchos días, que se mantuvo de aves crudas, y de la sangre por bebida, donde con la sed y el calor grandísimo preste pereciera, mas sacó lumbre por palos, según indios sacan, que le aprovechó mucho. En otra isleta sacó agua con grandísimo trabajo, y quemó leña cubierta de piedra, cosa nueva; hizo una barquilla de la madera de la carabela quebrada, en la cual envió aviso de su desventura a Cortés, con Francisco Ballester, Juan de Arenas, Gonzalo Gómez, que prometieran castidad perpetua en la tormenta, y un indio que agotase la barquilla; los cuales fueron a dar cerca de Quiahuistlán, y luego a la Veracruz, y después a Medellín, donde aparejó Diego de Ocampo un navío y se los dio, para ir por Zuazo, y lo mismo mandó Cortés en sabiéndolo, y que si allí viniese Zuazo le proveyesen muy bien; y tras esto envió un criado a esperarle en Medellín; que cuando llegó Zuazo le dio mil castellanos, vestidos y cabalgaduras, con que se fuese a México; y fue bien recibido y aposentado de Fernando Cortés, de manera que su desdicha pasó en alegría[157].

Con leves variaciones, los datos fundamentales son los mismos, pero no su interpretación. Lo que para López de Gómara se logró gracias al "grandísimo trabajo" de Zuazo ("sacó agua con grandísimo trabajo") para Oviedo fue manifiesto milagro vinculado a la aparición de Santa Ana a la niña Inesica *in articulo mortis*. Acontecimientos y naturaleza son interpretados por Zuazo (en el relato de Oviedo) en clave figural, con un amplio uso de *exempla* bíblicos.

---

157. López de Gómara, *Historia de la conquista de México*, pp. 296-297.

El mundo natural entrega permanentemente señales que alientan las esperanzas de salvación en los sobrevivientes: las cinco tortugas, primer alimento para los náufragos, son leídas como recuerdo de las cinco llagas de Cristo; el milagroso encuentro de agua dulce tiene lugar "como lo hizo el profeta Eliseo con vaso nuevo"; las cinco aves que aparecen mansamente en la isla son percibidas como buena señal del viaje de la barquilla improvisada; otras quince tortugas vienen a la isla providencialmente a alimentar a los supérstites; después, cinco lobos marinos aparecen cuando uno de ellos oraba con fervor por su salvación. Todo ello promueve la oración, la confesión, la penitencia, alcanzando luego la meditación y la contemplación. La insistente aparición del número cinco en los animales refuerza, con signo trascendente, la vivencia del naufragio como imitación de la Pasión de Cristo. Y guiados por Zuazo, los supérstites son llamados a vivir su tortuosa peregrinación como vía para el desprendimiento de los bienes mundanos, vía de perfeccionamiento espiritual hacia la meditación de la Pasión y de la misericordia divina (*Nolite cogitare quid edatis*).

Rescatados de las islas, Zuazo y los diecisiete sobrevivientes regresan a tierras habitadas por españoles. Oviedo enuncia entonces su interpretación del caso: "guardó Dios milagrosamente a este licenciado Zuazo en las islas de los alacranes porque se esperaba de él un señalado y notable servicio que había de hacer a Dios en la Nueva España". Pero el lector se enterará más adelante de que ese servicio será una dura campaña contra la idolatría de los indígenas, campaña que redunda en un interesante diálogo entre unos sabios mexicanos y el licenciado Zuazo sobre el sentido de las imágenes, diálogo que concluye con la sorprendente (o inverosímil) conversión de los indígenas.

Con todo, ya en este punto el retrato de Zuazo empieza a teñirse de otros rasgos cercanos a la ideología del mismo Oviedo respecto de los naturales americanos, ideología que le valió una conocida rivalidad con contemporáneos como Bartolomé de Las Casas. En ausencia de Cortés, Zuazo queda como justicia mayor de Nueva España y responde a un alzamiento indígena con "muy rigurosos castigos" ("aperreó muchos, haciéndolos comer vivos las carnes, hizo cuartear a los principales aliados en la traición" y estuvo en vela durante un año). Esa violencia es presentada, no obstante, como otro rasgo más de la justicia y rectitud del juez, de quien se relata también (a modo de caso digno de elogio) el modo como solucionó, bajo la amenaza de aperrear al que no dijera la verdad, una disputa entre indígenas respecto de los límites de posesión de unas tierras.

Prudentemente, Oviedo omite los detalles respecto de las acusaciones de delitos y robos durante la gobernación de Zuazo en Santo Domingo, pero no es difícil imaginarlos a la luz de los violentos métodos descritos para la represión de los indios. En ese punto del relato, el discurso adquiere un tono cada vez más jurídico, para culminar con la sanción definitiva del juez de residencia, Juan de Altamirano, que dio a Zuazo por "muy buen juez y recto gobernador y servidor de Sus Majestades por sentencia definitiva". El relato de Oviedo replica, amplifica y refuerza entonces esta sanción, reuniendo infortunio, moción de pasiones y persuasión jurídica.

Con ello concluía el *Libro de los infortunios y naufragios* y, por tanto, la *Historia general y natural de las Indias* en su primera edición de 1535. El "gran final a toda orquesta", como lo llamó Gerbi, terminaba con ese acorde glorioso y definitivo para el primer cronista de Indias, la historia de Zuazo como "trofeo memorable" para "cuerdos y prudentes" que han de soportar los desastres y casos de fortuna a los que están sujetos todos los que naufragan, así como los que viven en la tierra

> porque en ninguna parte faltan a los hombres angustias en esta vida mortal hasta que dejando la virtud de la pasión y sangre de Cristo nuestro redentor pasan a la gloria perdurable. En la cual por su clemencia el lector y el cronista acumulador de estas memorables historias con los cristianos aceptos a Dios nuestro Señor se vean juntos, porque hasta llegar allí no han de faltar estos manjares de dolor en tanto que el ánima estuviere fuera de la patria celestial para donde fue criada[158].

Gran final a toda orquesta: el lector y el cronista juntos a los salvados por Dios en la patria celestial, tras haberse alimentado en vida de "manjares de dolor", como los del licenciado Alonso Zuazo en lucha contra sus enemigos terrenales y espirituales ("maliciosos cizañadores", "traidores", "idólatras" y "fuerzas demoniacas"). El gran

---

158. Fol. CLXXXVI en la edición de 1535; p. 522 en la edición de la *Historia* que hemos citado.

final de la *Historia* no dirige la mirada del lector a las profundidades del mar sino a las olas tormentosas de la vida (en mar y en tierra) que, enfrentadas con "prudencia", conducirían, no obstante, a la "patria celestial" y a la "gloria perdurable" en que se imagina el mismo "acumulador de estas memorables historias" al final de sus días.

Segunda parte

Deleite y ejemplaridad del infortunio

"Se llevó todos los votos": ¿el éxito de un género?

Las relaciones de naufragios constituyen uno de los géneros más sobresalientes de las letras portuguesas de los siglos XVI-XVIII, con una larga duración y una sostenida popularidad. Estas relaciones suelen presentar un paradigma temático común, tal como fue observado por la estudiosa Giulia Lanciani: la nave, cargada de bienes —especias, piedras preciosas, paños lujosos...— zarpa de la India (aunque también de Brasil) a Portugal, y se enfrenta a la furia de tempestades y olas destructivas. Del mar salen a tierra los pedazos rotos de la nave, los miembros despedazados de los heridos, los cuerpos de los muertos, algunos bienes, alimentos que se rescatan como el mayor tesoro... En "generosa cooperación", los miembros aristocráticos de la tripulación y los marineros, oficiales y esclavos intentan reconstruir la deshecha embarcación. Frustrado el intento, en tierra hostil, habitada por gente bárbara, la lucha por sobrevivir se lleva a cabo entre las lágrimas de los pecadores penitentes, el hambre, la sed, el calor diurno, el frío nocturno, las dificultades de una geografía inhóspita, ríos, pantanos, montes, fieras... Una tortuosa peregrinación mantiene a los sobrevivientes en la esperanza de regresar algún día a la patria, viendo morir día a día a compañeros y familiares[1].

1. Remito el lector al modelo descrito por Giulia Lanciani, 1991, pp. 9-10; posteriormente detallado en distintos tipos de secuencias por Alberto Carvalho, 1996.

Algunas de estas relaciones se mantuvieron manuscritas pero otras fueron llevadas a estampa, principalmente como pliegos sueltos, alcanzando una muy notable difusión. En ocasiones, la primera edición se agotaba rápidamente, dando paso a una segunda impresión el mismo año. Aunque ignoramos los detalles editoriales de la mayoría de estas relaciones, es posible suponer que al menos algunas de ellas tuvieron un tiraje importante. Es el caso del *Naufragio que passou Jorge d'Albuquerque Coelho, Capitão e Governador de Paranambuco*, en cuya segunda edición (Lisboa, Antonio Ribeyro, 1601) se afirma que se imprimen mil ejemplares puesto que se habían agotado los "mil libritos" de la primera edición, hoy perdida.

Los números han llamado la atención de los estudiosos del género, dando lugar a diversas conjeturas en torno al éxito de estas relaciones. ¿Cómo explicar tamaña fortuna editorial en los siglos XVI y XVII? Giulia Lanciani propuso algunas explicaciones a este fenómeno. Consideró, en primer lugar, la concordancia entre el horizonte de expectativas del lector medio portugués de la época y este género literario que se inauguraba con la relación de un caso que había conmocionado profundamente a la opinión pública. Se trataba del naufragio del galeón São João, que había dado lugar al patético fin de una dama de alto rango, doña Leonor, muerta por la vergüenza de quedar desnuda en plena costa africana, un drama sicológico que, según Lanciani, debió suscitar un impacto análogo al de los dramas de personajes famosos en los lectores medios de hoy[2]. A esto se sumaba el hecho de que casi todos los portugueses de los siglos XVI-XVIII estaban directa o indirectamente vinculados a la empresa ultramarina —uno o dos individuos por familia, según las estimaciones de Vitorino Magalhães Godinho[3]— lo que para la autora italiana explicaría el amplio interés en textos que ilustraban los dramas marítimos redimensionando el tono heroico de las crónicas oficiales, con una censura moral de la codicia y la negligencia de algunos. Una censura que no atacaba el sistema socioeconómico portugués en general sino que lo disociaba de la responsabilidad que atribuía más bien a grupos sociales delimitados o a individuos

2. Lanciani, 1991, p. 51.
3. Cit. por Lanciani, 1991, p. 52.

concretos, con la recurrente presencia del motivo de la fuerza de la fortuna o el poder de la providencia[4].

Junto a ello, Lanciani atribuyó el éxito de estas relaciones de naufragios a lo que llamó sus funciones consolatoria, didáctica e ideológica: una función consolatoria de compensación por las vicisitudes, peligros y tormentos a los que se exponían los viajeros de ultramar y, por añadidura, sus cercanos; una función didascálica de denuncia de errores, negligencias y actos viles que llevaban a enunciar diversas amonestaciones a un lector que pudiera encontrarse en situaciones análogas; y una función ideológica dado que, a pesar de los padecimientos y desastres marítimos, el género no ponía en duda el derecho portugués al expansionismo.

En el volumen colectivo organizado por Maria Alzira Seixo e Alberto Carvalho, *A História trágico-marítima. Análises e perspectivas,* ciertos autores refieren a la fortuna editorial de las relaciones de naufragios y, en algunos casos, la vinculan a las emociones que estos textos habrían suscitado en sus lectores. Alberto Carvalho, por ejemplo, refiere que la intensificación del relato en los dramas de los personajes, su miserable situación de náufragos y su penosa peregrinación por la tierra tiene como correlato la piedad, la compasión y la solidaridad de la lectura. Las imágenes ganan un sentido profundamente humano, logrando una presupuesta identificación entre el ser de los personajes en acción en los textos y la emoción de los lectores, en algunos casos la caracterización de los personajes, la explicación de sus motivos y comportamientos, los convierten en agentes de valores humanos esenciales, solidariamente participados por los lectores[5]. Coincide en ello Christine Zurbach, quien junto con aludir a la curiosidad informativa de los lectores como motor del efecto mediático del género, refiere a la relación de identificación que se produce entre el receptor, los personajes y su proceso, apoyada por la dimensión patética que lo asemeja a la tragedia en cuanto género por excelencia del proceso catártico[6]. María Alzira Seixo también establece vínculos con el género trágico, al afirmar que la representación literaria de los relatos de naufragios ultrapasa

4. Lanciani, 1991, p. 55.
5. Carvalho, 1996, p. 34.
6. Zurbach, 1996, pp. 213-214.

los datos conflictuales de las escenas patéticas que los constituyen, consagrándolos en un "registro trágico" conducido por las categorías de lo irremediable y lo ineluctable[7]. Estas afirmaciones se encuentran, sin embargo, en el contexto de estudios que abordan otros asuntos y no dedican atención pormenorizada a la cuestión de la moción de pasiones trágicas en las relaciones de naufragios y su relación con el éxito editorial del género.

El asunto aparece referido luego en los trabajos de José Manuel Herrero Massari, quien recurre a otros textos literarios para dar cuenta de la recepción y las emociones suscitadas por las relaciones de náufragos: Marqués de la Borda, con sus versos que hablan de la admiración y de la gran pasión que sienten los corazones al escuchar estos relatos, "gustando deste tormento", o las palabras de Miranda a Próspero en *La Tempestad* de Shakespeare ("Ah!, he sufrido con estos que he visto sufrir: un barco espléndido..."), los versos de Cristóbal de Virués en su *Monserrate* ("horror, asombro, pasmo, grima, espanto / en mi afligido corazón imprime / la horrible vista deste mar que tanto / estos bajeles con su furia oprime"), entre otros ejemplos. Herrero Massari coincide con los autores ya citados en vincular el sentimiento de compasión y la función consolatoria de los relatos de naufragios con la catarsis, de la que dice ser "la única capaz de explicar el notable éxito popular"[8], pero tampoco concede análisis particular a este tema.

En su extenso trabajo sobre la *História trágico-marítima*, Antonio Manuel de Andrade Moniz trata varios de los aspectos señalados, pero lo hace desde una perspectiva teórica que elimina constantemente la historicidad de los textos dado que busca en ellos "paradigmas" de la "condición humana"[9]. Así, atribuye a las relaciones

7. Seixo, 1996, p. 186.

8. Herrero Massari, 1997, p.212. En *Libros de viajes de los siglos* XVI *y* XVII *en España y Portugal: lectura y lectores* (1999), Herrero Massari matiza esta atribución exclusiva del éxito popular de los relatos de naufragios a la catarsis; añade, por ejemplo, que la popularidad del relato de naufragio se explica por su contenido dramático, su potencial de materiales privilegiados para el relato público oral, aludiendo a la antigua tradición (descrita por Luciano) de los "profesionales del cuento" que "agrupados cerca de los santuarios 'cuentan sin parar las olas gigantes, tempestades, espolones, sacudidas, roturas de mástil' que sobrevienen como resultado de una tormenta marítima", Herrero Massari, 1999, p. 137.

9. Afirma el autor: "La *História trágico-marítima* nos revela un elenco de comportamientos y actitudes frente a la Vida y la Muerte que no pueden dejar de interpelar al lector contemporáneo como en épocas anteriores, suscitando interrogaciones

de naufragios un mensaje "universal que trasciende el tiempo y el espacio", "un mensaje trascendente de la metamorfosis del Dolor", de la transformación de la angustia en sublimación, de la alienación en asunción redentora, del masoquismo en liberación, etc.[10]. De este modo, cuando Moniz refiere a la dimensión trágica de estos relatos, considera una definición de tragedia (la que toma de Vernant y Vidal-Naquet)[11] no vigente en el periodo en que fueron escritos estos textos. Lo mismo sucede cuando apunta al deleite de esos textos, el que explica en términos de "fruición" proveniente del binomio paradojal de "euforia" y "disforia" (citando a Barthes), y de un "sentimiento de *satori*" o pérdida, concepto que recoge de la cultura nipona[12].

Por su parte, Josiah Blackmore, en su libro *Manifest Perdition. Shipwreck Narrative and Disruption of Empire*, parece concordar con Lanciani cuando afirma que la fascinación por el curso dramático e inusual de las historias de naufragios era estimulada por el hecho de que en ellas figuraban los nombres de los propios lectores o el de sus hermanos, primos, vecinos y parientes[13]. En cuanto a los afectos, Blackmore sostiene que el terror producido por el naufragio, la tormenta, la enfermedad, el hambre y la exposición a los elementos es profundamente negativo y no sugiere redención alguna, por lo cual, afirma, no respondería a la categoría del desengaño ni a la dimensión "sublime de la miseria y la mutabilidad" presentes en el arte barroco[14]. Pero Blackmore no ahonda en este asunto y se centra más bien en la atribución de un carácter contra-historiográfico a las

---

existenciales de gran profundidad. Hasta qué punto tal vivencia es paradigmática de la condición humana", Moniz, 2001, p. 7, la traducción es mía.

10. Moniz, 2001, p. 431.

11. Moniz, 2001, p. 64.

12. Moniz, 2001, p. 67.

13. Blackmore, 2002, p. XXII.

14. "Podemos considerar, por ejemplo, el terror del naufragio o la tormenta, la enfermedad, el hambre, y la exposición a los elementos como una angustiosa desilusión (el portugués *desengano*, el español *desengaño*), un concepto Barroco que, en los relatos de naufragios, aparece con detalle. Pero el tono negativo y pesimista de la estética barroca y sus conceptos, generalmente encubren un entredicho para hallar lo positivo y lo útil [...] precisamente esos otros lados de los temas como la miseria, la mutabilidad, el desengaño y el orden confuso, son los que faltan en los relatos de naufragios; ellos son poderosamente negativos porque sistemáticamente sugieren que no hay redención", Blackmore, 2002, p. 34, mi traducción. Mostraré mi desacuerdo con esta afirmación en las próximas páginas.

relaciones de naufragios, sosteniendo que estas relaciones se resisten a una interpretación unilateral, dado que en ocasiones presentan la ideología de la conquista pero, con frecuencia, contienen elementos disruptivos que cuestionan la visión hegemónica del imperio y sus valencias culturales, políticas y económicas[15].

Como enfatizó Lisa Voigt, la mayor parte de los estudios en torno a las relaciones de naufragios, cautiverios y otros infortunios se ha centrado en esa supuesta dimensión disruptiva, perturbadora o contra-hegemónica de los textos. Acertadamente, Voigt sugiere que una reconstrucción de las codificaciones que rigieron la escritura y lectura de estas relaciones lleva a desestimar la idea de una simple inversión de la ideología expansionista[16]. En las relaciones de naufragios y cautiverios que analiza, Voigt advierte más bien el relieve del elogio del náufrago/cautivo, su resistencia a los enemigos internos y externos, espirituales y terrenos, modelo no solo para el comportamiento individual sino para la conducta imperial, en textos que censuran los motivos "equivocados" de la expansión, como la codicia y la ambición personal, en oposición a los "correctos" (la evangelización, la adquisición de conocimiento, el servicio a Dios y al Rey)[17]. Junto con mencionar esta dimensión didáctica de las relaciones y su específica participación en la ideología expansionista, Voigt destaca el valor atribuido al deleite en estos mismos textos. Su punto de partida es la afirmación de Fernández de Oviedo en el *Libro de infortunios y naufragios* donde encomia la maravilla de la historia de naufragio de Zuazo, superior a la de las novelas de los fabulosos griegos y a las *Metamorfosis* de Ovidio. Para Voigt habría aquí, como en otras relaciones de naufragios y cautiverios, una cercanía con el gusto provocado por la variedad propia de las novelas griegas[18]. En un trabajo posterior, la misma autora reitera que los narradores de naufragios y cautiverios intentan demostrar una habilidad tanto para transmitir una relación verídica sobre tierras lejanas, como para cautivar a su público con un relato de desventuras sensacionales, y que en esto confluyen las relaciones con los relatos

15. Blackmore, 2002, pp. XXI y 41-44.
16. Voigt, 2008, p. 213.
17. Voigt, 2008, pp. 215-216.
18. Voigt, 2008, p. 207.

ficcionales de la época, "revelando así su participación en la desestabilización de categorías genéricas que algunos críticos asocian con la emergencia de la novela"[19].

No obstante el interés de estas afirmaciones de Voigt, su reconstrucción de una primera legibilidad de estas relaciones está restringida en ciertos aspectos. En primer lugar, se ciñe al binomio horaciano *docere et delectare*, ciertamente fundamental para la codificación de estas relaciones pero que debe ser estimado a la luz de los esfuerzos que los letrados de los siglos XVI y XVII hicieron por armonizarlo con la *Poética* de Aristóteles, entonces objeto de renovada lectura y comentario[20]. Esta armonización hizo más complejas las concepciones de deleite y ejemplaridad, que integraron ya no simplemente ese "dulce útil" del que logra "llevarse todos los votos", como dijera Horacio[21], sino también la purgación de afectos o efecto catártico de los placeres trágicos que, como veremos, son pensados por autores del siglo XVI como López Pinciano más allá de los límites genéricos de la tragedia. Por otra parte, en cuanto al deleite proporcionado por la variedad, si bien reforzado por el éxito de las novelas griegas y la imitación del narrador griego Heliodoro desde la primera mitad del siglo XVI, sobrepasa las fronteras de género cuando se entiende la *varietas* como precepto retórico general para el deleite y la persuasión.

En efecto, no solo la *varietas* sino gran parte de los aspectos textuales que la crítica ha relacionado con la fortuna editorial de las relaciones portuguesas de naufragios no les son exclusivos. Recordemos, respecto del deleite que produce la representación del

---

19. Voigt, 2009, p. 670.

20. Como observa Daniel Javitch, los letrados italianos de mediados del siglo XVI fueron los primeros en promulgar la *Poética* de Aristóteles como texto central y tradicional de la teoría poética antigua. Para ello, la enlazaron y armonizaron con el *Arte poética* de Horacio, texto que gozara de sostenida aceptación en occidente hasta esa fecha. Javitch llama la atención a la labor de teóricos como Vincenzo Maggi, quien lee la *Epístola a los Pisones* de Horacio como una "obscura y sutil imitación" del tratado poético de Aristóteles (Javitch, 2006, p. 53). Abordaremos las implicancias de este esfuerzo de armonización en páginas siguientes de este libro, en lo que refiere al deleite del infortunio como "deleite trágico".

21. "omne tulit punctum qui miscuit utile dulci, / lectorem delectando pariterque monendo", Horacio, *Ars poetica*, vv. 343-344 ("Se lleva todos los votos quien mezcla lo útil con lo placentero, deleitando al lector a la par que aconsejándolo", en la trad. de O. Velázquez).

naufragio, el ya clásico estudio de Hans Blumenberg, *Naufragio con espectador. Paradigma de una metáfora de la existencia* (1979). En dicho texto, Blumenberg evidenció la riqueza de la tradición literaria para la reflexión en torno al naufragio como metáfora de la existencia humana, con especial énfasis en el placer que produciría su representación. El autor llamó la atención al patrón forjado por el poeta romano Lucrecio de un naufragio que incluye a su espectador, un espectador no involucrado, un tipo distanciado cultural y críticamente, que se aleja con satisfacción y hasta con placer (*e terra magnum alterius spectare laborem*)[22]. Blumenberg observó la reiteración de ese patrón en diversos textos antiguos, como la oda 1.14 de Horacio, donde el poeta ve la tormenta que atraviesa la nave del Estado desde el punto de vista de un espectador que se lamenta pero no se involucra. Según Blumenberg, el placer de esa visión no provendría de ver a alguien sufriendo sino de estar seguro; en otras palabras, no apuntaría a una relación entre los hombres (es decir, entre aquellos que sufren y aquellos que no) sino entre el filósofo y la realidad, pues esa seguridad del espectador sería la ventaja ganada por la filosofía de Epicuro, la posesión de un piso sólido para la mirada sobre el mundo. Solo el hombre sabio, aventajado por la doctrina, lograría ver que no hay diferencias entre la necesidad de felicidad y la dureza caprichosa de la realidad física. Blumenberg subrayó cómo esta mirada contradecía la teoría griega al postular que el disfrute provendría ya no de la sublimidad del objeto sino de la autoconciencia del espectador. Ese *tópos* gozó de una larga duración examinada por Blumenberg en autores de distintos siglos. Entre otros, menciona a Montaigne y su idea de que el espectador del naufragio no siente compasión por los eventos patéticos, sino que es la naturaleza excepcional de esos eventos la que suscita un dolor que finalmente entrega placer. Blumenberg aclara que para Montaigne las entidades humanas están unidas por cualidades patológicas como ambición, celos, envidia, venganza, superstición y hasta crueldad, lo que hace que la compasión esté adulterada con una suerte de sentimiento agridulce de placer malicioso. El placer estaría justificado por la idea de una exitosa autopreservación.

22. Blumenberg, 1997 [1979], p. 26.

Pero no solo la tradición literaria, sino también la preceptiva retórica aporta antecedentes para la recuperación de una primera legibilidad normativa de textos de infortunios. Los capítulos que siguen se centran en algunas de estas codificaciones retóricas, partiendo del supuesto de que no necesariamente explican el éxito editorial de géneros como las relaciones portuguesas de naufragios pero sí contribuyen a la reconstrucción de los códigos que modelaron su primera legibilidad. En efecto, los tratados retóricos y poéticos del siglo XVI explicitaron (siguiendo una larga tradición que remonta a la antigüedad) los componentes que hacían de los textos de infortunios fuentes tanto de ejemplaridad como de deleite. A la luz de estas codificaciones, es posible asociar la delectación pretendida por los textos de infortunios no solo al entretenimiento sino al afán persuasivo. Así, en primer lugar me referiré a la función y el relieve de la delectación en cualquier discurso que busca la persuasión, destacando esa condición también en los textos de infortunios. A continuación, haré mención de algunas concepciones retórico-poéticas de un deleite específico de lo penoso, lo triste y lo desagradable, y recordaré los límites y confluencias de esos "deleites ásperos" con los "placeres trágicos", dando cuenta de algunas lecturas de la catarsis aristotélica en autores del siglo XVI. Estos aspectos permitirán precisar, desde un punto de vista retórico-poético, la moción de pasiones involucradas en el infortunio como materia del discurso y su relación con el deleite y la ejemplaridad.

Deleitar y persuadir: finas cadenas de oro y ámbar

Desde antiguo, la retórica asoció la delectación a la finalidad persuasiva del discurso. En términos generales, cualquier discurso corría el peligro de suscitar el tedio (*taedium*) en su auditorio, amenaza que debía ser contrarrestada por la *delectatio*. Esta última, se apoyaba en dos pilares fundamentales: el primero de ellos, el puente afectivo que el orador intentaba establecer con su auditorio a partir de lo que la retórica latina identificó como los afectos suaves (el *éthos* griego), puente afectivo que inclinaría al juez o al auditorio hacia la causa. A diferencia de las pasiones o afectos ásperos (también centrales para la persuasión, como destacado en la primera parte de este libro), los afectos suaves tendrían un carácter más permanente, asegurando una disposición anímica favorable complementaria a la vía patética. Esta complementariedad se ceñía al segundo pilar fundamental de la *delectatio*, la variación (*variatio*, *varietas*), como principio básico para huir del hastío, variación que incluía tanto las ideas como su expresión, por medio de los ornatos de pensamiento y los ornatos de dicción, respectivamente. La *voluptas* engendrada por el ornato, decía Quintiliano, conquista incluso la *fides*, dado que el discurso galano no solo se escucha con gusto sino que es merecedor de mayor crédito[23]. En todo caso, también el ornato —como las pasiones— debía ser empleado con prudencia, ya que la misma *delectatio* podría generar tedio si no fuera objeto de cuidada variación.

Esta tradición es reiterada por Cipriano Suárez en *De arte rhetorica libri tres*. En pleno contexto de la polémica instalada por el ramismo, el jesuita nacido en Ocaña, profesor de sagrada escritura, gramática y retórica, y director de los colegios de Braga y Évora, escribía una retórica apegada aún a los moldes antiguos de Aristóteles, Quintiliano y Cicerón, retórica de gran difusión, pues sus ediciones superaron el centenar, además de los numerosos compendios que la incluyeron, a lo cual contribuyó no poco su condición de fuente para la enseñanza retórica en la Compañía de Jesús, tal como indicado por la *Ratio studiorum*.

Cipriano Suárez, en el libro tercero de su retórica, dedicado a la elocución, hace uso de la antigua metáfora de la espada escondida en su vaina: sin la verdadera elocuencia —la que va más allá de la mera invención y disposición, logrando enseñar, deleitar y mover juntamente gracias al arte de la elocución— el discurso es como una espada envainada[24]. Ya lo dijera Quintiliano, el adorno contribuye al triunfo sobre los contrarios ya que los que oyen con gusto están más atentos y se persuaden más rápido, pues se dejan llevar por el deleite y el arrebato de la admiración. La espada envainada —el discurso sin elocuencia— no infunde terror[25].

Benito Arias Montano, en su *Rhetoricorum libri quattuor*, prefiere otra imagen, menos frecuente entre tratados retóricos pero de

23. Quintiliano, *Institutio oratoria,* VIII, 3, 5.
24. Cipriano Suárez, *De arte rhetorica libri tres*, 3, 50.
25. Quintiliano, *Institutio oratoria*, VIII, 3, 1.

notable importancia para el humanismo: la elocuencia persuasiva de Hércules. Arias Montano, como muchos autores, destaca en primer lugar que la elocución, más que ninguna otra parte de la retórica, es propia del rétor y que en ella se juegan los "premios de la victoria". Mostrar la valía en la oratoria es dominar el *encanto* y la *mesura* que corresponden a la *elocutio*, enfocándolo todo hacia el fin único de todas las artes, que es la utilidad pública. En otras palabras, la delectación, manejada con variedad y decoro ("las palabras moduladas de forma adecuada a los oídos, con dulzura y encantadora suavidad") mira finalmente a la persuasión y a la ejemplaridad.

Y ese concepto ya estaba plasmado en la vieja representación alegórica de Hércules Gálico, representación a la que alude Arias Montano: "En otro tiempo, la antigua Galia admiró la elocuencia de Hércules, que con las palabras pudo rechazar la fiereza de su pecho, encadenarlos por los oídos con su docta lengua y poner freno a pueblos incivilizados: se cuenta que con estos medios conmovió a la población entera, que siguió los dictados de su voz"[26].

Es muy significativo que sea en este punto de su retórica, es decir, en los versos dedicados a la elocución, que Arias Montano recuerde este Hércules Gálico: su habilidad para poner freno y conmover, radicaría —según parece legítimo suponer— en esa "encantadora suavidad" del rétor verdaderamente elocuente; las cadenas desprendidas de su lengua no serían otras que las palabras ajustadas a los oídos con encanto y mesura, como preceptuado en los versos inmediatamente anteriores.

Distintas fuentes antiguas asociaban a Hércules con la elocuencia. Las referencias se retrotraen a Isócrates quien ya declaraba que Heracles era más admirado por sus poderes mentales que por los físicos. Los comentarios de Servio a la *Eneida* apuntaban en el mismo sentido, elogiando el héroe más por su mente prudente que por su cuerpo fuerte. Pero la principal fuente de una supuesta representación pictórica de Hércules en la antigua Galia era *Preludio Heracles* de Luciano de Samósata.

Como advirtió Edgar Wind, la representación de Heracles que Luciano atribuyera a los Galos fue muy estimada por los humanistas,

26. Cito la traducción de Pérez Custodio de los vv. 851-859 de *Rhetoricorum libri quattuor* de Arias Montano.

quienes lo consideraron una anticipación de su propia fe en el poder del lenguaje. Cuando, en retrato realizado por Holbein, Erasmo de Rotterdam sujeta un libro con una inscripción que reza *Herákleioi pónoi* ("Trabajos de Hércules"), enfatiza al mismo tiempo las fatigas derivadas de la reconstrucción filológica y la fe humanista en el poder de la palabra[27]. El mismo Erasmo había traducido el *Preludio Heracles* al latín (*Hercules Gallicus Luciani*) y sus traducciones de los textos de Luciano circularon ampliamente en sucesivas impresiones entre los años 1506 y 1550.

Hacia 1569, fecha de publicación de los *Rhetoricorum libri quattuor* de Benito Arias Montano, el Hércules Gálico era objeto de variadas representaciones iconográficas[28]. De principios del siglo XVI, con la inscripción *Eloquentia* era el Hércules Gálico de la escuela de Rafael que, como en el discurso de Luciano, tendía desde su lengua finas cadenas que se ligaban a las orejas de su público, admirado y movido por sus palabras. Inspirado igualmente en el preludio de Luciano, el epigrama que incluyera Alciato entre sus *Emblemas* con el mote *Eloquentia fortitudine praestantior* recibiría varias representaciones en grabados de distintas ediciones (Figs. 12 y 13)[29]. El siglo se cerraría, finalmente, con la decoración a cargo de Pellegrino Tibaldi de la biblioteca del Monasterio de San Lorenzo de El Escorial con una representación de la retórica que en realidad es un Hércules Gálico (1592).

27. Wind, 1939, p. 209.

28. En *The Warburg Institute Iconographic Database* el lector puede consultar veinticinco representaciones de este *Hercules Gallicus*, que van del primer cuarto del siglo XVI hasta mediados del XVIII. Ver en <http://warburg.sas.ac.uk/vpc/VPC_search/main_page.php>.

29. El original latino puede leerse en la Fig. 13. La traducción a rimas españolas de la edición de Lyon, 1549, es: "En la siniestra el arco se descubre, / Y la derecha tien'la clava dura, / Y la piel d'el leon su cuerpo cubre. / Luego esta es la facion de Hercules pura / Mas no le quadra aquello que está cano, / como hombre ya de edad vieja y madura. / Mas que querrà decir que està el anciano/ La lengua con cadenas trespasada / Con que lleva tras si à el vulgo insano? / Es por que Alcides con lengua acordada/ A los pueblos Françeses componía / Mas que fortaleza aventajada? / Las armas con la paz no ayan porfia / Pues aun à los muy duros coraçones / Doma con buen hablar sabiduría" (fols. 124-125).

Figura 11. School of Raphael (1483 - 1520),
Hercules as the Deity of Eloquence.

124 LOS EMBLEMAS

Que mas puede la eloquençia que la fortaleza.

TERCETOS.

En la ſinieſtra el arco ſe deſcubre,
Y la derecha tien' la claua dura,
Y la piel d'el leon ſu cuerpo cubre.

Luego

Figura 12. Andrea Alciato, *Los emblemas de Alciato traducidos en rimas españolas* (Lyon, 1549)

98 ANDREAE ALCIATI

Eloquentia fortitudine præstantior.

Arcum læua tenet, rigidam fert dextera clauam,
Contegit & Nemees corpora nuda leo.
Herculis hæc igitur facies? non conuenit illud
Quòd uetus & senio tempora cana gerit.
Quid quod lingua illi leuibus traiecta cathenis,
Queis fissa facili allicit aure uiros?
An ne quòd Alciden lingua non robore Galli
Præstantem populis iura dedisse ferunt?
Cedunt arma togæ, & quamuis durissima corda
Eloquio pollens ad sua uota trahit.

Figura 13. Andrea Alciato, *Emblematum libellus* (París, 1534)

Todo ello se nutría del preludio de Luciano, fuente de muy sugerentes alegorías. El preludio se construía con base en pares antitéticos, el principal de ellos la oposición entre las apariencias y aquello que estas esconden. Luciano simula ante su auditorio el desconcierto que habría sentido ante una pintura de Heracles hecha en la antigua Galia. Sus apariencias no eran las habituales de Hércules: el pintado era un viejo en las últimas, calvo por delante, enteramente canoso en los pelos que le quedaban, con una piel llena de arrugas, tostada hasta la completa negrura, como los viejos lobos de mar. Esta insólita apariencia contrastaba con una indumentaria sin duda propia de Hércules: llevaba una piel de león, una maza en la diestra, carcaj en bandolera, arco tenso en la mano izquierda.

A esta incongruencia inicial se sumaba algo aún más sorprendente en la imagen, decía Luciano: el viejo arrastraba una enorme masa de hombres, todos atados de las orejas, con lazos que eran finas cadenas de oro y ámbar, cadenas artísticas, como si fueran bellos collares. Esas cadenas partían de la lengua del viejo Heracles, quien arrastraba a todos, sonriendo a sus "prisioneros". Aquí se presentaba una nueva oposición desconcertante, los arrastrados eran conducidos por cadenas débiles y no se resistían a ser arrastrados, por lo contrario, seguían a este Hércules Gálico serenos y contentos, vitoreando a su guía.

Luciano define su reacción frente a esta pintura como de extrañeza, ira y admiración, emociones que solo se calman frente a la explicación del enigma entregada por un celta que el rétor habría tenido al lado. Según los galos, Heracles —y no Hermes— se identifica con la elocuencia, pues esta tiene la fuerza de un Hércules, aunque muestra su pleno vigor solo en la vejez.

Así, no solo se aclaraba la alegoría sino que se enriquecían y profundizaban las oposiciones y antítesis. La apariencia envejecida de Hércules escondía el verdadero carácter de su fuerza, una fuerza mental y no física; por otro lado, vejez y juventud, enfrentadas en la alegoría, mostraban la superioridad de una elocuencia madura en oposición a las palabras errantes de los jóvenes; pero, además, la elocuencia sería capaz de devolver "la flor y plenitud de la vida", "arrastrar de las orejas a cuantos se quiera", "lanzar flechas con profusión", sin miedo de que el carcaj quede vacío. La elocuencia se representa, por lo tanto, como un vigor juvenil en plena vejez, como la miel que fluye de la lengua de Néstor, la voz florida de los oradores troyanos, las palabras aladas que hieren el alma, las cadenas de ámbar y oro de ese Hércules Gálico. La elocuencia es el muslo desnudo de Ulises, bajo sus harapos de mendigo. Luciano termina, no casualmente, con una alusión a la *Odisea*: "Qué hermoso muslo muestra el viejo al correr sus harapos!".

En la retórica de Arias Montano, la referencia a este Hércules Gálico conduce a una diatriba contra Lutero, quien —según el humanista español— ha utilizado el poder de la palabra para convencer "a una multitud de pueblos, con una carta de mentiras". Este contexto supone un enorme desafío para los predicadores católicos que, como Arias Montano, Luis de Granada y Juan de Segovia, emplazarán el uso persuasivo de la elocución desde sus propias lindes.

Pero la imagen del Hércules Gálico, ese viejo calvo, arrugado, de piel quemada por el sol, irreconocible en primera instancia, y, sin embargo, dotado del poder de la lengua, alberga una curiosa correspondencia con otro cuerpo deteriorado y envejecido del siglo XVI: el cuerpo del náufrago, transformado por los golpes, enfermedades, hambre, sed y otros padecimientos sufridos en tortuosas peregrinaciones para salvarse y volver a la patria.

Es el caso de Jorge de Albuquerque Coelho, quien padeció junto a su tripulación numerosas adversidades en su regreso desde Brasil hacia Portugal, en 1565. Luego de liberarse del yugo de unos navegantes luteranos, en navegación máximamente precaria tuvo que impedir que sus hombres cayeran en el canibalismo o en el suicidio ante la desesperación provocada por el hambre. Rescatados milagrosamente por una barca cuando se cumplían diecisiete días de que no tomaban agua, los sobrevivientes se encaminaron en romería a Nuestra Señora de la Luz. Y en ese camino se produce un encuentro —similar al ficcionalizado por Luciano con la representación pictórica de los galos— entre el cuerpo transformado del náufrago y un primo suyo, que no lo reconoce. A la pregunta del primo por su persona, como si de otro se tratara, responde "pues yo soy Jorge de Albuquerque y vos sois mi primo D. Jerónimo, hijo de doña Isabel de Albuquerque, mi tía, y aquí podéis ver y juzgar el trabajo que pasé"[30]. Aunque el

30. *Naufragio que passou Jorge de Albuquerque Coelho, vindo do Brazil para este Reyno no anno de 1565. Escrito por Bento Teixeira Pinto, que se achou no ditto*

sobreviviente pone su cuerpo como prueba de los trabajos, el primo se niega a reconocerlo hasta que se le muestran ciertas "señales corporales". El narrador del relato (erróneamente identificado por Gomes de Brito como Bento Teixeira) concluye esta escena de *anagnórisis* añadiendo que, en realidad, todos venían así de desfigurados, irreconocibles, provocando espanto en los que los conocieran otrora.

Pero ese cuerpo desfigurado es también una lengua con "finas cadenas de oro y ámbar", una memoria de experiencias al límite de lo humanamente soportable, un saber que puede transformarse en "aviso", "espejo" y "consolación" que cautiva a muchos. El autor del relato lo sugiere en el prólogo al lector cuando menciona —antes que nada— la costumbre muy extendida entre los antiguos de que las personas que escapaban de algún peligro notable o de alguna enfermedad presentaran una tabla en el templo, con el peligro sufrido por escrito. La fuente del autor anónimo es el geógrafo griego Estrabón: "prueba que esto era así Estrabón, en el octavo libro de su *Geografía*, diciendo que el primero que puso la Medicina en arte fue Hipócrates, recogiendo todas estas tablas y escritos en que se contenían las enfermedades que sucedieron a cada uno y el remedio que contra ellas usara"[31]. De ese mismo modo, el relato del espantoso naufragio de Jorge de Albuquerque "notifica al mundo" las mercedes recibidas al ser salvados y muestra los "remedios" a que acudieron, que fueron "muchas lágrimas, contrición y arrepenti-

---

Naufragio. En Gomes de Brito, *História trágico-marítima*, tomo 2, p. 59. Todas las traducciones de relaciones compendiados en la *História trágico-marítima* son mías. Es importante mencionar que la historia textual de las relaciones de naufragios compendiadas por Gomes de Brito es bastante compleja. Esta compilación del siglo XVIII presenta, como ya observaron Boxer, 1959, y Lanciani, 1991, alteraciones y diluciones textuales notables, que obliteran la historia bibliográfica y textual de esas relaciones de naufragios. Para este asunto, remito el lector a los autores citados, así como a estudios particulares como el de María Luisa Leal sobre las tres versiones de la *Relação do Naufrágio da nau "São Tomé"* (1996). A pesar de esto, he optado por citar siempre los textos fijados por Gomes de Brito teniendo en consideración la gran difusión que la *História trágico-marítima* ha alcanzado y el hecho de que el lector podrá localizar fácilmente las citas de las relaciones al consultar los dos tomos disponibles en internet: <https://archive.org/details/historiatragicom01brituoft https://archive.org/details/historiatragicom02brituoft>.

31. En Gomes de Brito, *História trágico-marítima*, tomo 2, p. 5

miento de las culpas pasadas, pidiendo continuamente misericordia a Nuestro Señor"[32].

Esta práctica mencionada por Estrabón está ampliamente atestiguada; hasta hoy los arqueólogos encuentran en templos antiguos estos exvotos que tenían la finalidad de agradecer, narrando lo que había pasado y cómo se había llegado a la curación. Si los exvotos tenían una función religiosa, las relaciones de naufragios del siglo XVI respondían, además, a dimensiones jurídicas y epidícticas, relatando méritos de servicios a partir del elogio fundado en el lugar común de la fortaleza o la magnanimidad en las adversidades. En ambos casos, sin embargo, la escritura era una necesidad. Y en ambos casos la escritura entrega un saber, con la diferencia de que los exvotos permitieron a Hipócrates pasar de una medicina religiosa a un arte de la medicina; mientras que, en el camino contrario, el relato del náufrago transformaba el arte de la navegación en reconocimiento de los límites humanos y esperanza en la misericordia divina.

En torno al deleite: de Rodolfo Agrícola a Juan Luis Vives

Algunos textos retóricos del siglo XVI establecen interesantes precisiones respecto del deleite generado por el discurso, afirmaciones de corte general que permiten contextualizar las ideas que apuntan a infortunios y males como asuntos en principio desagradables, pero que pueden ser fuente de placer y delectación.

Escrita en 1479 pero impresa en Viena en 1515, la obra de Rodolfo Agrícola, *De inventione dialectica libri tres* (*Tres libros sobre la invención dialéctica*), fue muy difundida en ciertos círculos humanistas, con cuarenta y cuatro ediciones en el siglo XVI. La obra anunciaba tempranamente los significativos cambios que sufriría la retórica en ese siglo, pues atribuía a la dialéctica —en cuanto lógica del método— la *inventio* y la *dispositio,* quedando bajo la retórica

32. En Gomes de Brito, *História trágico-marítima*, tomo 2, p. 5. Esta misma escena fue interpretada por Blackmore como muestra de la subversión del discurso imperial y por Voigt como parte del elogio a la figura de Jorge de Albuquerque, dado que evidencia que fue capaz de conservar la identidad nacional incluso en las circunstancias más extremas. Por mi parte, sugiero el diálogo con el cuerpo elocuente del viejo Heracles de Luciano y la práctica del exvoto.

solo *elocutio*, *memoria* y *pronunciatio*. Si bien centrada en la dialéctica y sus *loci*, la obra de Agrícola se expandía hacia la retórica en la medida en que incluía un libro (el tercero) que trataba el mover, el deleitar y la disposición. En principio, esta extensión hacia la retórica podría sorprender, pero se basaba en la condición complementaria de *docere*, *movere* y *delectare*, funciones que se nutren de los mismos tópicos, según enfatiza Agrícola[33].

Al tratar el deleite, Agrícola hace algunas observaciones preliminares de mucho interés. En primer lugar señala que, a diferencia del método para enseñar (*docere*), el método para deleitar (*delectare*) no es universal sino que depende del tipo de audiencia. Por otra parte, reconoce que aquello que hace al discurso placentero pertenece más bien al ámbito de la retórica, pero entiende que no le es exclusivo, dado que el deleite proviene también de las cosas, es decir que se funda en la *inventio* (y no solo en la *elocutio*), lo que hace posible una invención tópica que descubra qué materias producen placer.

Teniendo esto en consideración, Agrícola parte de la distinción básica entre virtudes cognitivas sensoriales y virtudes cognitivas de percepción mental, lo que implica que hay dos tipos de cosas que mueven a deleite, las que se perciben por la sensación y las que se perciben por la mente. Las preferencias de la audiencia por los placeres corporales y sensibles o bien por los placeres que se focalizan en la mente, determinarán las diferencias de aquello que mueve a placer.

Deleita por la sensación aquello que le es propio a la naturaleza de cada sentido como, por ejemplo, los colores alegres que agradan a los ojos, los sonidos suaves que dan placer a los oídos, así como las cosas que involucran a la mente pero que se aproximan más a los sentidos, como los días festivos, los espectáculos, los juegos, los coros danzantes, los banquetes, los jardines floridos, la primavera, el curso de los ríos por las verdes praderas, la belleza de la juventud, los cuerpos hermosos, los amores, las bromas, los cantos, los bailes y todo lo que pertenece a los años y espíritus más alegres[34].

33. Para este asunto, se puede consultar Mack, 1993.

34. Agrícola, *De inventione dialectica libri tres*, III, 4, fol. 113. El lector puede consultar la traducción del fragmento en el apéndice.

El deleite de percepción mental proviene de todo lo que enseña, lo que es grande, lo admirable, lo inimaginable, lo impensado, lo inesperable, lo inaudito, la investigación de las cosas recónditas o novedosas, los dichos y hechos extraordinarios de hombres famosos, los actos de notable virtud: sin duda, piensa Agrícola, hablar de estas cosas provoca placer, lo que enlaza el deleite de percepción mental a su potencial ejemplaridad[35].

En *De ratione dicendi* (1533), Juan Luis Vives concuerda con Agrícola en definir el deleite como esa emoción agradable que refiere a los sentidos, tanto externos como internos. Sin embargo, cuestiona que pueda llamarse propiamente "deleitar" lo que intentan hacer los oradores, quienes más bien *retienen* a los oyentes mientras hablan, lo cual no siempre deleita sino que mueve emociones que dejan ora apernados, ora llorosos, ora asustados, como sucede en las historias y los relatos. Por lo mismo, Vives titula esta parte del libro segundo de su arte *De tenendo auditore* ("De cómo retener al oyente")[36].

Vives lleva al extremo la idea ya señalada por Agrícola de que el deleite no es universal sino que cada audiencia se deleita (o "retiene") con cosas distintas. Tanto es así que, desde el alto sitial de la pedagogía humanista, el valenciano se lamenta diciendo:

> Hay algunos tan excesiva e indolentemente desocupados que, como no tienen nada mejor que hacer, cuentan cualquier cosa, e, igualmente, se quedan atrapados por cualquier historieta, como las doncellas y los jóvenes nobles en las cortes de los príncipes; para gente de esta ralea, en verdad, más valdría escribir acerca de cómo no emplear tan mal ese bien tan grande que es el tiempo, que acerca de cómo ellos pueden retener a los oyentes mediante el discurso[37].

En suma, tanto los sentidos del cuerpo como el espíritu tienen su "paladar", y resulta agradable aquello que se ajusta a la naturaleza o al carácter de cada uno. Por ende, si estas "doncellas y jóvenes nobles" quedan "atrapados" por cualquier "historieta", los más serios, dice Vives, se dejan cautivar por sentencias de gran elaboración en

35. Agrícola, *De inventione dialectica libri tres*, III, 4, fol. 113.
36. Vives, *De ratione dicendi*, II, 68-71.
37. Vives, *De ratione dicendi,* II, 69, p. 98.

su discernimiento, mientras, por su parte, los hombres buenos se interesan por los ejemplos de virtud y los estudiosos por los secretos de aquellas artes a las que están entregados.

A pesar de ello, es posible establecer algunos criterios generales. En primer lugar, conviene Vives en que los seres humanos se dejan captar mediante el discurso ya sea por los temas o por las palabras empleadas (por consiguiente, la cuestión del deleite pertenece tanto a la invención como a la elocución). Y en cuanto a los temas, los que deleiten y cautivan en general son los que entran en el ámbito del deleite o de la sorpresa o de la provocación de afectos que el oyente no quiere dejar en suspenso. En particular, cautiva y deleita el discurso que versa sobre aquellas cosas cuyo ejercicio provoca goce, lo que Vives atribuye tanto a un efecto de mímesis ("como si las contemplase pintadas en un cuadro") como a una consecuencia del interés y la familiaridad (el agricultor se deleita cuando se le habla de la siembra, el soldado cuando escucha de la victoria, el amante de la buena vida hablando de festines, el fanfarrón cuando se le habla en tono laudatorio de su persona, el enfermo de la recuperación de su salud, etc., y cualquiera goza "oyendo aquello de lo que tiene conocimiento, de la misma forma que un poema conocido resulta más agradable que uno desconocido")[38].

De modo general, también tiene poder de captación sobre el espíritu humano lo que provoca algún tipo de curiosidad, lo novedoso, lo sorprendente, lo inaudito, lo grande, lo terrible engendran entusiasmo, y todo aquello que trata circunstancias variopintas y rodeadas de incertidumbre, pues el oyente queda colgado hasta el final, como en los cuentos milesios, dice Juan Luis Vives con cierto desdén.

Es por esta censura moral e intelectual que el humanista desearía dar un giro al abordaje preceptivo del *delectare* o *de tenendo auditore*: más que referirse a qué cosas retienen al oyente, el retórico debiera preocuparse de los medios que hacen que el oyente desee oír cosas de provecho recubiertas de un aspecto placentero, el tan buscado "enseñar deleitando".

38. Vives, *De ratione dicendi*, II, 68.

Podríamos suponer que hacia esa finalidad se encaminan las recomendaciones elocutivas que entrega luego Vives. En general, el discurso debe entrar con facilidad, sin encontrar tropiezos en el oído, por tanto, debe ser suave, blanco, sonoro, rítmico, florido, matizado, jugoso, carnoso, ingenioso, alegre; aunque también se tolera el remendado y soldado, y en ocasiones, incluso el oscuro y dificultoso, o hasta el vil. En esto, Vives parece emplear el antiguo criterio de la variación con decoro. Pero también añade que "la gran mayoría se deja atrapar durante más tiempo y de forma más intensa por la naturalidad; esta consiste, en efecto, en la analogía de la facultad anímica con su objeto, concepto central que ya mencionamos en la primera parte de este libro a propósito de la moción de las pasiones como "hacer vibrar una lira tensa").

Con todo, no hay que desestimar una cuestión importante y de difícil explicación, dice Vives, citando lo que agudamente observara Cicerón:

> Es difícil de explicar cuál es el motivo por el que aquellas cosas que más excitan nuestros sentidos en el placer y que a primera vista nos sacuden más fuertemente, de esas mismas nos apartamos a toda velocidad con una cierta aversión y saturación; ejemplo de ello lo tenemos en cada uno de los sentidos, incluso los placeres más intensos dejan un gran hastío tras de sí[39].

La cita presenta el problema de la saturación que puede provocar el placer, cuestión de difícil explicación y a la que Vives ni siquiera intenta dar una respuesta. Retóricamente, la prevención se vincula al antiguo precepto de evitar el *taedium*, aunque, en los placeres vinculados al infortunio (y, por ende, a la moción de la compasión), se enlaza igualmente a la *brevitas* y a la vieja sentencia atribuida a Apolonio Morón de que "nada se seca más rápido que una lágrima".

39. Vives, *De ratione dicendi*, II, 71.

Deleites ásperos

Como vimos, para Rodolfo Agrícola lo que provoca placer en el discurso es aquello que causa deleite también en los sentidos o en la mente. En consecuencia, para Agrícola es claro que las materias ásperas no son placenteras. Frente a los asuntos ásperos o duros, los oídos anhelan una compensación por medio de asuntos deleitosos. Agrícola recomienda, entonces, las comparaciones o los argumentos en cuyo desarrollo se empleen materias placenteras, o incluso la digresión y libre inclusión de materias que deleitan. El autor preceptúa cuidado en el uso de esto, ya que se requiere gran habilidad para dar la impresión de que se llegó naturalmente a la digresión. Así, las mejores digresiones son aquellas que no salen del tópico general del discurso y que, por lo mismo, permiten un fácil regreso a la materia (*transitus,* transición)[40].

Pese a ello, Agrícola admite que hay un deleite de cosas que, si las vemos, no deleitan sino que más bien nos disgustan, pero que puestas en lenguaje causan placer. Esto significa, observa Agrícola, que en estos casos el deleite no proviene de la cosa (como en todos los ejemplos mencionados anteriormente) sino del discurso que hace dichas cosas deleitables. Agrícola lo explica echando mano de la antigua idea del placer suscitado por la imitación: en la pintura, dice, muchas cosas son placenteras no porque las admiremos sino por la habilidad del que las imita. Según Agrícola, la mímesis lograda en el discurso es, principalmente, la capacidad de otorgar palabras a personas en concordancia con su naturaleza, condición y emociones, conquistando, así, la *evidentia* que hace que el que escucha prácticamente vea, como si estuviera en medio de la turbulencia de la acción[41]. Esta habilidad se muestra sobre todo en la poesía, sostiene

40. Agrícola, *De inventione dialectica libri tres*, III, 4, fol. 113. "[...] llegamos de tal modo que parecemos no haberlas buscado, sino haber sido conducidos a ellas", trad. de J. Beltrán en Apéndice.

41. "Y de la misma manera en que en una pintura la mayor parte de ella nos resulta muy placentera solo por tratarse de una imitación y no son tanto las cosas cuanto la habilidad de quien imita lo que admiramos, así, cuando en el discurso se les atribuyen a las personas sus palabras según la naturaleza y la condición de cada uno y se modela una figura de todos los afectos y caracteres, y el discurso logra hacer que la cosa parezca no ser dicha, sino hecha, y el espíritu del oyente, mediante una cierta imagen ilusoria, se coloca como en medio de la acción y de la turbulencia,

Agrícola, pero también en la historia y otros tipos de discursos[42]. Como mero hecho, la mímesis provoca una gozosa admiración y ello se hace evidente al advertir que aun los objetos ásperos y duros son fuente de goce y deleite cuando representados.

Similares observaciones hace Juan Luis Vives, aunque para el valenciano los límites entre historia y poesía son mucho más rígidos y definen la posibilidad misma del deleite. En efecto, para Vives, los males ajenos no pueden suscitar sino dolor. Recordemos que, como destacamos en la primera parte de este libro, Vives niega la vinculación establecida por Aristóteles entre compasión y temor, haciendo depender del amor la moción de la compasión, definida en términos de sentimiento otorgado por Dios a los hombres para su mutua ayuda y consuelo en los diversos azares y desventuras de la vida[43]. Vives rechaza con vehemencia la posibilidad contemplada por los estoicos de no abatirse por las desgracias ajenas y prestar auxilio al desgraciado sin experimentar dolor ni aflicción de espíritu. La naturaleza humana se inclina por la compasión hacia los afligidos, pues la compasión nace de la semejanza y la conformidad de los espíritus humanos entre sí. El espíritu no puede no dolerse cuando contempla males ajenos, pues necesariamente piensa en sí mismo como expuesto y sometido a esos mismos males.

Por lo tanto, para Vives, la narración y la descripción de males ajenos turban el ánimo. Solo en los casos en que esos males se saben ficticios, "nos regocijamos, reímos, lloramos, confiamos, tememos, odiamos, nos indignamos, mostramos simpatía, nos encolerizamos, sobre todo si se colocan delante de los ojos"[44]. La *evidentia* desplaza el foco de los afectos ajenos hacia los infortunios mismos, moviendo pasiones en los oyentes como si dichos infortunios "nos sucediesen a nosotros mismos o a los nuestros"[45]. La *evidentia* gatilla la fantasía, que incita la imaginación de que los males oídos/leídos en un relato

todo esto, ya que ocurre gracias al lenguaje y no por la naturaleza del asunto, hay que merecidamente atribuírselo también a él", Agrícola, *De inventione dialectica libri tres*, III, 4, fol. 114, trad. de J. Beltrán en Apéndice.

42. Agrícola, *De inventione dialectica libri tres*, III, 4, fol. 114v.

43. Vives, *De anima et vita*, III, 17, 8.

44. Vives, *De ratione dicendi*, II, 62.

45. Vives, *De ratione dicendi*, II, 62.

o vistos en una actuación teatral podrían ser sufridos también por nuestros hijos, cónyuges u otros seres queridos.

Con todo, la distinción de los afectos suscitados por los males ajenos en la imitación y fuera de ella (como propuesto por Vives), carecía de límites precisos. Recordemos que para la tradición retórica, incluso la narración histórica, que contiene *vera res* y no *ficta res*, necesita del arte para ser no solo "verdadera" sino verosímil y convincente, haciendo uso, por tanto, de varios recursos retóricos y poéticos. Estos límites poco claros se hacen manifiestos, por ejemplo, en algunas afirmaciones como las de Alonso López Pinciano sobre el placer generado por las desventuras y los males ajenos.

Médico de profesión, Pinciano fue también traductor y poeta, destacándose por su poética aristotélica en forma dialogada, *Philosophía antigua poética*, publicada en Madrid, en 1596. El tratado recogía los más diversos elementos de la teoría retórico-poética de Aristóteles, con un encuadre ecléctico en el marco del pensamiento renacentista, a cuarenta y ocho años de la edición de Robortelli y treinta cinco de la publicación de la poética del también médico Julio César Escalígero.

En *Philosophía antigua poética,* la cuestión del deleite y de aquello que lo provoca es objeto de consideraciones generales ya en la epístola primera, que abre la poética de Pinciano con un diálogo sobre la felicidad. Las precisiones establecidas en este diálogo inicial serán retomadas luego al abordar el deleite específico de los géneros poéticos. En esta epístola, la idea de sentido común de que el deleite o gozo es un sentido agradable y contrario al dolor es corregida sobre la base de la distinción entre la facultad sensitiva, común a todos los animales, y la racional, propia del ser humano. Esta parte intelectual del hombre siente gozo y deleite también con cosas desagradables y dolorosas. El ejemplo ofrecido es san Lorenzo en la parrilla: sus sentidos indudablemente "rehuían" aquel acto, pero su parte racional lo eligió como el "mejor y más deleitoso" modo de muerte. Para Pinciano, la facultad racional es capaz de vencer el dolor de los sentidos, "el gozo espiritual puede más que el sensual"[46]. Y esto se muestra no solo en los mártires, sino en los gentiles que pusieron sus cuellos al cuchillo de tiranos, movidos por el "deleite de la fortaleza". En suma,

46. López Pinciano, *Philosophía antigua poética,* fol. 14.

para Pinciano hay dos tipos de deleite, uno sin virtud (y, por tanto, vano, fundado en el viento, que se marchita como flor) y otro que asume las miserias y trabajos exigidos por las virtudes (el verdadero placer, anclado en las facultades mentales).

Del mismo modo, en la poética hay dos clases de deleite, aclara Pinciano en la epístola tercera: el deleite de la imitación por medio del lenguaje y el deleite de la doctrina vertida en la imitación, en "cuya contemplación y acción está la felicidad humana"[47]. Pinciano defiende siempre la doble finalidad ("deleite y doctrina") de las artes medias (música, poética y otras semejantes), con sus tres provechos, la aristotélica "quietación" de las pasiones, la mejora de las costumbres y la entretención o divertimiento[48]. Preceptúa explícitamente la mezcla alabada por Horacio: el poema con mucha doctrina no es bien recibido y el que solo deleita no cumple con el necesario fin de las artes, que es el "bien y útil del mundo", dice[49].

Ahora bien, ese primer tipo de deleite, el de la imitación, no es exclusivo de la poesía. Pinciano reconoce que, más allá de sus diferencias —principalmente, el hecho de que el historiador esté "atado a la sola verdad" mientras que el poeta no se ciñe más que a lo "verosímil" y a las "fábulas heredadas"— la historia toma la imitación prestada de la poesía con el fin de deleitar más[50]. La aseveración tiene como consecuencia que la historia —tal como la poesía— proporciona los dos deleites, el de la imitación y el de la doctrina.

En otro fragmento, Pinciano traspasa nuevamente las fronteras de la mímesis, ahora para iluminar la moción de los afectos trágicos (temor y conmiseración) y la preceptiva de los distintos tipos de muerte en la tragedia. En comentario de clara filiación aristotélica, procedente de la *Retórica*, Pinciano explica que el miedo excesivo no genera compasión:

> si un hombre fuese muerto delante de vos indignamente, claro está que juntamente sentiríades temor que aquel matador no haga lo mismo en vos, y sentiríades también compasión del muerto, y claro está que si el

47. López Pinciano, *Philosophía antigua poética,* fol. 110.
48. López Pinciano, *Philosophía antigua poética,* fol. 80.
49. López Pinciano, *Philosophía antigua poética,* fol. 111.
50. López Pinciano, *Philosophía antigua poética,* fol. 143.

homicida os fuese a matar luego crecería en vos el miedo y la compasión menguaría, de modo que ninguna centella quedase de ella[51].

En otras palabras, fuera de la mímesis, los males ajenos suscitan compasión pero dejan de hacerlo si el temor de sufrir los mismos males es excesivo. A partir de estas consideraciones, Pinciano va todavía más allá, dejando de lado la delimitación de lo mimético y lo no mimético, para diferenciar más bien lo visto de lo oído. En el diálogo, Pinciano plantea la dificultad de entender por qué cuando alguien *ve* la muerte —incluso de desconocidos— no solo no siente deleite sino que le invade "muy gran pesar", pero, por lo contrario, cuando simplemente lo *oye decir* —al igual que cuando lo *ve representar*— confiesa que recibe deleite. Fadrique, su interlocutor, exclama que Pinciano ha tocado una materia "honda y aun hedionda", y responde que si recibe pesar cuando ve la muerte verdadera es porque teme la propia más vivamente y, en cambio, cuando lo oye "por relación" o "en tragedias", no la teme porque está ausente[52]. Pinciano insiste preguntando por la causa de ese deleite generado por la muerte ajena. Fadrique reitera que se debe a la presencia de la compasión con la ausencia del miedo, pero reconoce que la verdadera causa no la quiere "decir por ahora", suspenso que no se aclara en todo el tratado.

El sustrato aristotélico de estas aseveraciones de Pinciano nos lleva a un revisión somera de algunas cuestiones relacionadas con la catarsis. Esta revisión nos permitirá no solo destacar esta procedencia aristotélica sino llamar la atención a ciertas particularidades de lo planteado por Pinciano en su *Philosophía antigua poética* y contemplar la posibilidad de atribuir a los relatos de infortunios y naufragios características propias del deleite trágico, además de los "deleites ásperos" o deleite de la representación de lo desagradable.

51. López Pinciano, *Philosophía antigua poética,* fols. 342-343.
52. López Pinciano, *Philosophía antigua poética,* fol. 343.

Deleites trágicos, infortunio y catarsis

Como se sabe, de acuerdo con Aristóteles la tragedia tiene las siguientes partes: *páthos* (una acción destructiva y dolorosa), *peripéteia* (cambio o giro en la acción, frecuentemente en un sentido inverso al pretendido) y *anagnórisis* (reconocimiento). La acción trágica produce conmiseración y temor por un movimiento de cambio (*metabállein*, *metábasis*) entre buena y mala fortuna, con atención a la verosimilitud y a la necesidad. El cambio suscita miedo y conmiseración porque es una acción destructiva y dolorosa que involucra la desventura (muertes, heridas, grandes dolores...). El reconocimiento y la peripecia, por su parte, también causan conmiseración y temor porque conducen a la buena o a la mala fortuna. Estas pasiones se animan, principalmente, por la representación de un sufrimiento inesperado en el sentido mencionado por la *Retórica* de Aristóteles (como vimos en la primera parte de este libro), es decir, padecido por quien está en la cumbre de la buena fortuna y la buena reputación, y no espera sufrir en estos momentos tales desventuras. En el caso de la tragedia, es inesperado, además, sufrir en manos de los seres más cercanos, parientes con vínculos de sangre o vínculo matrimonial, lo que provoca especial conmiseración y temor.

El fin (*télos*) de la tragedia y su función (*érgon*) es la *kátharsis*, la purgación de las emociones del temor y la conmiseración, lo que produce el específico placer de la tragedia. Este placer es un conocimiento de nosotros mismos, pues a través de su estructura formal la tragedia proporciona un entendimiento profundo de aquello que causa dolor a nuestros sentidos, dejando el punto de vista meramente sensual que solo percibe el placer y el dolor físicos. El placer de la tragedia es un placer de la contemplación, un placer proporcionado por la *mímesis*.

Elizabeth Belfiore demostró que la definición propuesta por Aristóteles en la *Poética* de la tragedia como imitación que por medio de la conmiseración y el temor logra la *kátharsis* de estas emociones tiene amplios antecedentes en la cultura griega de los siglos V y IV a.C.[53]. De acuerdo con Belfiore, es justamente por eso que Aristóteles no se detiene en explicar su afirmación, dado que estaba

53. Belfiore, 1992.

enraizada en creencias griegas tradicionales muy conocidas por sus contemporáneos, creencias que atribuían al miedo un poder positivo —apotropaico— esencial para el buen ordenamiento de la sociedad. Este miedo beneficioso aportaría *aidós*, vergüenza y respeto hacia los parientes, los dioses y las costumbres, lo que persuadiría de evitar la culpa de comportamientos inadecuados.

Belfiore indaga en este carácter beneficioso del miedo en la cultura griega, a través de su literatura y de su arte, con ejemplos como el *gorgóneion* apotropaico. La gorgona, en el caso de la poesía de Píndaro, representa elementos dolorosos pero también hace ver los límites humanos, que son fundamentales para enfrentar la buena fortuna sin que esta conduzca a la *hýbris*: recordar los límites humanos es particularmente importante en los momentos de gran felicidad, como victorias, festejos y simposios, y esa es la función de la gorgona en el poema de Píndaro, asegura Belfiore.

Habría, además, otros antecedentes muy antiguos para la idea de que es la creación artística o mímesis la que propicia el efecto beneficioso del miedo. En la *Ilíada*, Helena lamenta frente a Héctor su desgraciado destino con Paris pero añade que de ello se harán canciones en el futuro. Asimismo, Belfiore detecta en un poema de Píndaro la idea (aún más explícita) de que es el poema como imitación el que logra dar sentido y orden a la vida humana mostrando los aspectos beneficiosos de lo feo y lo doloroso, transformados por la música en algo bello y placentero. Esto se confirma en la tragedia misma, lo que Belfiore desprende de su análisis de las obras de Esquilo, donde se destaca el poder de la mímesis para cambiar la percepción del espectador y transformar el terror paralizante en reverencia.

Estas ideas tienen antecedentes también en la filosofía. Belfiore cita particularmente las *Leyes* (libros I y II) de Platón, donde se clarifica la idea de que el miedo puede operar como antídoto de la falta de vergüenza o de la agresión, a partir del principio médico de la curación por los opuestos. Es relevante para la argumentación de Belfiore lo que señala Platón en torno a las virtudes del vino como incitador de *aidós* en los hombres mayores. En concordancia con las teorías médicas de Alcmaeon y de Hipócrates, Platón recomienda la ingesta de vino dada su propiedad caliente que equilibraría el exceso de frío en los ancianos. Y aunque Platón no hace uso del término *kátharsis*, es posible, de acuerdo con Belfiore, atribuir a su recomendación del vino un carácter alopático y catártico, con efectos similares a los producidos por la tragedia según lo indicado en la *Poética* de Aristóteles. En ambos casos, de hecho, se provocan pasiones temporal y artificialmente, en circunstancias controladas socialmente, placenteras y distendidas. De acuerdo con Belfiore, es posible pensar que habría sido la consideración de *sympósia* en las *Leyes* de Platón la que habría proveído a Aristóteles la idea de una *kátharsis* alopática de las emociones.

Esta *kátharsis* emocional sería en parte una purgación física y en parte un alivio placentero del exceso de emociones extremas opuestas, es decir, de las emociones agresivas, como falta de miedo o de vergüenza. Y ese placer estaría proporcionado por la contemplación de la mímesis y la comprensión que conduce a una aceptación de la condición de vulnerabilidad inherente al ser humano. En ese sentido, el placer por medio de la conmiseración y el temor lleva a la prudencia (*phrónesis*)[54].

Si en la acción trágica se mueven temor y conmiseración, como en todas las pasiones, no solo hay emociones sino también juicios y opiniones involucradas. Lo observó Martha Nussbaum al afirmar que los juicios y creencias vinculados al temor y a la conmiseración refuerzan la consideración ética de la importancia de la fortuna en la vida humana en cuanto vulnerabilidad al mundo exterior, que puede dejar privado al ser humano de una *eudaimonía* plena[55].

Nussbaum abordó minuciosamente este asunto y evidenció que, de acuerdo con Aristóteles, el buen carácter no asegura la *eudaimonía*: ser de buena condición o tener un buen carácter no basta para la plenitud de la vida buena, pues esta se da en la acción y el actuar bien puede verse imposibilitado por la contingencia externa, es decir, por infortunios que entorpecen la actividad de una existencia caracterizada anteriormente por la *eudaimonía*. Nussbaum demostró que, para Aristóteles, los vínculos de *philía* (de amor, amistad y actividad política) son centrales para la *eudaimonía* y que estos son especialmente vulnerables a los ataques de la fortuna. Esa fragilidad del bien humano, sin embargo, sería parte de su belleza distintiva,

54. Belfiore, 1992, p. 343.
55. Nussbaum, 1995.

lo que se advierte en algunos relatos sobre dioses enamorados por mortales, encantados justamente con esa fragilidad[56]. La excelencia humana (*areté*) se da en la acción y esa acción está penetrada por la contingencia externa, las mudanzas de fortuna que afectan al agente, tanto desde el mundo como desde su propio sistema de valores (sus pasiones, por ejemplo).

En el caso de la acción trágica, se revelan determinados aspectos de la vida humana y de la *eudaimonía* entendida como un vivir bien que no depende solo de la buena condición sino de las acciones y elecciones, terreno en el cual el ser humano no puede pretender tener una total autonomía. De ahí la reivindicación aristotélica de una dimensión pedagógica de la tragedia en cuanto crítica de la ambición humana de autosuficiencia y evidencia de la discrepancia entre el carácter bueno y el vivir bien[57].

La tarea de explicar los sentidos de la catarsis trágica —mencionada pero no definida por Aristóteles en su *Poética*— ha sido de las más largas y debatidas en la historia de la crítica literaria. Un capítulo central de esa tarea interpretativa tuvo lugar en el siglo XVI, con los comentarios y apropiaciones de la poética aristotélica, una de las líneas más fructíferas de la teoría poética del Renacimiento. En dicho siglo, la tendencia general respecto de la poética aristotélica consistió en un esfuerzo por armonizarla con el *Ars poetica* de Horacio, tratado de sostenida fortuna en Europa occidental y canon del arte antiguo. A partir de los comentarios al redescubierto tratado griego, se intentaba mostrar el arte horaciano como una "obscura y sutil imitación" de Aristóteles, lo cual venía a argumentar a favor del carácter también canónico del tratado griego, en una "genealogía ficticia", como la llamó Daniel Javitch, que intentaba hacer uniformes dos visiones de la poesía que eran bastante diferentes[58]. Esto se hace notorio en las ediciones que incluyen ambos textos, con el contraste de las secciones horacianas con las aristotélicas, ediciones que parten en la década de 1540-1550, tras la influyente traducción latina de 1536, con los comentarios de Francesco Robortello, publicados en Florencia en 1548, y de Vicenzo Maggi, editados en Venecia en 1550.

56. Nussbaum, 1995, p. 30.
57. Nussbaum, 1995, pp. 474-475.
58. Ver Javitch, 2006, pp. 53-54.

Como destacado por Javitch, la mayor parte de estos comentadores de Aristóteles buscaron corroborar en la *Poética* su propia concepción de la poesía como un medio de edificación moral[59]. En lo que refiere a la tragedia, esta visión moralizante contaba con importantes antecedentes medievales a partir del conocimiento del arte poética de Horacio, las obras de Séneca, los comentarios de Terencio de Aelius Donatus y Diomedes, y la glosa a la traducción de Aristóteles por Averroes[60]. Entre muchos ejemplos de esa tradición, Timothy J. Reiss cita al dominico Nicholas Trevet (¿?-c. 1334) quien glosa las tragedias de Séneca enfatizando su intención ética, su figuración de la verdad, sus versos sobre los infortunios de los grandes hombres, una glosa algo confusa pero de gran difusión en toda Italia[61]. Aun después de los comentarios de Robortello a la *Poética* de Aristóteles (1548), esa tradición romana y averroísta seguirá teniendo peso dado que, como afirma Reiss, su didactismo se ajustaba bien a las preocupaciones cívicas y morales de los humanistas. Entre otros tópicos frecuentes en el Renacimiento, estaba el de la tragedia como fuente de enseñanza para príncipes y magistrados, guía de vicios y virtudes, llenas de sentencias y máximas en la representación de la caída en la fortuna adversa[62]. Todavía para un autor de mediados del siglo XVI, como Giovambattista Giraldi Cintio de Ferrara, el principal propósito de la tragedia es proporcionar lecciones que muestren que solo la razón vence al vicio, induciendo a los "buoni costumi"[63].

En ese contexto, la consideración de la catarsis o purgación de acuerdo con Aristóteles añadió una nueva dimensión al debate, como sostiene Reiss: la catarsis hacía del espectador parte integral de los medios de la tragedia y no simplemente un receptor del mensaje; las reacciones emocionales del espectador trágico eran ahora un elemento

59. Aunque Javitch matiza las interpretaciones de Bernard Weinberg respecto de esa "distorsión" ético-retórica de Aristóteles, para subrayar las aportaciones renacentistas como, por ejemplo, el sistema de los géneros. Ver Javitch, 2006, pp. 58-59.

60. Al respecto, ver Reiss, 2006, p. 232.

61. Reiss, 2006, p. 236.

62. Reiss, 2006, pp. 237-239.

63. Citado por Reiss, 2006, p. 240. Reiss subraya que los "buoni costumi" de Cintio siguen la misma línea de Hermann (*consuetudo*), Sebiller (*moeurs*), y en suma, la lectura averroísta del *éthos* aristotélico.

del funcionamiento dramático y de su construcción[64]. Pero las interpretaciones de la catarsis fueron diversas y la moralización no estuvo ausente de ellas. De modo general, esas interpretaciones atribuyeron a la catarsis un sentido de efecto mucho más explícito que el que tenía en la *Poética* de Aristóteles. Como sintetizó Stephen Halliwell, el énfasis estuvo en la adquisición de la fortaleza o resistencia contra los asaltos de infortunios, como en Robortello; en la administración de la tragedia de una lección moral consciente, como en Bernardo Segni y Giraldi Cintio; o en la moción de la piedad y el temor como medios para evitar otras pasiones peligrosas como ira, envidia, etc., como en Vincenzo Maggi y otros[65].

Los mismos autores del siglo XVI ya habían realizado síntesis similares, distinguiendo las principales vertientes de las interpretaciones de la catarsis aristotélica en su tiempo. Es el caso de *De la purgazione de la tragedia*, discurso leído en la Academia de los Alterati en 1586, por Lorenzo Giacomini, quien observaba tres líneas principales de interpretación de la catarsis. Para algunos, dice el autor, la tragedia purga la compasión y el temor al acostumbrar los hombres a los acontecimientos horribles y dignos de piedad; la costumbre disminuiría el dolor, la compasión y el temor, sobre todo al ver el infortunio de los que nos antecedieron. Esto lo confirman las batallas militares y contagios pestíferos que endurecen el corazón contra la compasión y el temor. Asimismo, lo confirman las autoridades como Petrarca, Lucrecio y el poeta cómico Timocles, para quien el hombre —animal por naturaleza sujeto a muchas fatigas y dolores— ha encontrado consuelo para sus males en la consideración de los males ajenos, lo que induce al "olvido de los propios" así como a la sabiduría y a la prudencia[66].

Para otros, la catarsis consiste, explica Giacomini, en la purgación por medio de la compasión y el temor, purgación no de esas mismas pasiones sino de pasiones contrarias a estas, como la envidia,

64. Reiss, 2006, p. 240.

65. Cit. por Javitch, 2006, p. 58.

66. "Siendo el hombre por naturaleza un animal sujeto a muchas fatigas y a muchos dolores que le asaltan durante toda la vida, ha encontrado este consuelo y alivio a sus males: con la consideración de los de los demás, induce en sí mismo el olvido de los propios y deviene prudente y sabio", Giacomini, *De la purgazione de la tragedia*, p. 348; mi traducción.

el odio, la ira, la alegría y la confianza, dado que no pueden convivir con las introducidas por la tragedia[67]. Esta interpretación sostiene que solo si pensamos que la purgación es de las pasiones contrarias —y no de las mismas pasiones de la conmiseración y el temor— es posible defender la utilidad de la tragedia como género, pues si la tragedia purgase del ánimo la piedad —que es afecto bueno— y lo hiciera despiadado, no sería útil sino nociva e indigna[68].

Finalmente, Giacomini señala una tercera interpretación frecuente, la de aquellos que discrepan de las dos anteriores y sostienen que la tragedia purga al representar la fragilidad y la mutabilidad de los bienes entregados por la engañadora Fortuna, lo que hace moderar amor y deseo, esperanza y alegría, ira y envidia, mitigando la compasión al hacer familiar a la vista gravísimos infortunios y conduciendo al temor de la propia desventura al verse reflejado en la de los demás[69].

Giacomini presenta argumentos contrarios a todas estas interpretaciones y sostiene finalmente la suya de que en los distintos tipos de obras los fines de la catarsis serán uno o más de los siguientes: la purgación, el amaestramiento, el reposo de las molestias y negocios de la vida y, finalmente, la recreación del ánimo que ha comprendido la excelencia de una obra poética[70]. Viendo caídas las personas trágicas, sentimos misericordia —entendida como aborrecimiento del mal en otros— y temor —aborrecimiento del mal futuro, en sí mismo o en otros—, dos afectos que imprime y purga la tragedia, purgando también la tristeza, la sospecha, las solicitudes, afanes, desesperaciones, en suma, todo lo que refiere a los afectos dolorosos similares a la compasión y el temor. Las fábulas trágicas vienen a sacar lágrimas a los ojos de aquellos que tienen necesidad de ello ("e cosí eglino piangendo de la loro infermità guarissero"). Esa purgación opera por deleite, porque enseña la acción representada y aprender es deleitoso; porque infunde la compasión y compadecerse

67. Giacomini, *De la purgazione de la tragedia,* p. 349.

68. "Si la tragedia desnudase el ánimo de la piedad, afecto bueno y recomendable, y lo volviese de hierro y despiadado, no sería útil sino nociva e indigna de que se le dijeran estos preceptos", Giacomini, *De la purgazione de la tragedia,* p. 349; mi traducción.

69. Giacomini, *De la purgazione de la tragedia,* p. 349.

70. Giacomini, *De la purgazione de la tragedia,* p. 352.

es acto de virtud y la virtud es siempre deleitable; porque agrada con la maravilla, representando cosas no creídas; porque deleita con la imitación, la altura de los conceptos, la vaguedad de las metáforas, la dulzura de los versos, la suavidad de la música, el baile, el aparato, la vestimenta, la excelencia del artificio en la fábula, la disposición, la digresión, el reconocimiento, los cambios de fortuna, las costumbres, los conceptos en la fábula[71].

En *Nueva idea de la tragedia antigua* (Madrid, 1633), José Antonio González de Salas insistirá en que el deleite proviene de la imitación. En comentario a Aristóteles afirma:

> Esto convence con ejemplos admirables, que suceden en las imágenes de las cosas horribles y espantosas, pues siendo cierto que sería penoso el ver fieras de aspectos disformes y cuerpos muertos y otras cosas a la vista terribles, las pinturas y bien acabadas representaciones de aquellas mismas son deleitosas y agradables. Y la ocasión de esto es (como él también lo repite en la *Retórica*, libro I) que aquellas cosas que son de alguna enseñanza y admiración son para el hombre de gran gusto y deleite y. así se recrea mirando las imágenes, porque de allí viene en conocimiento de alguna cosa, discurriendo consigo (pongo yo por ejemplo) este es tigre, aquel es dragón; aquel es el cadáver de Héctor arrastrado por Aquiles, el otro viejo venerable es Príamo a quien Pirro da muerte, y en aquella imagen cuyo argumento ignoramos, el conocimiento del artificio perfecto, de la elegancia de los colores y de otras causas en su representación contenidas viene también a engendrar delectación en nuestro ánimo[72].

Los horrores de la tragedia y sus conmiseraciones, en sí congojosas, se desfiguran cuando figuradas por la imitación, haciéndose apacibles y deleitosas. González de Salas interpreta a Aristóteles con referencia a autoridades como san Agustín quien observaba en sus *Confesiones* que las calamidades que los hombres aborrecen se hacen apetecibles cuando se ven representadas en el teatro, generando placer aquel padecimiento de dolor y lástima ("Y llora alegrándose en su mismo llanto", *Et gaudens lacrymatur*)[73].

---

71. Giacomini, *De la purgazione de la tragedia,* pp. 361-366.
72. González de Salas, *Nueva idea de la tragedia antigua*, p. 13.
73. González de Salas, *Nueva idea de la tragedia antigua*, p. 15.

En cuanto al enigmático pasaje que define la catarsis, González de Salas lo traduce así: "de modo sea su representación que mueva a lástima y a miedo, para que el ánimo se purgue de los afectos semejantes", lo que lo lleva a interpretar que el fin propio de la tragedia es curar el ánimo de aquellos afectos[74]. Pero concede que no es fácil entender cómo la tragedia, moviendo en el ánimo de los hombres los afectos de conmiseración y miedo, pueda curarlos, "pues manifiestamente se opone el adolecer de una enfermedad al curarse de ella", lo cual explica desde la idea del acostumbramiento, en la línea interpretativa que encabezara la síntesis ofrecida por Giacomini:

> Habituándose el ánimo a aquellas pasiones de miedo y de lástima, frecuentadas en la representación trágica, vendrán forzosamente a ser menos ofensivas y después cuando sucedan ocasiones propias a los mortales de experimentar aquellas pasiones en sus infelices sucesos, las sentirán menos sin duda, medicado ya el sentimiento con el uso y con el ejemplo de otras semejantes infelicidades o de las que fueron mayores[75].

Y, siguiendo la tradición medieval mencionada más arriba, González de Salas cita al comediógrafo griego Timocles por extenso:

> Las adversas fortunas,
> que son a los mortales importunas,
> alivian del dolor la propia pena
> con la desdicha ajena.
> Por eso es poderosa
> medicina, la tanto lastimosa
> trágica acción, en su pavor horrenda,
> a hacer que el mal no ofenda,
> porque al que la enemiga
> dura pobreza el ánimo fatiga,
> ya el bien, si mira a Telepho más pobre,
> ha de juzgar le sobre.
> Furioso a Alcmeon presente
> ve, el que delirios padeció en la mente
> y el rigor templa el ciego a sus enojos
> si oye a Edipo sin ojos.
> Niobe en su mal prolijo

74. González de Salas, *Nueva idea de la tragedia antigua*, p. 17.
75. González de Salas, *Nueva idea de la tragedia antigua*, p. 17.

serena al que difunto llora al hijo.
Y aquel, que a Philoctete claudicante
mira tal vez delante,
no ya sentirá tanta
pena, aunque desigual mueva su planta.
Ni al anciano infeliz, si a Eneo advierte,
será dura su suerte.
Así del Hado fiero
parecerá el desdén menos severo,
menor su mal hallando los mortales,
comparado a otros males[76].

Esta misma línea interpretativa había seguido ya López Pinciano en su *Philosophía antigua poética*. En diálogo encendido, los amigos Fadrique, Hugo y Pinciano discuten en primer lugar sobre la condena platónica de los poetas desterrados de la República. La conversación intenta conciliar a Platón con Aristóteles: si en la República imaginada de Platón no hay espacio para los poetas es porque allí estos no son necesarios, como no son necesarios los médicos cuando no hay enfermos. Sin embargo, fuera de esa república ideal, "los hombres son malos" y necesitan ser atraídos "con artificio" a la buena doctrina. La perturbación anímica de la tragedia y de "toda otra especie de poética", "es por mayor bien y paz", ya que "limpia" por medio de la compasión y el miedo, es decir, "la misma fábula que turba el ánimo por espacio poco, le quieta y sosiega por mucho"[77].

Pinciano asimila la definición aristotélica de tragedia al horaciano "enseñar deleitando". Para Pinciano, "limpiar los ánimos de pasiones" es enseñar, y hacerlo con lenguaje suave y ornado es deleitar. Pero observa luego que el deleite de la tragedia proviene también de la doctrina, como aquel deleite ya caracterizado en la epístola primera, "deleite que sobreviene a la virtud o moral o intelectual"[78].

---

76. González de Salas, *Nueva idea de la tragedia antigua*, pp. 19-20.

77. López Pinciano, *Philosophía antigua poética,* fol. 92. "En aquella política platónica y celestial no convenían floreos para el entretenimiento de la doctrina, sino que todo fuese puro grano, y sacadme a Platón della y veréis cuánto bien de la poética y cuántas alabanzas a Homero hace y cuántos versos le saca para comprobar sus opiniones", fol. 96. La solución conciliadora proviene, según el mismo Pinciano, del séptimo sermón de Máximo Tirio.

78. López Pinciano, *Philosophía antigua poética,* fol. 111.

Además, Pinciano extiende la "perturbación" y "quietación" del ánimo de la tragedia a toda la poesía. Las fábulas deben ser siempre "perturbadoras" y "quietadoras", perturban y alborotan el ánimo por espanto y conmiseración en el caso de las fábulas épicas y trágicas, y por alegría y risa en el de las cómicas y ditirámbicas. En todos los casos, el ánimo se aquieta después, dado que el oyente queda "enseñado en la doctrina de las cosas" que suscitaron la perturbación.

Pinciano describe esa purgación o catarsis como producto de una *liberación de la conmiseración*, liberación que haría al oyente más fuerte:

> con el ver un Príamo, y una Hécuba, y un Héctor, y un Ulises, tan fatigados de la fortuna, viene el hombre en temor, no le acontezcan semejantes cosas y desastres: y aunque por la compasión de mirarlas con sus ojos en otros, se compadece y teme, estando presente la tal acción; mas después pierde el miedo y temor con la experiencia del haber mirado tan horrendos actos, y hace reflexión en el ánimo, de manera que alabando y magnificando al que fue osado y sufrido, y vituperando al que fue cobarde y pusilánime, *queda hecho mucho más fuerte que antes; y de aquí luego sucede el librarse de la conmiseración, porque la persona que es fuerte para en su casa, también lo será en la ajena; y de la ajena miseria no sentirá compasión tanta*; esto se prueba en el sexo femenino, el cual como es débil y enfermo para sufrir, lo es también para resistir a la compasión[79].

Y en otro fragmento aclarador:

> cuando el hombre se halla en trabajos [...] se acuerda de un Edipo y Hércules Oetheo, tórnase el hombre muy consolado en sus miserias, porque ve con los ojos que aunque las suyas son grandes, no lo son tanto como las de Hércules Oetheo y Edipo, *y así queda más fuerte para sufrir más, y más trabajos y desventuras*; y como sea el fin de la tragedia limpiar el ánimo de pasiones, hácese más limpio con las acciones que tuvieron mal fin y desastrado [...] esto se ve claro en los condenados a muerte, que si alguno lo es en algún pueblo pequeño, no usado a ver ajusticiar hombres, al tiempo que le llevan por las calles, y el pregonero va publicando la causa de su muerte, los hombres se enternecen, lloran los viejos, plañen las mujeres, y aun gimen los niños, viendo lamentar a sus madres. Mas si la tal justicia se ejecuta en una gran ciudad, adonde

79. López Pinciano, *Philosophía antigua poética,* fol. 331; el destacado es mío.

> muchas veces se ejecuta la tal justicia, no hace más movimiento el ajusticiado [...] enseñados a perder el miedo y la misericordia[80].

En otras palabras, la purgación de Pinciano es una conquista estoica de la fortaleza, virtud "necesarísima para los hombres y mujeres", porque "de la ternura y compasión demasiada vemos muchos inconvenientes, y de la fortaleza, en esta forma, ningunos, o pocos"[81]. Los inconvenientes de la excesiva compasión se observan en un amplio espectro social: Pinciano pone de ejemplo al rey demasiado tierno, el juez "muy muelle", el padre de familia "muy blando", los cuales hacen "una política y una economía muy tierna, muelle y blanda". Nos parece escuchar la voz del médico cesáreo cuando extiende la observación al cuerpo en general, "mal ético y acostumbrado". Para Pinciano, entonces, conviene no ser muy compasivo, y esa "entereza" —asegura— se gana con la tragedia, en cuanto imitación activa de acción grave, hecha para limpiar los ánimos de perturbaciones, por medio de misericordia y miedo[82].

A pesar de los límites de esta definición aristotélica de tragedia, Pinciano aplica la categoría trágica con bastante flexibilidad. En la epístola undécima, sobre la épica, Pinciano primero aclara en términos aristotélicos las semejanzas y diferencias entre el género trágico y el heroico. Ambos imitan personas heroicas (aunque en la épica son buenas y en la tragedia ni buenas ni malas) y tienen como fin la extirpación de las pasiones por medio del temor y la conmiseración. Se diferencian en el medio de la imitación (la tragedia es "poema activo" —hablan solo los personajes— y la épica "poema común" o mixto) y en los géneros de la imitación (la épica solo con el lenguaje, la tragedia con varios). Pero luego su definición de ciertas obras canónicas del género épico, como la *Odisea*, la *Ilíada* y la *Eneida*, permite advertir varios matices en la apropiación de esas categorías. Según Pinciano, la *Odisea* mezcla el género heroico con la comedia, ya que tiene personas humildes y bajas y el deleite que procede de ella no viene siempre de la conmiseración y la lástima; y la *Eneida*, en cambio, es "fina y pura tragedia en sus partes y en su todo", porque

80. López Pinciano, *Philosophía antigua poética* fol. 336; destacado mío.
81. López Pinciano, *Philosophía antigua poética,* fol. 332.
82. López Pinciano, *Philosophía antigua poética,* fol. 332.

todo el deleite que genera proviene de la conmiseración, de las miserias, fatigas, errores, muertes lastimosas de sus personajes, "advertid y veréis", dice, "que cuanto deleite da Virgilio con su lección todo es con la miseria y compasión y que verdaderamente todo su deleite es trágico"[83].

En consecuencia, para Pinciano lo central es el tipo de deleite de determinada obra, y la presencia de deleites trágicos sería decisiva para la consideración de un texto como "trágico" (más que la imitación activa o común y más que los géneros de imitación). En ello, Pinciano se distancia no solo de Aristóteles sino de teóricos aristotélicos del siglo XVI como Escalígero, para quien la purgación de las pasiones de miedo y conmiseración no tiene radical importancia siquiera para la definición de la tragedia misma, ya que la purgación es un elemento demasiado restrictivo, un efecto que no todas las materias producen[84]. Pinciano, por el contrario, eleva la purgación de las pasiones a finalidad universal de la poética y desprende la categoría prodecedente de esa purgación (es decir, el "deleite trágico") de los términos restringidos de la tragedia en cuanto tipo de imitación, al aplicarla a textos como la *Eneida* de Virgilio.

Por otro lado, en Pinciano como en otras fuentes del siglo XVI, las consideraciones en torno al deleite trágico y la catarsis se complementan con la valoración de la categoría de lo admirable, también entendida como fuente de placer. Para Pinciano, la admiración es una de las condiciones que debe tener una buena fábula, junto a las otras exigencias en binomios tensionados —ser una y varia (es decir, contemplar la variedad dentro de la unidad, como medio para evitar el tedio), ser perturbadora y quietadora de los ánimos y, por fin, admirable y verosímil (o sea, provocar la admiración respetando los límites de la verosimilitud)—. Para Pinciano es notorio el relieve que tiene la admiración para el común de los lectores de su época: Gabriel (el amigo ficticio, comentador de las epístolas) señala con ironía que, a causa del deleite que provoca la admiración, "los

83. López Pinciano, *Philosophía antigua poética,* fol. 459.

84. Escalígero, *Poetices libri septem*, libro I (*Historicus*), cap. VI, p.12. Es particularmente interesante esta diferencia ya que Escalígero es uno de los autores citados y recomendados por Pinciano en el prólogo de su *Philosophía antigua poética.* Más allá de esta referencia y de las deudas evidentes con el italiano, Pinciano se distancia notoriamente de algunas de sus afirmaciones.

hombres de este siglo" son "tan mentirosos" a punto de afirmar que "vieron volar un buey".

En principio, la mera imitación es capaz de provocar admiración —la admiración de la mímesis—, pero los acaecimientos nuevos y raros, las cosas ni vistas ni oídas, son las que más admiran y deleitan. Pinciano recomienda, entonces, que "el poeta sea en la invención nuevo y raro, en la historia admirable, y en la fábula prodigioso y espantoso; porque la cosa nueva deleita y la admirable más, y más la prodigiosa y espantosa", lo que requiere un ingenio inventivo y furioso o al menos la capacidad para añadir a lo ya inventado[85]. Las admiraciones son de distintas especies, algunas ni alegres ni tristes, como el vuelo de Pegaso, otras son tristes y trágicas, como la muerte de Príamo o la desventura de Hécuba, lo que enlaza el deleite de la admiración al efecto catártico.

La variedad —presente en el binomio de la fábula una y varia— es otra de las fuentes de deleite vinculada a los cambios de fortuna. Su relieve se advierte principalmente en la épica, donde el argumento se desarrolla con base en la variación de episodios, con el "hado" o el "cielo" como motor de giros y cambios. No obstante, el principio no es exclusivo del género épico o de la retomada renacentista y barroca de la novela de aventuras griegas. En efecto, Pinciano pone como autoridad a Cicerón en el libro quinto de sus *Epístolas,* donde pide a Luceyo que escriba un libro sobre la conjuración de Catilina. En el fragmento, primero urge a Luceyo a traspasar o violar las leyes de la historia, magnificando y alabando a su persona, luego propone que en el intermedio refiera a la gran cantidad de "mudanzas civiles" que tuvieron lugar, variedad que deleita y entretiene al lector y aún al mismo Cicerón, quien asegura que así como padeció esos acontecimientos y mudanzas, así no obstante se deleitará con su lectura y memoria. Dice:

> mucha variedad te darán los acaecimientos nuestros y con ella mucho deleite, el cual entretiene mucho a los ánimos de los lectores, a quienes ninguna cosa hay más agradable que la variedad de los tiempos y mudanza de las cosas, todo lo cual, aunque el experimentarlo me fue molesto el leerlo me será deleitoso, que la segura memoria del mal pasado es agradable mucho al que le pasó y sufrió, y a los lectores deleitoso,

85. López Pinciano, *Philosophía antigua poética,* fol. 193.

> los cuales mientras leen los casos ajenos libres de ellos reciben gusto no pequeño de la compasión. ¿A quién no deleita aquel Epaminondas con la conmiseración y lástima? [...] ¿Quién hay a quien no suspenda la huida de Temístocles y la tornada?[86]

Concluye Pinciano, a partir de ello, que narraciones como esta producen admiración, consideración e intenso deleite. Es el caso de las narraciones de príncipes excelentes llevados por mudanzas varias —"ahora alegría, ahora molestia, ahora temor, ahora esperanza"—, que si rematan con algún acontecimiento "notable" dejarán el ánimo hinchado de cumplido deleite.

História trágico-marítima: fortuna, temor y deleite

Las relaciones portuguesas de naufragios compiladas por Gomes de Brito en su *História trágico-marítima* participan de estas codificaciones retórico-poéticas, las que perfilan una primera legibilidad de esos textos en términos de deleite y ejemplaridad. Por su materia, estas relaciones se ajustan a varias de las categorías que integran los así llamados "deleites de percepción mental" (como los llamaran Agrícola y Vives). En concreto, refieren a sucesos y asuntos clasificables dentro de lo ejemplar, lo admirable, lo inesperable, lo terrible y los actos de notable virtud. Algunos autores hacen uso explícito de esas categorías, por ejemplo, cuando definen las acciones que narran como cosas "espantosas", "notables" o "de gran admiración"[87]. El naufragio, las tortuosas peregrinaciones, los padecimientos inhumanos y, finalmente, la muerte de los viajeros, algunos de alto rango, constituían una materia que reunía de modo extraordinario diversas condiciones de ese deleite de "captación espiritual", entre otras, la que Vives describió como "la provocación de afectos que el oyente no quiere dejar en suspenso", debido a la incertidumbre que pesa sobre el destino final de los náufragos.

86. López Pinciano, *Philosophía antigua poética,* fols. 488-489.

87. Entre otros, hacen uso de la categoría de lo admirable el autor anónimo de *Relação da muy notavel perda do Galeão Grande São João* y Manoel de Mesquita Perestrello. Antonio Prior do Crato habla de "extraños y nuevos sucesos y nuevas invenciones de muertes", p. 433. Como señalé en una nota anterior, las traducciones al castellano de las relaciones compendiadas por Gomes de Brito son todas mías.

En ocasiones, algunos autores manifiestan aprehensiones respecto de los límites de ese deleite. Es el caso de Henrique Dias quien advierte que solo contará los infortunios más notables, porque escribirlos todos "causaría más hastío en el lector que contentamiento"[88]; o de Manoel de Mesquita Perestrello quien reconoce haber intentado alejarse lo más posible de lo "pesado" y lo "miserable", dejando fuera de la escritura los infortunios particulares de cada uno y tratando solo lo general[89]. Como vimos, estas prevenciones estaban presentes también en la preceptiva retórica, tanto en la advertencia respecto de la saturación de los deleites más intensos (observada por Vives) como en el antiguo principio de la *brevitas* en la moción de la piedad o la conmiseración.

Sin embargo, más allá de estas aprehensiones, en estas y otras relaciones los infortunios son indisociables de su representación y de su transmisión a otros por medio del discurso. En efecto, las mismas prevenciones con miras a evitar el hastío en el lector dan cuenta del interés que tienen los autores de asegurar la lectura de su texto. En algunos casos, los textos refieren explícitamente a ese destinatario anhelado, el que aparece con frecuencia como un espectador, tal como fue observado por Blumenberg en la literatura que sigue el patrón forjado por Lucrecio. En las relaciones portuguesas, el naufragio, el padecimiento y la muerte alcanzan sentido pleno solo cuando son transmitidos a otros. A veces son los mismos náufragos los que buscan a ese receptor de su lastimoso espectáculo. Así lo hace doña Leonor, desnuda y enterrada en la arena, cuando pide al piloto André Vas que intente salvarse para contar su desgracia cuando vuelva a la India o a Portugal:

> Bien ves como estamos y que ya no podemos pasar de aquí, y que hemos de acabar por nuestros pecados: iros en buena hora, hacedlo *por salvaros, y encomendaros a Dios, y si fuereis a la India y a Portugal*

88. *Relação da viagem e naufragio da nao S. Paulo que foy para a India no anno de 1560. De que era Capitão Ruy de Mello da Camera, mestre João Luis e Piloto Antonio Dias. Escrita por Henrique Dias, criado do S.D. Antonio Prior do Crato.* En Gomes de Brito, *História trágico-marítima,* tomo 1, p. 358.

89. *Relação sumaria da viagem que fez Fernao D'Alvares Cabral desde que partio deste reyno por Capitao mor da Armada que foy no anno de 1553 as partes da India até que se perdeo no Cabo de Boa Esperança no ano de 1554.* En Gomes de Brito, *História trágico-marítima,* tomo 1, p. 92.

en algún tiempo, decid cómo nos dejasteis a Manoel de Sousa y a mí con mis hijos[90].

Por su parte, Manoel de Mesquita Perestrello llega a imaginar un espectador de sus infortunios con vista privilegiada, desde la altura de los montes que rodeaban a los desventurados náufragos:

> [...] y cierto que *cualquier persona que desde arriba de aquellos montes nos estuviera mirando, aunque bárbaro y criado en las concavidades de aquellas deshabitadas sierras, viéndonos ir así, desnudos, descalzos, cargados, extranjeros, perdidos y necesitados, paciendo las hierbas crudas,* que sin embargo no bastaban, por los valles y montes de aquellos desiertos, alcanzara que éramos hombres que habíamos errado gravemente contra Dios, porque si nuestros delitos fueran menos, su acostumbrada clemencia no habría consentido tan áspero castigo en cuerpos tan miserables[91].

Manoel Godinho Cardozo, en su *Relação do naufragio da Nao Santiago no anno de 1585 e itinerario da gente que delle se salvou*, hace del mismo náufrago un espectador del infortunio colectivo, personaje de un "lastimoso teatro" que se presenta ante su vista:

> Era lastimoso teatro ver gente en tal estado, religiosos tan graves y doctos, y tantos hombres hidalgos y nobles, y otra gente más en tanto desamparo, en una playa de bárbaros, viendo de una parte el mar, de cuyas furiosas olas aún estaban asombrados, de la otra, la tierra y enemigos tan crueles[92].

Estos fragmentos tienen en común no solo la figura del espectador, partícipe o no del infortunio, sino también la reiteración de verbos de visión ("ver", "viendo", "nos estuviera mirando", "viéndonos ir así desnudos", "bien ves", etc.). Transferida a la lectura del texto, esa visión esperada o imaginada seguirá dictando el modo de

---

90. *Relação da muy notavel perda do Galeão Grande São João em que se contam os grandes trabalhos e lastimosas cousas que aconteceram ao Capitão Manoel de Sousa Sepúlveda e o lamentavel fim que elle e sua mulher, e filhos, e toda a mais gente houveram na Terra do Natal, onde se perderam a 24 de junho de 1552.* En Gomes de Brito, *História trágico-marítima,* tomo 1, pp. 34-35; destacado mío.

91. En Gomes de Brito, *História trágico-marítima*, tomo 1, p. 126; destacado mío.

92. En Gomes de Brito, *História trágico-marítima,* tomo 1, p. 107.

representación de los infortunios. De esa forma, así como en los llamados "deleites ásperos" (descritos por Agrícola o Vives), se mueve aquí el *placer de la imitación,* de la representación de personas en concordancia con su naturaleza, condición y emociones, de la representación vívida, con *evidentia*, que hace que el que escucha casi vea, como si estuviera en medio de la acción.

Las relaciones portuguesas de naufragios recurren constantemente a la *evidentia,* fuente de "deleite áspero" y persuasión. Pasajes que se prestan de modo especial a esa representación vívida son la tormenta, el naufragio y sus consecuencias inmediatas, los tormentos corporales, los padecimientos en general. La *evidentia* busca traer a los ojos del lector lo vivido, aunque el sobreviviente reconoce que entre ello y su representación existe la misma distancia que entre lo vivo y lo pintado, la sombra y lo verdadero, como lamenta Manoel de Mesquita Perestrello. El mismo Mesquita Perestrello describe vívidamente el resultado del naufragio de la armada de Fernão D'Alvares Cabral: el mar todo cargado de cajas, lanzas, pipas y otras cosas que el naufragio hizo aparecer; las cosas mezcladas con la gente, algunos nadando hacia la tierra, otros que no pudiendo ya nadar daban grandes y trabajosos saltos de tanta agua que tragaban, otros que se encomendaban a Dios dejándose hundir, otros alcanzados súbitamente por las cajas que flotaban, que los dejaban atontados hasta conducirlos a un golpe mortal con las piedras, otros que chocaban con las pedazos de la nave, los que herían y despedazaban los cuerpos con sus clavos, dejando el agua del mar en diversas partes de un color tan rojo como la sangre. La mañana siguiente, los sobrevivientes vuelven a la playa a buscar algo de ropa y encuentran todo cubierto de cuerpos con feos y deformes gestos que daban muestra evidente de las muertes que habían tenido; unos encima de otros, brazos, piernas, cabezas, rostros cubiertos de arena o de cajas y otras cosas. En la playa tiradas las odoríferas drogas, las cosas preciosas que ahora no valían nada... un "confuso orden con que la desventura había ordenado todo aquello"[93].

Por otra parte, esta representación vívida y la materia misma de estas relaciones mueven las pasiones propias de los "deleites trágicos", el temor y la conmiseración. Las cosas que cuenta el autor anónimo de

93. Resumo los extensos pasajes de intenso uso de la *evidentia* ubicados entre las pp. 59-60 y 63-64 de Gomes de Brito, *História trágico-marítima,* tomo 1.

la *Relação da muy notavel perda do Galeão Grande São João* (1552) —inauguradora del género en Portugal— "traen el temor de Dios delante de los ojos", hacen "temer los castigos del Señor", provocan gran "espanto", "lástima", "tristeza", lo que reiterarán los seguidores del género, que buscan conscientemente la moción de dichas pasiones con la narración de esos infortunios.

El cambio de la fortuna próspera hacia la adversa, la caída inevitable —puesto que conducida por el componente azaroso de la existencia o por la providencia divina— en la máxima precariedad de la condición humana, es una de las características de la materia del género que mueve las pasiones de la conmiseración y el temor. Este cambio de fortuna se entiende como posible pero no esperado; la navegación contiene en su seno el riesgo del naufragio, pero confía en su excepcionalidad. El infortunio contradecía las expectativas la mayor parte de las veces cumplidas, con la consiguiente conquista de riqueza, honor y fama.

Este cambio inesperado y fatal estructura las relaciones que enfatizan, por tanto, el contraste entre la fortuna previa o las expectativas de los viajeros y la fortuna adversa con sus consecuencias. En la *Relação da muy notavel perda do Galeão Grande São João*, el narrador anónimo subraya ese contraste ya en el prólogo: Manuel de Sousa era un hidalgo muy noble y buen caballero; en la India había gastado más de cincuenta mil cruzados dando de comer a mucha gente, entre otras buenas obras que hizo a muchos; y finalmente fue a terminar su vida, y la de su mujer y sus hijos, en tanta lástima, faltándoles de comer, beber y vestir[94]. La fortuna previa de Manuel de Sousa, en concordancia con sus acciones virtuosas en la India (su carácter bueno), contrastarían con su final trágico ("trabajos" que le "estaban guardados") lo que debiera mover gran espanto y temor en el lector cristiano, avisado así de los castigos enviados por inescrutable designio de la providencia.

En el caso de Manuel de Sousa, el cambio de fortuna próspera a adversa iba mucho más allá de la pérdida total de la hacienda que transportaba el Galeón (la más rica hacienda que saliera de Portugal desde el primer viaje a la India, según asegura el autor). Después del naufragio, en tortuosa peregrinación de varios meses, con muchos

94. En Gomes de Brito, *História trágico-marítima,* tomo 1, p. 3.

"trabajos, hambre y sed", el capitán asiste a la muerte de su propia esposa y de sus hijos, después de lo cual decide meterse al bosque de donde nunca vuelve.

Podría pensarse incluso que no es la muerte la culminación del infortunio del matrimonio hidalgo, Manuel de Sousa y doña Leonor, sino la pérdida de algo que trasciende el padecimiento meramente físico y que conduce al fin de ambos: en el caso de Manuel de Sousa, la pérdida del juicio, y en el de doña Leonor, la de la honra. Repetidas veces el narrador afirma que Manuel de Sousa "ya no iba en su perfecto juicio", que perdiera su "discreción y blandura", porque antes siempre fuera discreto pero a partir de cierto momento "nunca más gobernó a su gente". De ello habría pruebas e indicios físicos y morales: "se quejó mucho de la cabeza y le pusieron toallas"[95], "había días que estaba enfermo de la cabeza", entregó las armas a los negros, quedando los portugueses indefensos, sumido en el total silencio, "sin llorar ni decir cosa alguna", enterró a su esposa y se entregó a la muerte solitaria en el bosque. Consecuencia de esta grave pérdida de juicio, los portugueses sufren la traición y asalto de los *cafres*. Obligada a despojarse incluso de sus vestimentas y, en consecuencia, de su honra, doña Leonor —que hasta entonces había sorprendido por la fortaleza con que soportaba los trabajos[96]— se entierra en vida, haciendo un hoyo en la arena, para no ser vista desnuda.

Así, el deleite de relaciones como esta del *Galeão São João* no era simplemente el deleite áspero de la representación vívida de cosas terribles sino también el específico deleite trágico de la purgación de las pasiones del temor y la conmiseración, el placer producido por la contemplación de la mímesis y por la aceptación de la condición de vulnerabilidad inherente al ser humano. Si la tragedia evidenciaba que el buen carácter no aseguraba la *eudaimonía* (como subrayó Nussbaum), la relación del *Galeão São João* mostraba que la prudencia, discreción, hidalguía y caridad de Manuel de Sousa no fueran suficientes para ahorrarle el fin trágico en tierras africanas: la contingencia externa del infortunio y el naufragio, entorpeciendo su

95. En Gomes de Brito, *História trágico-marítima,* tomo 1, p. 27.

96. "Doña Leonor era una de las que caminaba a pie, siendo una mujer hidalga, delicada, moza, venía por aquellos ásperos caminos tan trabajosos como cualquier hombre robusto del campo y muchas veces consolaba a los de su compañía y ayudaba a traer a sus hijos...", en Gomes de Brito, *História trágico-marítima,* tomo 1, p. 28.

existencia y la de su familia, ponía "ante los ojos" del lector cristiano del siglo XVI el misterio de los designios divinos a la vez que la fuerza de la fortuna y la "fragilidad del bien humano", una fragilidad que aquí quedaba plasmada en la pérdida del juicio y la ciega entrega a la muerte de ambos personajes. La evidencia de esa vulnerabilidad, representada paradigmáticamente en la caída y fin miserable del hidalgo virtuoso y su esposa, produciría el deleite trágico que lleva a la prudencia, fruto de la dimensión pedagógica de la narración, indisociable del "temor", el "espanto", la "lástima y tristeza" que movía.

Es cierto, no siempre las relaciones de naufragios mostraban el infortunio del virtuoso. En muchos casos, la tormenta y el naufragio —fuerzas de la contingencia externa sobre la acción humana en el mundo— determinaban menos que las imprudencias y los vicios de los viajeros, forjadores de su propio infortunio, de acuerdo con la condena moral de los narradores. De todas formas, no dejaba de suscitar las pasiones de temor y conmiseración la representación vívida de una extensa gama de reacciones frente a la caída de la próspera a la adversa fortuna. Los vicios e imprudencias mostrados por los viajeros en situaciones límite evidenciaban aún más la fragilidad de la miserable condición humana. "Es por cierto cosa muy miserable y digna de contar la diversidad de las condiciones humanas y mucho más para llorar sus codicias y miserias", dice Henrique Dias, quien describe en detalle distintas reacciones tras el naufragio: algunos se alborotaban para escalar las arcas, romper las cámaras, acumular cosas "como si estuviesen en tierra habitada y de muchos amigos"; unos robaban y destruían todo; otros buscaban al padre para que los absolviera, llorando sus pecados; otros se preocupaban de los demás, algunos desnudos cubrían sus vergüenzas con alguna hoja, otros se abrazaban entre muchas lágrimas[97]... Estas imágenes se entroncaban fácilmente con la representación de la *vanitas,* tan cara a los hombres del siglo XVI. Los mismos objetos que inundaban el género pictórico en representaciones alegóricas que buscaban evidenciar la caducidad de los bienes terrenales y del poder, aparecían aquí en movimiento, golpeándose en las rocas, en el devenir de la propia vida, en el delgado umbral entre esta y la muerte, entre la fortuna y el infortunio, mostrando toda su intrascendencia.

97. En Gomes de Brito, *História trágico-marítima,* tomo 1, p. 431.

De este modo, las relaciones de naufragios purgaban, como pensaban algunos lectores de Aristóteles del siglo XVI, por medio de la representación de la fragilidad y la mutabilidad de los bienes entregados por la engañadora fortuna (como dijera Giacomini). Esa representación moderaba pasiones como esperanza, deseo y alegría, vinculadas a la vanidad, al tiempo que inculcaban la compasión, al hacer familiar a la vista gravísimos infortunios, y el temor de la propia desventura. Lo resume magistralmente Diogo do Couto en la *Relação do Naufragio da Nao S. Thomé na terra dos Fumos no anno de 1589 e dos grandes trabalhos que passou D. Paulo de Lima nas terras da Cafraria athé sua morte*: las desventuras que cada día se ven en la carrera de la India han de servir de "baliza" a los hombres, principalmente a los hidalgos, para que se "moderen" y "se contenten" con lo que Dios les dio y "dejen vivir a los pobres, porque el sol en el cielo y el agua en la fuente no las da Dios solo para los grandes"[98].

"Placentero es, con todo, acordarse de las fatigas"

Hasta aquí hemos atendido principalmente al deleite que la narración de infortunios podría haber generado en un lector del siglo XVI, desde el punto de vista de la preceptiva retórico-poética. Interesa preguntarnos ahora por el deleite de la escritura y de la rememoración de infortunios en relatos escritos por sus protagonistas. Al igual que en los otros aspectos tratados hasta aquí, el asunto cuenta con una larga tradición que remonta a la retórica antigua.

Como ya quedó señalado, la imitación o mímesis de lo no placentero también participaría de la capacidad de toda mímesis de generar placer. Ese placer estaría suscitado no tanto por el objeto de la representación como por el razonamiento y la enseñanza que propician, una enseñanza catártica, en algunos casos. Pero, de acuerdo con Aristóteles, ese placer estaría presente también en el recuerdo mismo: "en cuanto recordadas, no solo son placenteras aquellas cosas que ya lo fueron en el momento en que tenían lugar sino también algunas otras que no causaron placer, si es que, con ellas, <sobrevino> después algo bello y bueno" (*Retórica* I 11, 1370b). La afirmación es

98. En Gomes de Brito, *História trágico-marítima,* tomo 2, p. 202.

probada con dos citas, la primera de ellas proveniente de la perdida *Andrómeda* de Eurípides: "Placentero es, con todo, tras ponerse a salvo, acordarse de las fatigas"; y la segunda, de la *Odisea* (XV, 400) de Homero: "Pues luego también con los dolores disfruta el hombre acordándose de que mucho padeció y trabajó mucho". A lo que añade Aristóteles la siguiente explicación: "la causa de esto es que también hay placer en no sufrir mal"[99], es decir, en el padecimiento prudente de infortunios y adversidades, padecimiento que se cristaliza en el difundido tópico del género demostrativo o epidíctico identificable como "magnánimo en la desventura".

En la época de Cicerón, era muy conocido el verso de Eurípides. Así lo afirma en *De finibus bonorum et malorum*: "Se dice, en efecto, comúnmente 'Son agradables las penas pasadas' y no dice mal Eurípides (lo diré, en efecto, si puedo, en latín, pues todos conocéis este verso griego): es suave la memoria de las penas pretéritas"[100]. La cita se instala en el contexto de la discusión en torno al "sumo mal". El sabio estoico ciceroniano siempre es dichoso, incluso en el dolor, lo que confirma que el dolor no es el "sumo mal". La cuestión deriva, entonces, en una reflexión sobre la memoria, particularmente la de los hechos dolorosos. ¿Está en nuestro poder que recordemos? ¿Tenemos control sobre aquello que habita la memoria? ¿Para el sabio, no se desvanecen acaso los bienes pretéritos y los males pasados? Se recuerda en este punto a Temístocles, quien, cuando Simónides o algún otro prometía enseñarle el arte de la memoria, decía que prefería el olvido, pues recordaba incluso lo que no quería recordar. El verdadero sabio, aclara el diálogo, debe conciliarse con su memoria y aprovechar el recuerdo de los males pasados, los que incluso llegan a ser suaves, dulces o agradables.

El lugar común gozó de muy larga duración y fama, en sus distintas formulaciones: *Iucunda memoria est praeteritorum malorum* ("Agradable es el recuerdo de los males pasados"); *Quae fuit durum pati, meminisse dulce est* ("Es dulce recordar las cosas que fue duro padecer"); *Habet praeteriti doloris secura recordatio delectationem*

99. Todo ello en Aristóteles, *Retórica*, 1370b1-10.

100. Cicerón, *De finibus*, II, XXXII, 105: "Vulgo enim dicitur: Iucundi acti labores, nec male Euripides (concludam, si potero, Latine; Gaecum enim hunc versum nostis omnes): suavis laborum est praeteritorum memoria". Cito la traducción de Julio Pimentel Álvarez.

("Causa deleite el recuerdo despreocupado del dolor pasado"); *Suave quiddam est, si sanus meminit dolorum* ("Es dulce, estando sano y salvo, recordar los dolores"). En suma, es placentero el recuerdo de las desgracias que han pasado. En el siglo XVI, con la recuperación de la *Retórica* de Aristóteles, la sistematización de las diversas versiones del tópico y sus autoridades cobra un impulso renovado. En comentarios a la retórica aristotélica, como los de Antonio Majoragio (*Aristotelis Stagyritae De arte rhetorica libri tres, cum M. Antonii Maioragii commentariis*, Venecia, 1591) la referencia a la *Retórica* I 11, 1370b incluye la cita de *De finibus* de Cicerón, la *Odisea* de Homero (libro XV), imitada por Virgilio en la *Eneida* (libro I), la tragedia de Séneca y afirmaciones de Hieronymus Rhodius.

Para Erasmo de Rotterdam, el descubrimiento de la *Retórica* de Aristóteles también fue crucial en el tratamiento de la sentencia en cuestión. En sus *Adagia* (IV, IX, 27), Erasmo comenta la célebre frase *Iucunda malorum praeteritorum memoria* ("Agradable es el recuerdo de los males pasados"), con referencia directa a Aristóteles, citando a Eurípides y a Homero, al igual que el Estagirita. Como explicaron sus editores modernos, Erasmo estuvo intensamente dedicado a la lectura de Aristóteles con ocasión de la nueva edición del filósofo por Johan Bebbel con prefacio del mismo Erasmo (ed. S. Grynaeus, 1531) y esto tuvo como fruto la incorporación de numerosas citas de la *Retórica* y de la *Ética a Nicómaco* de Aristóteles en la extensión de los *Adagia* que hiciera en 1533[101].

Pero ya antes la cuestión de la memoria de los males pasados fuera objeto de tratamiento en *Adagia* II, III, 43, *Iucundi acti labores*. Erasmo comenta que este adagio proviene del conocimiento de la naturaleza humana, la que hace a todos placentero el recuerdo de infortunios pasados, naufragios y peligros, cuando ya se ha recuperado la tranquilidad. Para el caso de los hombres de mar, Erasmo recuerda también la autoridad de Horacio, atribuyéndole erróneamente los versos de Juvenal (12.81-2) *Gaudent ubi vertice raso / garrula securi narrare pericula nautae* ("Allí, los marineros, libres de cuidados y con la cabeza afeitada, gozan narrando

101. *Collected Works of Erasmus. Adages. IV III to V II 51,* en *Adagia* IV VIII 4n, p. 354.

sus gárrulos peligros"). En seguida, Erasmo atrae otras citas: de la *Odisea* (15.398-401, *Tristibus inter nos recreemus pectora fatis...* "Reconfortemos entre nosotros nuestros corazones con nuestras tristes fatalidades"), la *Retórica* de Aristóteles, la *Eneida* de Virgilio, *Hercules furens* de Séneca (656-657, *Quod fuit durum pati, meminisse dulce est,* "Es dulce recordar lo que fue duro padecer"), una sentencia de Menadro (*Sententiae* 859, *Memoria dulcis iam peracti olim mali,* "Dulce es el recuerdo de un mal ya padecido") y Eurípides, ya citado por Cicerón.

La gran difusión de este tópico en el siglo XVI queda atestiguada no solo por los *Adagios* sino por muchos textos de la época, entre ellos, los relatos portugueses de naufragios. En la ya mencionada relación del *Naufragio que passou Jorge de Albuquerque Coelho, vindo do Brasil para este Reino no anno de 1565, escrito por Bento Teixeira Pinto, que se achou no dito naufragio,* el tópico aparece como "el recuerdo de los trabajos pasados da gusto" ("a lembrança dos trabalhos passados dá gosto"). Pero el lugar común es recuperado aquí para su cuestionamiento: según el autor, solo aquellos que nunca estuvieron en trabajos semejantes podrían defender tal sentencia.

En efecto, la escritura de esta relación, como la de otros sobrevivientes de naufragios, se encuentra tensionada entre la necesidad o el deseo de escribir y la dificultad emocional de activar la memoria de lo padecido y volcar las experiencias vividas en relato. El autor no duda de la necesidad de notificar al mundo "la merced que la Virgen Madre de Dios nos hizo en librarnos de los extraños y no cuidados trabajos que pasamos". Pero dice haber deseado que hubiera sido otro el que lo hubiera hecho, afirmación que, más allá de la modestia afectada, se justifica por el dolor que implica la memoria y la escritura. Para contradecir el tópico "dulce es recordar los trabajos pasados", el narrador recurre a otra autoridad clásica, la de Virgilio: Eneas, caballero tan valeroso y esforzado, manifiesta recelos en contar sus trabajos, diciendo que su entendimiento huía del recuerdo de ellos[102].

El tópico aparece también en la *Relação da viagem e naufragio da nao S. Paulo que foy para a India no anno de 1560. De que era*

102. En Gomes de Brito, *História trágico-marítima*, tomo 2, pp. 4-5.

Capitão Ruy de Mello da Camera, mestre João Luis e Piloto Antonio Dias. Escrita por Henrique Dias, criado do S.D. Antonio Prior do Crato. El autor conoce el lugar común a partir de Cicerón: "pues como estima el padre de la latinidad Marco Tullio, que en todas las fortunas y males, mucho más miserable cosa es verlos y pasarlos que oírlos o contarlos"[103]. Pero, al igual que en el caso anterior, el tópico es recuperado para negarlo. La escritura es una renovación de la memoria y, por tanto, del dolor: "Pero ¿quién, ay de mí, renovando la memoria de tan triste dolor, y queriendo con la lengua exprimir y hablar tales cosas de muertes, hambres y miserias [...] templara las lágrimas y las refrenara?"[104]. El ánimo se espanta en repetir y recordar los hechos y con los sollozos huye de sí mismo, frenando la escritura, una escritura deseada pero padecida.

La tensión destaca aún más en la *Relação sumaria da viagem que fez Fernao D'Alvares Cabral desde que partio deste reyno por Capitao mor da Armada que foy no anno de 1553 as partes da India até que se perdeo no Cabo de Boa Esperança no ano de 1554.* Su autor, Manoel de Mesquita Perestrello, sobreviviente del naufragio, no solo sufrió los habituales trabajos del viaje marítimo y la tortuosa peregrinación por tierra, sino que en ellos vio morir primero a su propio padre y luego a su hermano. En la relación, Mesquita Perestrello quisiera seguir los preceptos de la brevedad y la verosimilitud. En concreto, quisiera poder evitar ser prolijo en lo lastimoso y pasar en silencio cosas que pudieran no ser creídas. Pero los hechos, asegura el sobreviviente, impiden la atención a estos principios retóricos. Algunas cosas que provocan admiración y espanto deben ser contadas, remitiendo a la veracidad que aseguran los "muchos testigos que puedo alegar". Lo excesivamente lastimoso, las particularidades de las desventuras de cada uno, se dejan de escribir ("alejándome lo más que pude de lo pesado y lo miserable") pero necesariamente las palabras sabrán a tristeza dado que la historia en sí es triste, dice el autor[105].

Esta escritura, contenida por la *brevitas* y el silencio de lo miserable, transita entre la amplificación patética del dolor y la suspensión

103. En Gomes de Brito, *História trágico-marítima*, tomo 1, p. 424.
104. En Gomes de Brito, *História trágico-marítima*, tomo 1, p. 433.
105. En Gomes de Brito, *História trágico-marítima*, tomo 1, pp. 91-92.

de la narración. Algunos detalles quedan en silencio, remitiendo a la imaginación del lector. Y eso no solo por evitar lo lastimoso sino también por contener el sufrimiento del recuerdo, capaz de transformar la historia en elegía: "[...] me partí. El cómo, no diré; porque además de estar entendido, confieso que, si prosigo el recuerdo de tan triste paso, ninguna cosa bastará a darme sufrimiento para que en lugar de escribir Historia general abreviada deje cambiar la pluma en elegía muy prolija"[106].

Esta intención de escribir "historia general abreviada" se ve a ratos comprometida por el despliegue patético en el relato de pasos profundamente dolorosos como la muerte del hermano. La narración se abre con una plegaria en estilo elevado, que pide a Dios la contención de las emociones del que pretende escribir historia. La plegaria, sin embargo, amplifica esas emociones, haciéndolas justamente visibles al lector:

> ¡Alto, inmenso, justo y todo poderoso Dios, verdadero escudriñador del corazón humano! Vos, Señor, que de vuestro sidéreo trono estáis viendo en la tierra la aflicción y la angustia con que el mío ahora litiga, por ser llegada la triste hora en que para verdadera continuación de este proceso me es necesario escribir la intempestiva y lastimosa muerte de Antonio Sobrinho de Mesquita, mi hermano, y sabéis cómo por su causa soy puesto en perpetua amargura, y cuál fui con él niño y cuál soy tornado con él muerto, socorredme Señor, en tiempo tan necesario, y avisad mis espíritus debilitados con el recuerdo de este dolor, para que la fuerza de ella no ahogue del todo a mis palabras, y que yo pueda continuar con la generalidad de esta Historia, dejando el sentimiento de mis propios males, para lamentado solo de mí, en el grado en que fue estimada su causa[107].

El desacuerdo que los autores de relaciones de naufragios mencionados manifiestan respecto del lugar común "dulce es recordar los males pasados" no debe llevarnos a cuestionar la relevancia del mismo para la escritura de infortunios. Por el contrario, la necesidad de explicitar ese desacuerdo da cuenta justamente de la difusión y aceptación general del tópico. Es importante no olvidar que, desde el punto de vista retórico, un lugar común es también una sentencia

106. En Gomes de Brito, *História trágico-marítima*, tomo 1, p. 122.
107. En Gomes de Brito, *História trágico-marítima*, tomo 1, pp. 113-114.

dudosa, una sentencia a la que se puede disputar a favor o en contra. Así lo recuerda Oratio Toscanella en *Armonia di tutti i principali retori et migliori escrittori degli antichi & nostri tempo* (Venecia, 1569). En su *Armonia*, Toscanella da algunos ejemplos de lugares comunes: "Todas las cosas se pueden hacer para dañar", "Se han de despreciar las cosas humanas" y —justamente— "Suave es la memoria de males pasados" (Fig. 14). En su comentario a este último *locus*, remite a *De finibus* de Cicerón, una de las tantas fuentes de autoridad, como vimos, para argumentar a favor de la sentencia. Pero esta no deja de ser "sentencia dudosa", asegura el mismo Toscanella, pues ¿cómo puede ser suave y no amarga y dolorosa la memoria del padecimiento o muerte de hermanos, hijos, padres y otros seres cercanos[108]?

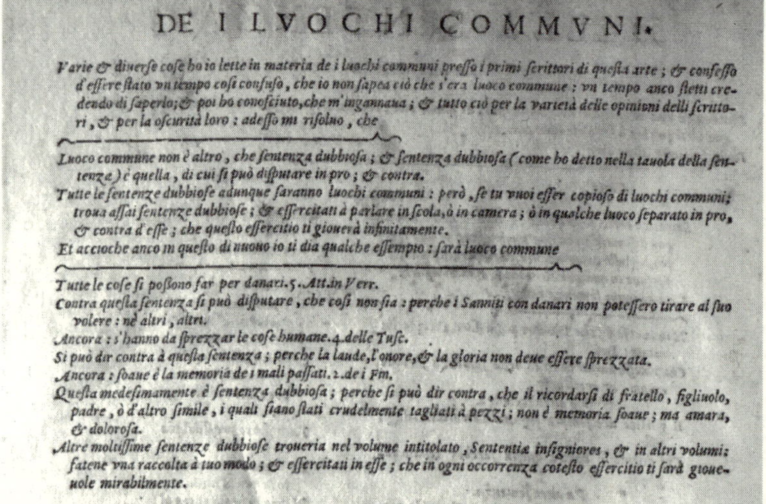
DE I LVOCHI COMMVNI.

Varie & diverse cose ho io lette in materia de i luochi communi presso i primi scrittori di questa arte; & confesso d'essere stato un tempo così confuso, che io non sapea ciò che s'era luoco commune: un tempo anco stetti credendo di saperlo; & poi ho conosciuto, che m'ingannava; & tutto ciò per la varietà delle opinioni delli scrittori, & per la oscurità loro: adesso mi risolvo, che

Luoco commune non è altro, che sentenza dubbiosa; & sentenza dubbiosa (come ho detto nella tavola della sentenze) è quella, di cui si può disputare in pro; & contra.

Tutte le sentenze dubbiose adunque saranno luochi communi: però, se tu vuoi esser copioso di luochi communi; trova assai sentenze dubbiose; & essercitati à parlare in scola, ò in camera; ò in qualche luoco separato in pro, & contra d'esse; che questo essercitio ti giovevà infinitamente.

Et acciochè anco in questo di nuovo io ti dia qualche essempio: sarà luoco commune

Tutte le cose si possono far per danari. 5. Att. in Verr.

Contra questa sentenza si può disputare, che così non sia: perche i Sanniti con danari non potessero tirare al suo volere: nè altri, altri.

Ancora: s'hanno da sprezzar le cose humane. 4. delle Tusc.

Si può dir contra à questa sentenza; perche la laude, l'onore, & la gloria non deve essere sprezzata.

Ancora: soave è la memoria de i mali passati. 2. de i Fin.

Questa medesimamente è sentenza dubbiosa; perche si può dir contra, che il ricordarsi di fratello, figliuolo, padre, ò d'altro simile, i quali siano stati crudelmente tagliati à pezzi; non è memoria soave; ma amara, & dolorosa.

Altre moltissime sentenze dubbiose troveria nel volume intitolato, Sententiæ insigniores, & in altri volumi: fatene una raccolta à tuo modo; & essercitati in esse; che in ogni occorrenza cotesto essercitio ti sarà giovevole mirabilmente.

Figura 14. Oratio Toscanella, *Armonia di tutti i principali retori et migliori escrittori degli antichi & nostri tempo* (Venecia, 1569)

108. "Suave es la memoria de los males pasados. Esta misma es sentencia dudosa; porque se puede decir en contra que el recordar al hermano, hijo, padre u otro similar, que ha sido cruelmente partido en pedazos, no es memoria suave sino amarga y dolorosa", Toscanella, *Armonia*, p. 36; mi traducción.

Magnánimo en la desventura: lugar común del encomio

En páginas anteriores, mencionamos el lugar común del "magnánimo en la desventura" sin dedicarle la atención que requiere. Dicho lugar común constituye, en efecto, otra de las aportaciones significativas de la retórica a los relatos de infortunios, ya que codificaba la actuación de los protagonistas en términos de elogio o encomio al padecimiento virtuoso de reveses de fortuna, tribulaciones y adversidades. Frecuentemente, las relaciones de infortunios, naufragios y otros "trabajos" incluían no solo la narración de acciones sino una importante dimensión epidíctica de elogio de sus protagonistas "magnánimos en la desventura" o, en caso contrario —y menos frecuente—, la censura y vituperio de los que no lo habían sido. Estas dimensiones son centrales para la ejemplaridad buscada por los textos.

La longanimidad, la constancia, la firmeza en soportar los infortunios son objeto de elogio ya en personajes como Ulises y Hércules. En la *Retórica*, Aristóteles lo menciona como uno de los lugares comunes del género demostrativo, en específico, uno de los tópicos de aquello que va "en contra de lo que corresponde". Ser "moderado en la buena suerte y magnánimo en la desventura" es algo extraordinario y digno de elogio (I, 1367b).

En la *Rhetorica ad Herennium* aparece el tópico entre las cualidades vinculadas a los bienes que dependen de la casualidad, la fortuna próspera o adversa, lo que incluye no solo linaje, educación, riquezas, poder, gloria, amistades... sino también el comportamiento en la prosperidad o en la falta de ella. Lo destaca también Cicerón, en el libro II de *De inventione*, la alabanza o la censura referida a los bienes externos se justifica cuando apuntan al modo como estos bienes han sido usados.

La cuestión se precisa aún más en *De oratore*, donde Cicerón destaca que la alabanza relacionada con los bienes o su ausencia y pérdida debe sostenerse siempre en la *excelencia*: en cuanto a los bienes de fortuna, si los ha tenido, que los utilizó bien; si no los ha tenido, que ha carecido de ellos con dignidad; y si los perdió, que lo sufrió con resignación[109]. Son lugares comunes del encomio no haber sido insolente en la riqueza ni haberse puesto por encima de

109. Cicerón, *De oratore*, II, 11, 46.

los demás a causa de la generosidad de la fortuna, o haber realizado actos esforzados sin compensación ni premio alguno; y, sobre todo, haber hecho cosas que han supuesto penalidades y peligros o "haber sufrido con sabiduría los azares adversos, no quebrarse por los cambios de fortuna y mantener la dignidad en las situaciones difíciles"[110].

El tópico pervive en la sistematización de los *progymnásmata*. El rétor alejandrino Elio Teón señala, al tratar el ejercicio del encomio, que las acciones realizadas en interés de otros y no de nosotros mismos, o a causa del bien y no de la conveniencia o el placer, merecen elogio. Pero también las realizadas en medio de fatigas o en contraposición a una suerte adversa, "pues la virtud", asegura el autor, "resplandece principalmente en los infortunios"[111].

Las retóricas españolas del siglo XVI con frecuencia mencionan el lugar del "magnánimo en la desventura" entre los tópicos del encomio. Mostrar ánimo fuerte y paciente en las desgracias es lugar común del elogio en autores como Nebrija, Cipriano Suárez, García Matamoros y muchos otros[112].

Algunos autores españoles del siglo XVI no solo retomaron esa tradición del tópico sino que añadieron observaciones interesantes al mismo. Es el caso de Juan Luis Vives, quien defiende que hay un ritmo y un estilo adecuados a este lugar común. Si la muerte de algún hombre importante o la victoria en una batalla requieren una pausa en el ritmo de la narración —pausa que sosiegue momentáneamente el ánimo del lector—, los asuntos fuera de lo corriente, como, por ejemplo, las acciones realizadas con fortaleza y firmeza frente a la fortuna y los azares humanos, requieren el pleno despliegue de las velas "para dejarse llevar por un viento más enérgico y vigoroso", asegura Vives[113].

Por su parte, Antonio Llull en su *Progymnasmata rhetorica* modifica el listado habitual de los ejercicios, eliminando la "propuesta de ley" e introduciendo tres ejercicios nuevos, "cantidad o

---

110. Cicerón, *De oratore*, II, 85, 346.

111. Teón, "Encomio", *Progymnásmata*, p. 127.

112. Cipriano Suárez recupera extensamente esa tradición, citando principalmente a Cicerón y a Quintiliano en lo que refiere a este tópico (pueden verse los capítulos 44, 46 y 47, de *De arte rhetorica*).

113. Vives, *De ratione dicendi*, III, 21.

amplificación", "acción de gracias" y "consolación". Interesa destacar que este último ejercicio mantiene una estrecha relación con el relato de infortunios y padecimientos, como demuestra el ejemplo que da el mismo Llull. Extraído del libro primero de la *Eneida*, un modelo de "consolación" permite identificar las principales partes del ejercicio, que son la conmiseración, la atenuación, la exhortación y el fin[114]:

Conmiseración:	*¡Oh, compañeros, hace tiempo que no somos ajenos a desgracias!*
Atenuación:	*¡Oh, habéis sufrido mayores rigores!*
Fin:	*Un dios dará también fin a estos.*
Atenuación por comparación:	*Vosotros, que os acercasteis a la rabiosa Escila, y totalmente a los escollos resonantes, vosotros, experimentados en las rocas de los Cíclopes,*
Exhortación:	*recobrad los ánimos, y abandonad la tristeza y el temor.*
Resultado:	*¡Quizá os complazca el recordar algún día esto!*
Atenuación por el destino:	*A través de diversos azares, a través de tantos peligros, nos dirigimos al Lacio,*
Fin:	*donde los hados prometen un lugar apacible, allí la ley divina hará resurgir el reino de Troya.*
Exhortación:	*Sed fuertes, y reservaos a la prosperidad!*[115]

Este tipo de discursos aparece frecuentemente en los relatos de infortunios y constituye parte del elogio puesto que da cuenta del carácter del protagonista, evidencia en sus palabras la fortaleza y magnanimidad con que enfrentó la desventura, a la vez que destaca su condición de *ejemplo consolador* tanto para sus compañeros de adversidades como para sus futuros lectores.

114. Explica Llull: la conmiseración es necesaria para los casos de dolor más intenso; el fin es una cierta esperanza que se intenta despertar; la exhortación es un llamado a la constancia, con la atenuación del asunto; por ejemplo, "Porque no puede evitarse", "Porque es común a muchos", "Porque ya pasó", o "Porque no es malo por entero", *Progymnasmata rhetorica*, 161.

115. Llull, *Progymnasmata rhetorica*, "Consolación", 161. El fragmento analizado por Llull corresponde a *Eneida* I, 198-207, "O socii (neque enim ignari sumus ante malorum)" y ss.

Las relaciones de naufragios escritas por portugueses en el siglo XVI tienen varios ejemplos de discursos de consolación que apuntan al modelo resumido en los ejercicios preliminares de Llull. Así ocurre en la ya citada relación del *Naufragio que passou Jorge de Albuquerque Coelho vindo do Brasil para este Reino no ano de 1565.* El texto presenta un encendido elogio de Jorge de Albuquerque: virtuoso en el infortunio, preocupado por cada uno de los viajeros, a quienes consuela y llama a la fe, Albuquerque responde al tópico del magnánimo en la desventura y se lo representa con frecuencia animando a los demás, en algunos casos, con largos discursos consolatorios como este:

> De mucho más grandes trabajos, compañeros y amigos míos, somos merecedores los que aquí estamos, que de estos en que nos vemos, porque, si según nuestras culpas hubiéramos de ser castigados, ya el mar nos habría comido. Pero confiemos todos en la misericordia de aquel Señor cuya piedad es infinita, y que, por ser quien es, se compadecerá de nosotros y nos librará de este trabajo. Ayudémonos de las armas necesarias para este lugar, que son arrepentimiento de corazón de las culpas pasadas, protestando de no caer en otras, y, con esto, firme fe y esperanza en la bondad de quien nos creó y redimió con su preciosa sangre, que usará con nosotros de su misericordia, no mirando nuestros desméritos, porque todo cabe en él por cuán poderoso y misericordioso es. Recordemos que nunca nadie pidió a Dios misericordia con pureza de corazón que le fuese negada, por tanto, pidámosla todos y hagamos de nuestra parte el remedio posible, unos dando a la bomba, otros agotando el agua que está en la cubierta y debajo del puente, y mientras tengamos vida trabajemos por conservarla, que Nuestro Señor suplirá por su gran misericordia y bondad la falta de nuestras manos. Y cuando él disponga otra cosa de nosotros, cada uno lo tome con paciencia, pues él sabe lo que es mejor para nosotros[116].

Aunque el contenido del fragmento citado es muy distinto del modelo virgiliano, ya que instalado por completo en el discurso de la paciencia cristiana, fácilmente podemos identificar en él las partes de la consolación: conmiseración y atenuación ("De mucho más grandes trabajos..."), exhortación ("Ayudémonos... Recordemos...") y fin ("nos librará de este trabajo..."), tal como indicado en los ejercicios preliminares de Llull.

116. En Gomes de Brito, *História trágico-marítima*, tomo 2, pp. 25-26.

La relación del naufragio de Jorge de Albuquerque es solo un ejemplo entre una multitud de relatos de naufragios, infortunios y adversidades del siglo XVI que suman a la narración de los hechos la evaluación de la conducta de los afectados, en términos de elogio o vituperio. Frecuentemente, ese discurso demostrativo estaba centrado en los protagonistas de las empresas, los capitanes de las expediciones o miembros destacados de la misma, lo que, junto a sus razones políticas, hacía que la alabanza de la fortaleza fuera proporcional a la pérdida de la fortuna pasada, aspecto no despreciable en una época que al mismo tiempo lideraba notables empresas de expansión y vociferaba el desprecio a los bienes mundanos.

En ocasiones, el relato evidenciaba una dimensión jurídica que hacía del elogio también un discurso de defensa, como destaqué en la primera parte de este libro a propósito del naufragio de Alonso Zuazo escrito por Fernández de Oviedo. En otros casos, la relación encargada por familiares buscaba perpetuar la fama y consolar la pérdida de los parientes como en el elogio que escribe Diogo do Couto de D. Paulo de Lima (*Relação do Naufragio da Nao S. Thomè na terra dos Fumos no anno de 1589 e dos grandes trabalhos que passou D. Paulo de Lima nas terras da Cafraria athè sua morte. Escrita por Diogo do Couto, guarda mòr da Torre do Tombo, a rogo da Senhora D. Anna de Lima, irmaa do dito D. Paulo de Lima no anno de 1611*). En casos menos frecuentes, la narración daba lugar tanto al elogio como a la censura de los personajes, como hiciera el Inca Garcilaso de la Vega con Hernando de Soto y sus expedicionarios en *La Florida del Inca* (1605)[117].

En todos los casos, los lugares comunes de persona, y sobre todo el lugar común del "magnánimo en la desventura" o del "ánimo fuerte y paciente en las desgracias", estructuraron una representación tópica de los protagonistas de infortunios, una representación que se nutría tanto de los elementos retóricos ya mencionados como del vasto caudal de erudición que en torno a ese lugar común circuló en el siglo XVI.

117. Garcilaso de la Vega incluye en su crónica un discurso epidíctico de elogio a la figura de Hernando de Soto, pero al mismo tiempo censura su falta de control de las pasiones, en especial, de la ira, llegando a afirmar que dicha falta de control habría conducido al infortunio de la empresa en la Florida, tal como destaco en Carneiro 2010 y 2011.

Baste recordar, a este propósito, que en la difundida práctica de la confección de los cartapacios personales (*codices excerptorii*) eran frecuentes entradas tales como infortunios, tribulaciones, fortaleza, magnanimidad, etc. Bajo estas entradas, los autores reunían sentencias y fragmentos vinculados al tópico que tratamos. Tenemos el testimonio de Miguel de Salinas, quien en su retórica inserta indicaciones para la confección de un cuaderno personal y sugiere, dentro de la virtud cardinal "Fortaleza", la entrada "Paciencia", que incluiría: "De las tribulaciones. De los peligros. Angustias. Molestias. Aflicciones. Importunidades. Y de cómo se deben sufrir las pasiones del ánima y vencer con esfuerzo" [118]. La clasificación de Salinas responde al discurso de la paciencia cristiana, en él sugiere disponer los tópicos generales referidos a peligros, tribulaciones, pasiones del ánima, etc.

Como sabemos, la recopilación de sentencias y casos para entradas como estas permitía, en una futura escritura, su empleo discrecional a modo de citas de autoridad, *exempla* y ornato, en una función complementaria al manejo retórico de los tópicos. A su vez, las relaciones de infortunios, escritas como "espejo, aviso y consolación", aspiraban a ofrecer nuevos ejemplos para sus lectores, ingresando así a la cadena ejemplar de los que soportaron con ánimo entero las desgracias.

Los numerosos repertorios de erudición puestos en circulación por la imprenta, junto con ahorrar el trabajo de la recopilación personal, proveyeron nuevos ordenamientos y taxonomías, como ocurre en algunas polianteas, florilegios, diccionarios de lugares comunes, libros de emblemas y empresas, etc. En el caso específico del tópico del "magnánimo en la desventura" entradas como *Adversitas*, en la inaugural y divulgadísima poliantea de Nanus Mirabellius (*Polyanthea: opus suavissimis floribus exornatum,* Savona, 1503) permite apreciar la variedad de ejemplos y sentencias relacionadas con el tema que nos interesa[119].

118. Salinas, *Rhetorica en lengua castellana*, "Libro para hacer la tabla que se ha de poner al principio del libro blanco...", fol. 122v.

119. El lector puede encontrar una traducción de esta entrada en el apéndice.

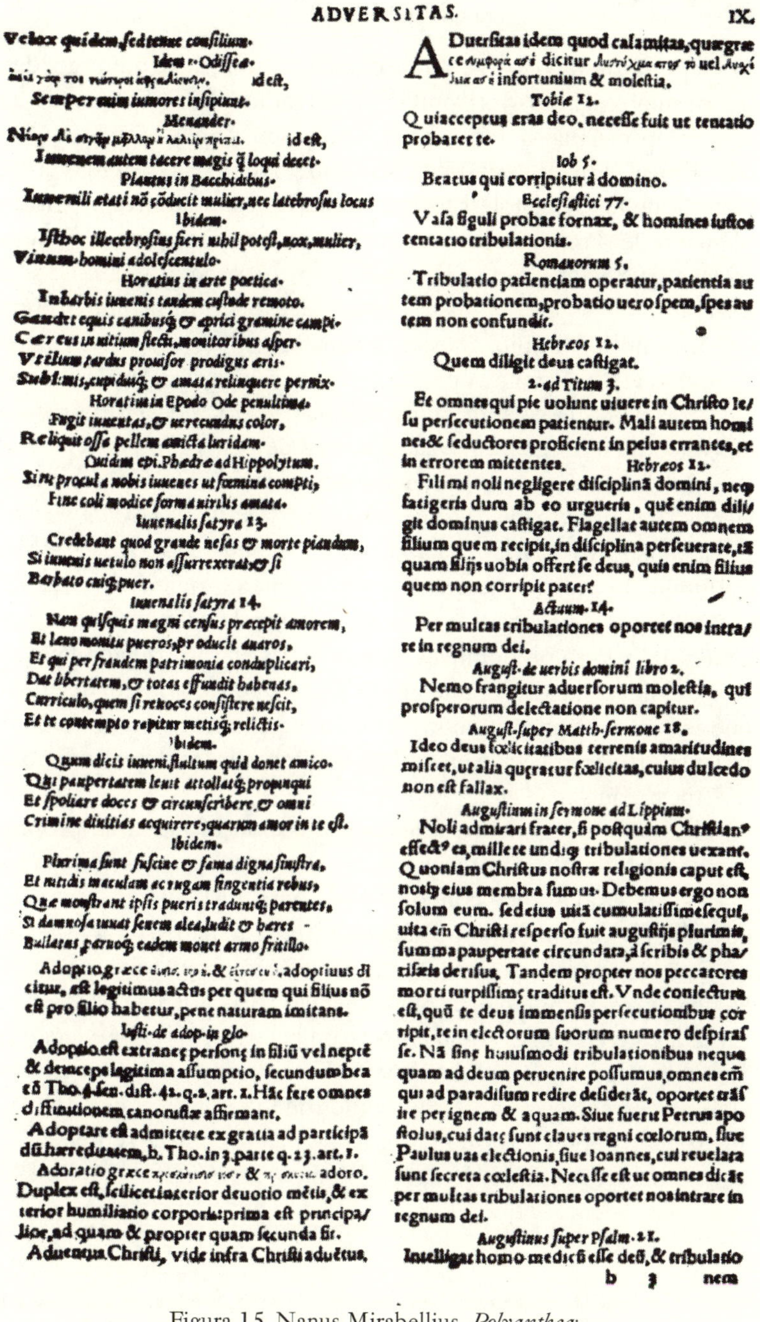

ADVERSITAS. IX.

Velox quidem, sed tenue consilium.

Idem in Odissea.

[illegible Greek] id est,

Semper enim iuniores insipiunt.

Menander.

[illegible Greek] id est,

Iuuenem autem tacere magis q̃ loqui decet.

Plautus in Bacchidibus.

Iuuenili etati nõ cõducit mulier, nec latebrosus locus

Ibidem.

Isthoc illecebrosius fieri nihil potest, nox, mulier,
Vinum homini adolescentulo.

Horatius in arte poetica.

Imbarbis iuuenis tandem custode remoto.
Gaudet equis canibusq́; & aprici gramine campi.
Cereus in uitium flecti, monitoribus asper.
Vtilium tardus prouisor prodigus eris.
Sublimis, cupidusq́; & amata relinquere pernix.

Horatius in Epodo Ode penultima.

Fugit iuuentas, & uerecundus color,
Reliquit ossa pellem amicta liuidam.

Ouidius epi. Phedre ad Hippolytum.

Sint procul a nobis iuuenes ut foemina compti,
Fine coli modice forma uirilis amata.

Iuuenalis satyra 13.

Credebant quod grande nefas & morte piandum,
Si iuuenis uetulo non assurrexerat, & si
Barbato cuiq; puer.

Iuuenalis satyra 14.

Non quisquis magni census precepit amorem,
Et leuo monitu pueros, producit auaros,
Et qui per fraudem patrimonia conduplicari,
Dat libertatem, & totas effundit habenas,
Curriculo, quem si reuoces consistere nescit,
Et te contempto rapitur metisq́; relictis.

Ibidem.

Quum dicis iuueni, stultum quid donet amico.
Qui paupertatem leuit attollatq́; propinqui
Et spoliare doces & circunscribere. & omni
Crimine diuitias acquirere, quarum amor in te est.

Ibidem.

Plurima sunt fuscine & fama digna sinistra,
Et nitidis maculam ac rugam fingentia rebus,
Que monstrant ipsis pueris traduntq́; parentes,
Si damnosa iuuat senem alea, ludit & heres
Bullatus paruoq́; eadem mouet armo fritillo.

Adoptio graece [illegible Greek] & [illegible Greek], adoptiuus dicitur, est legitimus actus per quem qui filius nõ est pro filio habetur, pene naturam imitans.

Insti. de adop. in glo.

Adoptio est extranee persone in filiũ vel nepotẽ & deinceps legitima assumptio, secundum beatũ Tho. 4. sen. dist. 42. q. 2. art. 1. Hãc fere omnes diffinitionem canoniste affirmant.

Adoptare est admittere ex gratia ad participãdũ hereditatem, b. Tho. in 3. parte q. 23. art. 1.

Adoratio graece [illegible Greek] & [illegible Greek] adoro. Duplex est, scilicet interior deuotio mẽtis, & exterior humiliatio corporis: prima est principalior, ad quam & propter quam secunda fit.

Aduentus Christi, vide infra Christi aduentus.

ADuersitas idem quod calamitas, que graece [illegible Greek] dicitur [illegible Greek] uel [illegible Greek] infortunium & molestia.

Tobie 12.

Quia acceptus eras deo, necesse fuit ut tentatio probaret te.

Iob 5.

Beatus qui corripitur à domino.

Ecclesiastici 27.

Vasa figuli probat fornax, & homines iustos tentatio tribulationis.

Romanorum 5.

Tribulatio patientiam operatur, patientia autem probationem, probatio uero spem, spes autem non confundit.

Hebreos 12.

Quem diligit deus castigat.

2. ad Titum 3.

Et omnes qui pie uolunt uiuere in Christo Iesu persecutionem patientur. Mali autem homines & seductores proficient in peius errantes, et in errorem mittentes.

Hebreos 12.

Fili mi noli negligere disciplinã domini, neq; fatigeris dum ab eo urgueris, quẽ enim diligit dominus castigat. Flagellat autem omnem filium quem recipit, in disciplina perseuerate, tã quam filijs uobis offert se deus, quis enim filius quem non corripit pater?

Actuum 14.

Per multas tribulationes oportet nos intrare in regnum dei.

August. de uerbis domini libro 2.

Nemo frangitur aduersorum molestia, qui prosperorum delectatione non capitur.

August. super Matth. sermone 18.

Ideo deus foelicitatibus terrenis amaritudines miscet, ut alia queratur foelicitas, cuius dulcedo non est fallax.

Augustinus in sermone ad Lippium.

Noli admirari frater, si postquam Christianus effectus es, mille te undiq; tribulationes uexant. Quoniam Christus nostre religionis caput est, nosq; eius membra sumus. Debemus ergo non solum eum, sed eius uitã cumulatissime sequi, uita enĩ Christi respersa fuit augustijs plurimis, summa paupertate circundata, à scribis & pharisaeis derisus. Tandem propter nos peccatores morti turpissime traditus est. Vnde coniectura est, quũ te deus immensis persecutionibus corripit, te in electorum suorum numero despirasse. Nã sine huiusmodi tribulationibus nequaquam ad deum peruenire possumus, omnes enĩ qui ad paradisum redire desiderãt, oportet trãsire per ignem & aquam. Siue fuerit Petrus apostolus, cui date sunt claues regni coelorum, siue Paulus uas electionis, siue Ioannes, cui reuelata sunt secreta coelestia. Necesse est ut omnes dicãt per multas tribulationes oportet nos intrare in regnum dei.

Augustinus super Psalm. 21.

Intelligat homo medicũ esse deũ, & tribulationem

b 3 nem

Figura 15. Nanus Mirabellius, *Polyanthea*: *opus suavissimis floribus exornatum* (Savona, 1503)

Bajo *Adversitas*, Mirabellius reúne citas en torno a adversidades, infortunios, calamidades, molestias, entendidas como partes de un solo campo semántico. Las autoridades son principalmente bíblicas (Tobías, Job, Eclesiástico, Romanos, Hebreos, 2.ª Timoteo[120], Hechos de los Apóstoles), padres de la Iglesia y autores cristianos (Agustín, Jerónimo, Ambrosio, Gregorio, Juan Crisóstomo, Boecio, Isidoro de Sevilla, Bernardo, Casiodoro, Lactancio) y, reunidos al final, autores paganos (Séneca, Macrobio, Valerio Máximo, Terencio, Eurípides, Virgilio, Ovidio, Juvenal).

Entre estos últimos, aparecen sentencias ya comentadas páginas atrás como la célebre *Quae fuit durum pati, meminisse dulce est*, verso de la tragedia *Hercules furens* de Séneca, o los versos de *Troades* que apuntan a la purgación del temor al contacto con males ajenos (*Aequior casum tulit in procellis / mille qui ponto pariter carinas / obrui vidit, tabulaque littus / naufraga spargi,* "Más tranquilo soportó su desgracia en la tormenta quien vio a la vez sucumbir en el océano mil navíos y cubrirse la costa con restos de naufragio"). Pero predominan las sentencias en torno al ánimo fuerte en las adversidades: el que nunca fue desdichado desconoce de lo que es capaz; no corresponde abusar de las circunstancias favorables ni languidecer en las adversas; hay que sobrellevar las calamidades, resistir, no quejarse, etc.

Los autores cristianos seleccionados por Mirabellius proporcionan otras citas de autoridad que, con frecuencia, combinan los rasgos del sabio estoico con los del paciente cristiano que asume las adversidades como camino hacia el Reino. Por su parte, las fuentes bíblicas compendiadas por Mirabellius se centran principalmente en una de las connotaciones que tienen las adversidades en las Escrituras, las adversidades como corrección paterna con valor educativo. La adversidad como prueba (Tobías I, 2), como corrección dichosa (Job 5), corrección y azote de los hijos que Dios reconoce (Hebreos 12, 6), corrección a la que no se ha de menospreciar, reprehensión que no debe desanimar (Hebreos 12, 5)...

120. Mirabellius anota erróneamente 2 *ad Titum* 3; la cita proviene de 2 Tim 3, 12. Asimismo, la cita apuntada como *Ecclesiastici 77* es, en realidad, Eclesiástico 27, 6.

El discurso de la paciencia cristiana es mucho más amplio en sentidos, como veremos en las páginas siguientes. Pero el concepto privilegiado por Mirabellius —es decir, la adversidad como corrección, reprehensión o prueba— gozaba de extraordinaria difusión y crédito en el siglo XVI. Muestra de ello son tanto el *Libro de infortunios y naufragios* de Fernández de Oviedo como gran parte de las relaciones de naufragios portugueses de los siglos XVI y XVII. En estos textos, los infortunios y adversidades se atribuyen frecuentemente a la mano paternal de Dios que corrige a pecadores y atribula a justos (como Zuazo, Albuquerque y otros) que, enfrentados a tal "prueba", mostrarán ánimo íntegro, paciencia y confianza en la misericordia divina. Las relaciones de naufragios e infortunios estructuraron el elogio de estos personajes haciendo uso tanto de estos tópicos antiguos de larga duración (como el "magnánimo en la desventura") como de los fundamentos del discurso de la paciencia cristiana y su particular comprensión del sentido de las adversidades.

Dulces adversidades: la paciencia cristiana

Aún en 1735-1736, las aprobaciones y censuras de los tomos que Gomes de Brito editó con diversas relaciones de naufragios portugueses (*História trágico-marítima*) refieren al deleite y a la ejemplaridad como las principales fuentes del interés de las relaciones compiladas. En la Censura del tomo primero, el padre Julio Francisco subraya el placer de la lectura que cautiva el ánimo con la *variedad* de sucesos cuyo fin se quiere conocer:

> Siendo tan lastimosos e infelices los sucesos de que se componen, con todo, la variedad de los mismos sucesos y el deseo que el ánimo concibe luego al principio de ellos de ver el fin en que vino a parar, hacen la lección de este libro tan suave y tan agradable que no permite la menor interrupción, por lo menos en el breve tiempo en que la leí, me pareció más breve todavía por la suavidad de la lección[121].

121. Gomes de Brito, *História trágico-marítima*, tomo 1, Censura del padre Julio Francisco, Lisboa, 28 de julio de 1729.

Y a continuación añade la utilidad de las relaciones (su "lección suave"), tanto para los que van a navegar (para que "se desengañen de los muchos y gravísimos peligros de vida y conciban un santo temor a la muerte") como a los que se quedan en tierra (para que "se compadezcan de los navegantes y ayuden con oraciones" y "aprendan la miseria e inconstancia de este mundo")[122].

En la aprobación del segundo tomo, firmada por Francisco Xavier de Santa Teresa, de la orden de san Francisco y miembro de la Academia Real, se encarecen el horror y la lástima que despiertan las tempestades descritas por las relaciones portuguesas. En la moción de estas pasiones, afirma el censor, las relaciones compiladas superarían incluso a los principales modelos poéticos:

> [...] las tempestades que causaron los horrorosos naufragios, que son el triste asunto de esta *Historia Trágica*, si reflexionamos bien, vemos que exceden en horror a todas aquellas tan memorables tempestades que describen Virgilio en el primer libro de su *Eneida* verso 83, y en el tercero, verso 194; Ovidio en los *Tristes*, libro 1, 2 y 3, *Eleg.* 10, y en los *Fastos* libro 3 vers. 587; Horacio, Oda 10, Epod. Lucano lib. 5 vers. 565 y 625; Estacio Tebano lib. 3, vers. 26 y lib. 5 vers. 363; Silio Itálico libro 17, verso 241, Valerio Flacco, lib. I, vers. 614; Juvenal, Satyra, 12, verso 17; y Gadio, lib. 2 vers. 65[123].

Así, Francisco Xavier de Santa Teresa destaca el valor de la moción pasional, con el hiperbólico juicio de una superioridad de las relaciones portuguesas respecto de las autoridades poéticas. Pero, en este mismo tomo segundo, la censura firmada por el fraile agustino José da Asunção se centra en la dimensión ejemplar de las relaciones: "espejo" para cada uno de los que viven en el mar proceloso de este mundo, espejo en que debieran contemplarse todos los días los que padecen infortunios en el mar o en la tierra, para que confíen en la misericordia divina que asiste siempre, expresión que basta para que todos crean que no faltará misericordia a quien sepa suplicarla. Y luego resume los principales medios de la ejemplaridad, tal como hemos descrito hasta aquí: el potencial pedagógico de

122. Gomes de Brito, *História trágico-marítima*, tomo 1, Censura del padre Julio Francisco, Lisboa, 28 de julio de 1729.

123. Gomes de Brito, *História trágico-marítima*, tomo 1, Aprobación de Fr. Francisco Xavier de Santa Teresa, Lisboa, 10 de diciembre de 1734.

los infortunios —"dichosos aquellos a quienes los peligros ajenos hacen cautelosos para no caer en peligros semejantes" (*Felix quem faciunt aliena pericula cautum,* Hered. Lib. 2, n 64)—; el elogio de la virtud en la desventura —"lo lograron los invictos varones de los cuales esta presente historia nos hace especial mención, porque las adversidades no pudieron eximirlos del amor que a la virtud tenían, antes hicieron que esta creciera" (*Crevit in adversis virtus*, Lucan. Lib. 3)—; y, finalmente, el discurso de la paciencia cristiana —"Los castigos que Dios nos da son ensayos de su ira, pero son también prendas de su amor" (*Trahit Dominus quando conterit*, Casiodoro cap. 12, y en los Proverbios *Quem diligit Dominus corripit*)—[124].

Como hemos señalado, estas dimensiones de la ejemplaridad del infortunio se combinan y potencian en los textos del siglo XVI. En ocasiones, la balanza se inclina hacia uno u otro lado: en narraciones como la del Inca Garcilaso de la Vega sobre la expedición fallida de Hernando de Soto se prioriza el sistema aristotélico de las virtudes y el dominio de las pasiones con escasísima presencia del discurso de la paciencia cristiana; otros relatos, como el *Libro de infortunios y naufragios* de Fernández de Oviedo y gran parte de las relaciones portuguesas de naufragios se sostienen en el providencialismo y la concepción cristiana de las adversidades.

Páginas atrás nos referíamos a la dimensión de prueba, corrección y reprensión de las adversidades, señalando que el sentido cristiano excede esa connotación estrecha. En efecto, es posible destacar varios sentidos de las adversidades en el Antiguo y el Nuevo Testamento. Como observa F. J. Schierse, la Sagrada Escritura nos introduce en un mundo distinto del de los antiguos griegos, puesto que en ella no se exalta el valor y la magnanimidad del héroe, ni la imperturbable superación del mundo propia del estoico, sino que se ensalza a Dios, esperanza de Israel (Jr 14, 8; 17, 30). Así ocurre con el piadoso Job, ejemplo de paciencia, quien, en el marco del poema (su parte más antigua) soporta los dolores no merecidos, manteniéndose fiel a Dios, no por una impasibilidad estoica, ni por mera grandeza de ánimo, sino por la fe de que Dios puede dar y quitar los

124. Gomes de Brito, *História trágico-marítima*, tomo 2, Censura de Fr. José da Asunção, Calificador del Santo Oficio, 18 de octubre de 1734.

bienes (Job 1, 21; 2, 10)[125]. En palabras de Xavier León-Dufour, Job comprende que el sufrimiento no es necesariamente el castigo del pecado y ante él se muestra paciente, sometiéndose humildemente frente al misterio, aunque sin percibir todavía el significado y el valor de esa prueba[126].

En el Antiguo Testamento, hay un inmenso concierto de gritos y quejas producto de derrotas, calamidades, lutos... ese gemido frecuente dio lugar a un género literario autónomo, la lamentación; las desgracias públicas y privadas, sequías, pérdidas de bienes, lutos, guerras, esclavitudes, exilios, son frecuentemente sentidos como males cuya liberación se aguarda para los días del Mesías, como destaca León-Dufour. Profetas y sabios, deshechos por el sufrimiento, pero sostenidos por su fe, progresivamente entran en el misterio (Sal 73, 17), descubriendo el valor purificador del sufrimiento, una especie de fuego que separa el metal de sus escorias (Jer 9, 6; Sal 65, 10), lo que transforma la prontitud del castigo en un efecto de la benevolencia divina (2 Mac 6, 12-17)[127].

Como aclara J. Scharbert, en el Antiguo Testamento no hay un dolor falto de sentido, como tampoco un sufrimiento ascético fruto de una búsqueda de ese dolor por iniciativa propia. Ciertamente, la concepción puesta en boca de los amigos de Job de que todo sufrimiento sería un castigo educativo (Job 5, 6 y ss. 13-21) podría reflejar la opinión de círculos amplios. Pero se enfatiza la condición del castigo por medio del sufrimiento como una señal del amor de Dios, que a través de aquél intenta mejorar al pecador (Sal 32, 3 y ss.; 94, 10 y ss.; 119, 75 y ss.; Prov 20, 24-30; Sap 11, 9 y ss.; 12, 2.21). "Ya desde los niveles más antiguos de la tradición, el dolor y el sufrimiento constituyen fenómenos concomitantes y accidentales de la actuación salvífica de Dios", afirma Scharbert[128].

En el Nuevo Testamento se profundizan y amplían estos sentidos. En lo que refiere al dolor, la Pasión de Jesús le otorga un sentido completamente nuevo. Como recuerda Scharbert, la iglesia primitiva entendió la Pasión de Jesús como la obra de expiación

125. Schierse en Fries, 1979, vol. I, p. 213.
126. León-Dufour, 1980, pp. 622-623.
127. León-Dufour, 1980, p. 872.
128. Scharbert en Fries, 1979, vol. I, pp. 379-380.

vicaria del Siervo de Yahvé: Jesús fue entregado al sufrimiento y a la muerte para la salvación de los hombres para reconciliarlos con Dios. Como consecuencia de ello, seguir a Jesús significará también llevar su cruz y beber el cáliz de su pasión, a través de lo cual se salvará la vida y podrá ser llamado bienaventurado. En otras palabras, para el cristiano, el sufrimiento llega a constituir una gracia cuando no es motivado por culpa propia (1 Pe 2, 20; 3, 17; 4.15-19). En el corpus *paulinum* habrá incluso una *mística del dolor*, en una concepción del discípulo como destinado al sufrimiento en señal de un amor particular de Dios[129].

El seguimiento de Cristo supone, entonces, una superación efectiva del mundo y sus amenazas (Jn 16, 33; 1 Jn 5, 4 y ss.) de modo tal que la paciencia en las adversidades adquiere un significado completamente nuevo. Es cierto, observa Schierse, que la divulgada imagen de un "Jesús paciente" se contradice con algunos rasgos duros y severos de evangelios como el de Marcos (Mc 1, 41; 3, 5; 9, 19) donde hay una imagen de Jesús marcada más bien por la impaciencia, el celo apremiante y una energía plenamente independiente de su figura (polémicas, purificación del templo, imprecaciones y amenazas). El mismo Marcos no contempla la historia de la Pasión desde el punto de vista de la paciencia. Sin embargo, sobre todo con la obra de Pablo, la paciencia en las adversidades se convierte en una virtud cristiana fundamental: si bien los creyentes han logrado ya la justificación (la buena nueva), se hallan todavía sujetos a los padecimientos del tiempo presente (Rom 8, 18), sufrimientos que ahora tienen un sentido nuevo, positivo. En la famosa formulación paulina, las aflicciones producen paciencia, y la paciencia, perseverancia (Rom 5, 3 y ss.) de modo que la esperanza se convierte en la completa certeza de la consumación de la salvación.

Schierse aclara que en las crisis internas y externas del último periodo de la época apostólica, la paciencia llegó a convertirse en lema y argumento privilegiados de la predicación eclesiástica: "El que soportare hasta el fin, se salvará" (Mc 13, 13; Mt 10,22; 24,13), "Salvaréis vuestras vidas con vuestra paciencia" (Lc 21, 19), "Ved cómo el labrador espera el precioso fruto de la tierra aguardando pacientemente..." (Sant 5, 7 y ss.), se rescatan los modelos de

129. Scharbert en Fries, 1979, vol.1, p .382.

Abraham, Job y sobre todo Cristo, "Cristo sufrió por vosotros y os dejó ejemplo para que sigáis sus pasos" (1 Pe 2, 21), Lucas refiere la historia de la Pasión como un martirio ejemplar y la enriquece con los elementos de la paciente resignación a los sufrimientos dispuestos por Dios (Lc 22, 42.51; 23, 28.34.46).

Esta concepción recibió una particular sistematización y reescritura en textos del siglo XVI como los extensos *Discursos de la paciencia cristiana muy provechosos para el consuelo de los afligidos en cualquier adversidad y para los predicadores de la palabra de Dios* (Alcalá, 1592) del agustino Hernando de Zárate (muerto antes de 1597). Aquí, el fraile lamenta que sus contemporáneos sean poco dados a las adversidades y trabajos; y asegura que el lenguaje paulino que exalta las tribulaciones como gozo no se entiende en su época, llegando a ser objeto incluso de risa y mofa, tanta fuerza ha tenido el mundo "con los hombres, y el amor propio, que tanto y tan continuamente y por tantos caminos huye los trabajos y procura solo su regalo"[130].

En respuesta a esta "tibieza" de ánimo y exceso de "amor propio", Hernando de Zárate elogia padecimientos y tribulaciones, refiere a la necesidad de la paciencia, las excelencias de esa virtud, define la paciencia cristiana como don divino, busca las razones de Dios para el envío de trabajos y tribulaciones, encarece los provechos de las adversidades y las razones para tener paciencia y consolarse en ellas, recuerda y elogia numerosos ejemplos de paciencia, como Tobías, Job, la Virgen y el mismo Jesús, apunta diversos "remedios" contra la impaciencia, las injurias y ofensas, y ofrece argumentos consolatorios para circunstancias específicas (como discordias, destierros, padecimientos corporales, pobreza, enfermedades, vejez, etc.).

En el libro II ("De los trabajos y adversidades, que son materia de la paciencia, y de las razones porque quiso Dios afligir a los hombres con ellas") refiere particularmente a las "utilidades" de las adversidades. Las tribulaciones, recuerda en primer lugar, son los medios con que contamos en esta vida para alcanzar la gloria celestial:

> Por muchas tribulaciones nos conviene entrar en el reino de los cielos. Esto significó la subida colorada y sangrienta del coche que hizo

130. Zárate, *Discursos de la paciencia cristiana,* p. 481.

> Salomón tan famoso; esto, la subida al monte Tabor de los discípulos, tan áspera, para haber de ver la gloria de Cristo; y esto quiso él mismo decir cuando con reprehensión dijo a los de Emaús que convino que padeciese Cristo, y por ese camino entrase en su gloria[131].

Asimismo, padecimientos y tribulaciones ofrecen el tiempo para el perdón divino de los pecados. Es cierto que no todos los padecimientos son enviados en castigo de pecados, como evidentemente ocurre con la Virgen, Tobías, Job y otros..., pero el cristiano debe siempre "recelar que son castigos de sus pecados y procurar salir de ellos, si no ha salido; y si lo ha, procure recibirlos en castigo misericordioso de la piadosa mano del Señor", "recibiendo estos trabajos de la piadosa mano de Dios, hacemos de ello manso y tolerable purgatorio de nuestros pecados en esta vida"[132]. El cristiano debe aprovechar, por tanto, las adversidades como medio de purgación:

> En las vidas de aquellos padres del yermo se lee que uno de los siete que fueron a los desiertos de Egipto a ver aquellos santos monjes enfermos de recias calenturas; y pidiendo remedio a Juan egipcio, uno de aquellos santos ermitaños le respondió: ¿No miras que procuras echar de ti una cosa que te es de mucha importancia? Porque, así como los cuerpos se lavan y limpian con jabón, así las almas se limpian y purifican en las enfermedades[133].

De este modo, las adversidades se hacen no solo "manso y tolerable purgatorio en esta vida" sino "dulce" y "suave" participación en la Pasión de Cristo. En símil muy al gusto de la época, Hernando de Zárate compara los padecimientos de cristianos a un limón cubierto de azúcar:

> [...] estos trabajos, empapados en la pasión y sangre de Cristo, perdieron allí su amargor. Así, como un limón cubierto de azúcar sabe a ella, sin rastro del agro o amargo que antes tenía, porque todo lo consumió el azúcar, así aquella dulzura de la caridad de Cristo endulzó los trabajos y tormentos de suerte que después acá no son ya ni acedos ni amargos, sino suaves, como también la misma muerte. Y en significación de esto, salió del sagrado costado juntamente sangre y agua, que es los trabajos

131. Zárate, *Discursos de la paciencia cristiana,* p. 493.
132. Zárate, *Discursos de la paciencia cristiana,* p. 496.
133. Zárate, *Discursos de la paciencia cristiana,* p. 495.

con sangre de Cristo, con los méritos de su pasión, con que quedaron dulces y suaves y no solo fáciles de llevar[134].

Hernando de Zárate profundiza en esa descripción de la "dulzura" de los trabajos en el discurso VIII de este mismo libro II ("Que los trabajos bien recibidos y padecidos son, no solo útiles y provechosos, sino gustosos y sabrosos"). El infinito poder de Dios pone "sabor y deleite" a la amargura de los trabajos, así como un mendrugo de mal pan sabe a panal de miel cuando se tiene mucha hambre. El padecimiento de Jesús en la cruz dio verdadero y declarado sentido a ello:

así como las aguas, sin perder su naturaleza, solo por pasar por buena tierra y minerales pierden su amargor y corren después sanas y dulces, así los trabajos, por haber pasado por la persona divina de Jesucristo, nuestro redentor, verdadero Dios y hombre, salieron dulces y sabrosos, quedándose en ella la amargura de ellos; la cual quiso padecer junta, porque nosotros no la gustásemos[135].

Y en otro símil de notable *evidentia*, explica que la dulzura de las adversidades, conquistada por el padecimiento de Jesús en la cruz, no transforma la naturaleza misma de aquellas sino que modifica su eficacia, haciendo de los trabajos y adversidades una gota de agua que cae sobre un gran fuego:

esto se hace no enajenando ni botando su sentido, ni mudando la naturaleza del trabajo, sino mudando la eficacia de él; porque así como un horno de gran fuego no solo no se apaga o resfría con una gota de agua que caiga en medio de él, antes se enciende más tomando aquella gota por materia de su aumento y convirtiéndola en sí misma, así la divina dulzura que Dios envía con su caridad en el corazón del que ama, no se apaga con el trabajo y dolor del cuerpo ni del alma, antes se vuelve materia de más amor y dulzura[136].

En gran parte de las relaciones de naufragios portugueses, los infortunios son asumidos como castigos por los pecados, como en la inaugural relación *Naufragio do galeão grande São João na terra*

134. Zárate, *Discursos de la paciencia cristiana,* pp. 497-498.
135. Zárate, *Discursos de la paciencia cristiana,* p. 506.
136. Zárate, *Discursos de la paciencia cristiana,* p. 507.

do Natal no ano de 1552, en la que el capitán Manoel de Sousa Sepúlveda atribuye tal magnitud a sus propios pecados que considera suficientes para la ruina de toda la tripulación: "Amigos y señores —dice en *sermocinatio*— bien veis el estado al cual por nuestros pecados hemos llegado, y creo verdaderamente que tan solo los míos bastarían para que fuéramos puestos en tamañas necesidades"[137].

La providencia aparece guiando los destinos de los portugueses náufragos, pero es una providencia que varía, por insondable designio divino, entre el rescate milagroso y la destrucción total, como aparece en la *Relação da viagem e naufragio da nao S. Paulo que foy para a India no anno de 1560*:

> si nos dio salvación y vida en el cabo de la Buena Esperanza, aquí nos la volvió a quitar, pues nos destruyó y mató a todos, unos acabando luego y huyendo de los trabajos de esta vida, otros muriendo por mil maneras de crudezas, y los más estilados y consumidos con inescrutables e increíbles trabajos y experimentando todas las miserias humanas[138].

En esos momentos más duros, los padecimientos difícilmente son tenidos por "dulces" o "suaves", como en el discurso de la paciencia cristiana. Por el contrario, se lo asume como carga más pesada que el purgatorio y se llega a anhelar la muerte como fin de las tribulaciones, como en la *Lembrança que eu Manoel Rangel fiz das cousas que nos aconteceram e das misericordias que Deus conosco usou, e trabalhos em que nos vimos depois de ser partido D. Alvaro em o navio que fizeram a 26 de setembro e chegaram a Cochim a treze de Novembro de 1555:*

> Si el fuego del Purgatorio da tan grandes penas en las almas, verdaderamente aquello se le parecía, y eran tantos los que yacían enfermos como los que todavía estaban de pie, unos pedían una gota de agua, otros pedían que por las llagas de Cristo les diesen alguna cosa de comer, y así nos veíamos con tanta piedad, que pedíamos a Nuestro Señor que tuviese por servicio suyo llevarnos con Él antes de vernos en tanta pena y tribulación, que ya no lamentábamos sino el que no hubiese quién nos enterrase y el primero que fallecía se pensaba dichoso pues tenía quién lo sepultara[139].

137. En Gomes de Brito, *História trágico-marítima*, tomo 1, p. 17.
138. En Gomes de Brito, *História trágico-marítima*, tomo 1, pp. 424-425.
139. En Gomes de Brito, *História trágico-marítima*, tomo 1, pp. 202-203.

En ocasiones, los sobrevivientes escriben sentidos agradecimientos por haber sido salvados por la misericordia divina. Los padecimientos se recuerdan todavía como lo más aterrador y triste jamás experimentado, pero se lo entiende como penitencia por las culpas, en la esperanza de la participación en la Gloria, como en la *Relação sumaria da viagem que fez Fernao D'Alvares Cabral desde que partio deste reyno por Capitao mor da Armada que foy no anno de 1553 as partes da India até que se perdeo no Cabo de Boa Esperança no ano de 1554*. Cito este extenso fragmento dado su interés como recopilación conclusiva de los padecimientos:

> [...] juntamente se celebraron otros Santos Sacrificios, en loor y gracia de N. Señor por su inmensa misericordia en escogernos entre tantos y traer a aquella Santa Casa, después de un año que habíamos partido donde nos perdimos; y haber andado por parte de la extraña, estéril y casi desconocida Costa de Etiopía, y haber atravesado con tan poca, flaca y mal acondicionada gente, por entre tan bárbaras naciones, tan deseosas de nuestra destrucción, pasando por tantas peleas, por tanta hambre, tempestades, fríos, sed, en las sierras, valles, barrancos y finalmente, por todo aquello que se puede imaginar contrario, aterrador, pesado, triste, peligroso, grande, malo, infeliz, cruel, imagen de la muerte, donde tantos mancebos fuertes y robustos acabaron sus días, dejando sus huesos insepultos por los campos, y las carnes sepultadas en los animales y aves peregrinas, y con sus muertes, a tantos padres y hermanos, tantos parientes, tantas mujeres e hijos cubiertos de luto en este Reino. Plazca a Nuestro Señor, por cuya alta bondad escapamos de estas cosas, tomar lo pasado por penitencia de nuestras culpas, e iluminarnos con su gracia para que en adelante vivamos de manera que merezcamos después de los días de vida que nos sirva, darnos para el alma parte en su Gloria[140].

En suma, el discurso de la paciencia cristiana, conocido por los autores de las relaciones de naufragios, ya fuera a partir de la lectura de autores cristianos (algunos citados profusamente, como ocurre en el *Libro de infortunios y naufragios* de Fernández de Oviedo) o por vía de la predicación, fue otro de los elementos codificadores de estos textos. Su presencia permitía explicar providencialmente los desastres y a la vez significar en términos positivos los padecimientos e infortunios desde una comprensión cristiana.

---

140. En Gomes de Brito, *História trágico-marítima*, tomo 1, p. 16.

Sin embargo, como vimos en las relaciones de naufragios portugueses, su aplicación no siempre alcanzaba los extremos del ascetismo, pues la descripción acentuaba muchas veces un sufrimiento no deseado, un padecimiento que superaba los límites de lo soportable por el ser humano, una "imagen de la muerte" que el autor buscaba hacer imaginar a su lector, moviéndole el miedo y la conmiseración.

En definitiva, narraciones de naufragios como las analizadas muestran el impacto de la preceptiva retórica pero también las tensiones que esta generaba en la escritura de infortunios en el siglo XVI. Los tópicos del discurso de la paciencia cristiana, así como los tópicos antiguos relacionados con el infortunio ofrecían un molde para la representación del padecimiento pero a ratos se lo percibía como estrecho o impropio para dar cuenta del dolor vivido. Similares conflictos se evidenciaban entre la necesidad de amplificar los males para acercarlos al lector y atender al principio de la *brevitas* para evitar el fastidio, el "enfriamiento de la pasión" o el descrédito. De este modo, se ataba y desataba la lengua del afligido, entre el terreno compartido de un modo común de decir y el espacio gris de la desventura, el misterio de la experiencia que transforma lo universal en singular, reto de la palabra que nos precede y que fundamos a la vez.

Apéndice[1]

Traducción de Javier Beltrán

1. Fragmento sobre la *conquestio*. Jorge de Trebisonda, *Libros de retórica*, libro III. *G[eorgii] Trapezuntii rhetoricorum libri quinque*, Parisiis, in officina Christiani Wecheli, 1538, pp. 333-338.

[p. 333] [...] Así pues, son lugares comunes de la *conquestio* aquellos en los cuales se dejan ver la fuerza que tiene la fortuna sobre todos los hombres y la debilidad de todas las cosas, y, semejantemente, se pone a la vista el cambio y la inconstancia de todo; asimismo, si decimos algo acerca de la bondad y compasión de nuestros mayores, de aquellos mismos que nos están escuchando o de todos. Y si consideramos que hay que sacarle el máximo provecho a esta bondad y compasión, la confirmaremos óptimamente con la exposición de un acontecimiento honroso y loable. **[p. 334]** Los otros lugares que también se cuentan entre los que le son propios proceden, según nuestra opinión, de la distribución de las circunstancias, de la queja lastimera de cada singularidad y del suceso contrario a lo esperado, como asimismo de la proyección, de la provocación de emociones, del encargo, de la súplica, de la piedad y, por último, de la magnanimidad. El primero es aquel por el cual tratamos de provocar compasión mediante la distribución de las circunstancias. Consideramos que es de dos tipos: o nos quejamos de que siempre hemos sido in-

1. Este apéndice pone a disposición del lector los fragmentos de los textos de Jorge de Trebisonda, Rodolfo Agrícola y Nano Mirabelio comentados en este libro. Para las demás fuentes, remito a las traducciones y ediciones indicadas en la bibliografía final.

merecidamente desdichados y nos lamentamos de que ello ocurra ahora por la crueldad de nuestros adversarios, de modo que necesariamente también en el futuro siempre sufriremos, a no ser que la humanidad y bondad de los jueces venga en nuestra ayuda, o bien mostramos de qué prosperidad, de qué dignidad, de qué honra alguna vez disfrutamos y, sobre todo, nos lamentamos de los males y la deshonra en que ahora nos encontramos. En este punto será muy provechoso mencionar también el carácter vergonzoso, ruin e innoble del asunto, indigno de nuestra edad, estirpe, fortuna y antiguo honor. El segundo es la exposición minuciosa y plañidera de cada desgracia. Por ejemplo, lamentando la muerte de un hijo, puede mencionarse el placer que derivaba uno de su infancia, el solaz de su niñez, el amor, la esperanza depositada en él, el cuidado de la vejez de uno, el mantenimiento de la casa y otras cosas semejantes; del mismo modo, lo relacionado con el suceso mismo, como "No estuve presente, no lo vi, no escuché sus últimas palabras, no recibí su último aliento" y "Murió en manos de los enemigos; vergonzosamente yació insepulto en tierra hostil, despedazado por las fieras, y en su muerte careció incluso del honor común a todos"; igualmente, cuando ponemos a la vista las desgracias a las cuales decimos haber sido conducidos por nuestros adversarios, como, por ejemplo, la pobreza, el dolor, la deshonra, la soledad y la enfermedad, de modo que a quien **[p. 335]** escuche le parezca que de hecho está ante ellas y no solo que las oye de palabra. El tercero es aquel en el cual nos lamentamos de algo acontecido en contra de lo esperado, como, por ejemplo, cuando decimos que hemos sido buenos con alguien y que, esperando la debida gratitud, hemos caído en la desdicha, cosa que diremos indignados por estar siendo maltratados por gente con la que ese comportamiento menos cuadra —familiares o amigos que hemos favorecido, de quienes esperábamos recibir ayuda— o por quienes es indigno, como esclavos, hijos, clientes o suplicantes; o cuando decimos que esperábamos que nuestro hijo nos sepultara a nosotros, porque así debía ocurrir, no nosotros a nuestro hijo, y que nuestros ojos fueran cerrados por él, no, al contrario, los suyos por nosotros, o algo semejante. El cuarto es aquel en el cual proyectamos de tal forma nuestra situación sobre aquellos mismos que escuchan o sobre los que les son queridos que, al vernos, los forzamos a pensar en sí mismos o en los suyos. El quinto es aquel en el cual se les dirigen unas palabras a cosas mudas y carentes de espíritu, como, por ejemplo, si se representa a alguien que le habla a un caballo, a una casa o a una vestimenta; con ello, el espíritu de los oyentes se ve intensamente afectado. El sexto es aquel en el cual le encargamos a la audiencia el cuidado de nuestros padres o de nuestros hijos, o la tarea de darle sepultura a nuestro cuerpo, o algo semejante; al hacer estos encargos, nos lamentaremos también de la separación, diciendo que somos separados de alguien con quien hemos vivido muy a gusto, como un padre, un hijo, un hermano o un amigo cercano e íntimo. El séptimo es aquel que consiste en suplicar; en este se les ruega a los oyentes, en un lenguaje humilde y suplicante, que tengan compasión. El octavo es aquel en el cual mostramos que no son nuestras desgracias de lo que nos estamos quejando, sino las de nuestros **[p. 336]** seres queridos; así, más que del hecho de que nos dolemos de nuestras desdichas, damos muestras de la piedad que tenemos para con otros. El noveno es aquel en el que mostramos que nuestro espíritu ha sido compasivo con otros y que, sin embargo, es noble, generoso y capaz de soportar las desdichas, si algo llega a ocurrir; a menudo, pues, la virtud y la magnanimidad, que contienen en sí influencia y autoridad, hacen más para provocar compasión que el rebajamiento y las súplicas. Con estos lugares la gente suele ser movida a compasión. Así pues, ocuparemos de ellos cuantos sean aplicables al caso, no en el orden en que los hemos expuesto, sino como lo pidan las circunstancias; y todo ello lo diremos de tal modo que, no solo con los hechos, sino también con el tipo de lenguaje, con la voz y con la gesticulación, incluso les arranquemos lágrimas a los jueces. Y cuando comprendamos que esto ya se ha conseguido, le pondremos fin a la peroración: ya que la *conquestio* ha sido creada para causar compasión, no hay que insistir más tiempo en ella si vemos que ya se ha conseguido aquello que con ella queríamos conseguir. Luego, no es escasa la recompensa que proporciona dejar a los oyentes —si puede hacerse— en estas mismas lágrimas, de modo que pronuncien su sentencia en ese mismo estado anímico. Pero como el poner todas las cosas a la vista parece ser algo propio tanto de la *indignatio* como de la *conquestio* (nada, en efecto, despierta en mayor grado los afectos —que deben ser sumamente suscitados en la peroración— que el hecho de que a los jueces, al oírnos, les parezca estar ante los acontecimientos mismos), debemos exponer en pocas palabras qué es lo que pensamos sobre los afectos. Así como consideramos **[p. 337]** que todos los afectos le son necesarios al discurso, así también pensamos que ellos pertenecen más a la elocución que a la invención. En efecto, una misma cosa, dicha de un modo en una ocasión y de otro en otra, no enciende de la misma forma los sentimientos de los oyentes. Por ello, me parece que se equivocan enormemente y que desconocen por completo todo este asunto aquellos que meticulosamente enumeran aquí los afectos, como si fuera fácil para quien los conozca —si hay alguien así— provocar con la palabra aquellos que conoce, o como si pudieran ser enumerados: en la medida en que los examina un orador, son casi infinitos. En efecto, no solo tenemos a nuestra disposición el odio, el amor, el deseo, la aversión, la alegría, el dolor, el temor, la esperanza, el enojo y otros que puedan ser enumerados de forma general, sino también muchos más, que, aunque parezcan estar contenidos en aquellos, deben ser manejados con distintos tipos de lenguaje. ¿Quién ignora, pues, que a veces hay que conmover a los jueces de tal modo que desprecien, que simpaticen, que desdeñen, que sientan mala voluntad, que se compadezcan o que se enfurezcan? Todos estos afectos y los restantes de este tipo, aunque parecen poder ser reducidos a otros, son muy distintos en cuanto al tipo de lenguaje y al tratamiento que requieren, y no son solo distintos entre sí, sino que uno mismo lo es a veces de sí mismo. En efecto, hay que acomodar el discurso al lugar, al tiempo y a las otras circunstancias según la naturaleza de los jueces. Ahora bien, estos son tardos y obtusos, o perspicaces y fáciles de conmover; además, mansos, irascibles, feroces, bondadosos, hostiles o temerosos, características todas que en cada caso requieren del orador un discurso muy distinto del que se requeriría si solo hubiera que considerar el afecto en sí mismo. En relación con esto, tiene gran importancia el hecho de si el orador desea solo mostrarse conmovido o también conmover a los jueces: no **[p. 338]** siempre que fingimos sentir temor, queremos también infundirle terror a la audiencia. Por lo tanto, dejemos de lado como ignorantes de este arte a aquellos que enumeran los afectos —diciendo cuántos son y cuál es su naturaleza— y que piensan que ello es sumamente efectivo; nosotros, en cambio, una vez que hayamos comprendido qué es lo que el caso requiere, acomodaremos a ello la manera de hablar y suscitaremos afectos no solo a lo largo de todo el discurso, para que esté vivo, sino especialmente en la peroración. En esto, considero que, para que la naturaleza asista al arte, es por mucho lo mejor evocar en nuestra mente de tal modo las imágenes de las cosas ausentes que nos parezca estar viendo con nuestros ojos las cosas mismas y tenerlas presentes: de esta manera, con tal que tengamos técnica y práctica, conmovidos nosotros mismos, idearemos óptimamente las palabras, los gestos y el lenguaje. Pues quienes no les asignan lo adecuado a los afectos, ciertamente parecen estarse riendo de los oyentes y, más que hablar sinceramente, dan la impresión de estar inventando cosas con el propósito de burlarse. Pero ya se ha dicho bastante sobre las partes del discurso, y este volumen se ha extendido demasiado; por consiguiente, traslademos al libro cuarto lo que viene a continuación.

2. Fragmento sobre el deleite. Rodolfo Agrícola, ***De la invención dialéctica*****, libro III.** *Rodolphi Agricolae Phrisii de inventione dialectica libri tres*, Argentinae apud Ioannem Knoblouchum, 1521, pp. 112b-114b.

[112b] [...] *Capítulo 4.*— [...] Y de hecho, ya que le hemos añadido al arte de hablar preceptos para despertar emociones, parece justo que agreguemos también aquellos que sirven para hacer placentero el discurso, aunque en otro sitio señalamos que a la deleitación no puede acomodársele ningún principio específico de la invención y que la enseñanza de esta parte le pertenece más al retórico que al dialéctico. Sin embargo, como también del contenido surge el placer en el discurso y el contenido se encuentra subordinado principalmente a la invención, digamos asimismo unas pocas palabras sobre esta parte.

Ya que el placer, como dijimos, es un movimiento de la potencia cognitiva y dos son las potencias cognitivas, la sensación y la mente, de dos tipos son las cosas que causan placer: las que se perciben por la sensación y las que se perciben por la mente. Aquellos que viven más para sus sentidos, que son dominados por los placeres corporales y cuyo espíritu es esclavo del cuerpo persiguen más el deleite que se ofrece a los sentidos. Por el contrario, aquellos cuyo espíritu, más noble y erecto, ha puesto todo su cuidado en la mente desprecian los placeres del cuerpo como hostiles y perjudiciales para su proyecto de vida. Quienes se encuentran en un punto medio entre ambos grupos y consideran que hay que conferirles su porción a ambas partes son asimismo cautivados por el placer de las dos. Así pues, a cada individuo también lo deleita especialmente la rememoración de aquellas cosas con cuyo uso y percepción siente gusto, y es con esas mismas cosas sobre todo con que se consigue encanto en el discurso.

Ahora bien, en términos generales, el placer que se deriva del discurso es de dos tipos: **[p. 113a]** uno surge de las cosas de que se habla, y el otro se deriva del tipo de lenguaje empleado.

Las cosas que deleitan a los sentidos son conocidas. En efecto, cada sentido se deleita con aquello que le es propio a su naturaleza: los ojos, con colores alegres; los oídos, con sonidos dulces, y los restantes, cada uno con su objeto. Hay ciertas cosas, sin embargo, que alcanzan la mente pero que, como se aproximan más a la naturaleza de los sentidos, son numeradas también entre aquellas con las que estos se deleitan; tales son, por ejemplo, los días festivos, los espectáculos, los juegos, los coros danzantes, los banquetes, los jardines floridos, el encanto de la estación primaveral, el curso de los ríos a través de verdes praderas, la primera belleza de la juventud, los cuerpos de notable hermosura, los amores, las bromas, los cantos, los bailes y todas las actividades propias de años y espíritus más alegres. De estas, sin embargo, las más nobles son las que retienen la atención de los ojos y oídos; las demás, como son más toscas, son también generalmente más viles, de modo que algunas incluso no deben ser mencionadas sin una disculpa previa.

A la mente, cuya labor propia es buscar la verdad y el bien, la deleita todo lo que instruye; lo que es grande, admirable, impensado, inesperado e inaudito; la investigación de las cosas recónditas; el conocimiento de la antigüedad y de las cosas lejanas; los dichos y hechos sobresalientes de grandes hombres, y los actos virtuosos y notables en todo género de actividades.

Estas cosas, si se habla de ellas, sin duda vuelven placentero el discurso, cada una según su género. Pero si el asunto del que se habla es un tanto áspero y duro, los oídos suelen entonces anhelar ese tipo de cosas. En consecuencia, hacemos comparaciones con ellas para aclarar aquello de lo que se habla o buscamos argumentos en cuyo desarrollo sea necesario incorporar algo de ese tipo, o, también, venimos a parar en ellas más libremente mediante una digresión, cosa que ocurre de manera muy apropiada cuando, pasando inadvertida la transición, llegamos de tal modo que parecemos no haberlas buscado, sino haber sido conducidos a ellas. Ahora bien, esta transición se hace muy adecuadamente cuando hemos encontrado algo general hacia lo cual hay un camino expedito desde el asunto en cuestión y desde lo cual, a su vez, es fácil llegar adonde queremos dirigir nuestra digresión. Por ejemplo, quien hable sobre las cualidades de la música, si quiere venir a parar en **[p. 113b]** la descripción del encanto de la primavera, puede decir que a las musas les agrada la libertad de espíritu y el desembarazo de toda preocupación, y que buscan los bosques y los ríos. En este punto, como el hablante ha presentado ya bosques y ríos y a la música regocijándose en ellos, pasará fácilmente a la descripción de la primavera, ya que en esa época aquellas cosas son sumamente hermosas y puede derivarse de ellas un placer extraordinario. Así pues, expondrá él cuán grande es la belleza, cuál el encanto de todo lo verde y floreciente, cómo es el canto de las aves entre el follaje de los árboles, cuán grato el murmullo de los arroyos fluyendo por los prados, y otras cosas de este tipo. De la misma forma, si hablando sobre el mismo tema desea decir cuán duro es el trabajo de quien administra un Estado, puede señalar que la música alivia las preocupaciones y refresca la mente, y luego asociar esto a la administración del Estado, ya que ello le es especialmente necesario a quien dirige uno, siendo tan grandes las labores que lo abruman y tan numerosas las preocupaciones con que carga, las cuales luego enumerará. Es posible ver ejemplos de esto en muchos autores, pero sobre todo en los diálogos de Platón y Luciano, donde puede apreciarse cómo, comenzando por algo muy distante, se deslizan ellos poco a poco e inadvertidamente desde el asunto en cuestión hacia aquello que tienen como objetivo. Este procedimiento para hacer transiciones le es útil a quien habla de algo si desea alguna vez incluir cosas diversas en un solo discurso de tal manera que presenten ellas no la desordenada apariencia de miembros desunidos, sino el aspecto de un cuerpo unitario. También es útil si hay que hablar alguna vez de un asunto cuya primera mención les resulte desagradable a los oyentes: comenzando por algo favorable, podemos ser conducidos gradualmente y, como dicen, con pie de plomo hacia aquello de lo que queremos hablar. Un ejemplo sobresaliente de esto nos lo ofrece Cicerón en el exordio del discurso que pronunció contra la ley agraria ante el pueblo —género de exordio que los retóricos llaman *insinuación*—. Como parecía que nada irritaría más los ánimos del pueblo romano que alguien que hablara contra la ley agraria, es decir, contra la esperanza de obtener sustento, el orador, difiriendo toda mención de este asunto, comenzó por decir que no empezaría su discurso con un elogio de sus mayores **[p. 114a]** para no causar la impresión de estar diciendo que había recibido el consulado gracias a ellos antes que como un beneficio conferido por el pueblo, y que deseaba que lo vieran por esto mismo como un cónsul popular, y que había dicho esto en el Senado al inicio de su consulado, y muchas otras cosas en este mismo sentido: que no es alguien que desapruebe los actos de los Graco ni a quien le desagrade si alguien hace una propuesta que sea ventajosa para el pueblo. Y luego de ablandar los oídos de la gente con varias cosas de este tipo, comenzó a deslizarse solo por un momento y cautelosamente hacia el asunto, y no se opuso de inmediato, sino que dijo que primero quiso asociarse a Rulo, pero que este lo rehuía; y tras declarar que finalmente investigó todo con bastante diligencia, solo entonces llegó al punto de señalar que no se pronunciaba en contra de la ley agraria, sino en contra de la dominación de Rulo, la cual preparaba este bajo la apariencia de una ley. Así pues, conveniente resultó ser en esa situación esta transición encubierta: sin interrumpir nunca aquello de que hablaba, consiguió trasladar hacia asuntos más ásperos la benevolencia que se había granjeado al inicio del discurso. Pero la libertad de hacer digresiones es más frecuente entre los poetas y a ellos les está más permitida; luego, una libertad secundaria les es concedida a otros según lo próximo que cada uno se encuentre a ellos en su libertad de expresión. Pero ya que nuestra consideración de la digresión nos ha hecho realizar una, volvamos ahora a nuestro tema.

Habíamos dicho que lo segundo con que nos puede deleitar el discurso es el tipo de lenguaje. En esta área, lo fundamental es que el discurso contenga pasiones amorosas, conversaciones entre individuos, deliberaciones y desenlaces inesperados. Aunque pueda parecer que estas cosas pertenecen al contenido del discurso, es a partir del lenguaje que deleitan. Una prueba de esto es que ellas, en gran parte, si las vemos, no solo no nos deleitan, sino que nos disgustan. Por consiguiente, en el discurso no son tanto las cosas mismas cuanto la variación del lenguaje en que ellas se expresan lo que causa placer. Y de la misma manera en que en una pintura la mayor parte de ella nos resulta muy placentera solo por tratarse de una imitación y no son tanto las cosas cuanto la habilidad de quien imita lo que admiramos, así, cuando en el discurso se les atribuyen a las personas sus palabras según la naturaleza y la condición de cada uno y se modela una figura de todos los afectos y caracteres, y el discurso logra hacer que la cosa parezca no ser dicha, **[p. 114b]** sino hecha, y el espíritu del oyente, mediante una cierta imagen ilusoria, se coloca como en medio de la acción y de la turbulencia, todo esto, ya que ocurre gracias al lenguaje y no por la naturaleza del asunto, hay que merecidamente atribuírselo también a él. Y lenguaje encantador el más capaz de contener es el poema. En efecto, ya que el lenguaje no sigue en él al asunto, sino que el asunto se acomoda a un lenguaje placentero y todo es elaborado como más placer pueda causar, el poema dispone de una máxima libertad en el lenguaje para conseguir ese placer. Luego viene la historia, que es, sin embargo, demasiado severa y ceñuda como para que corresponda tratar ligeramente a la verdad, que debe permanecer incólume. También el discurso político, en las narraciones, y a menudo también durante la argumentación, les asigna a las personas, ya reales, ya ficticias, afectos y las correspondientes palabras, y se complace no poco en esta gracia del lenguaje. Ni siquiera los filósofos, en sus diálogos, carecieron de este mérito. Es posible ver en Platón tan cuidadosamente elaborados a los personajes que hablan que le parece a uno no estar oyendo las palabras, sino estar viendo el semblante no de Platón, sino de cada personaje. Ahora bien, en los casos en que es la persona misma del filósofo la que habla, o si se llega a decir algo que se encuentre fuera del ámbito de las acciones y emociones, queda poco espacio para este recurso. En esta parte, cuando es la persona misma del que habla a la que se le atribuye el discurso, se produce especial deleite —y esto mismo es también muy placentero en todos los otros géneros que mencionamos— si sobresale en el lenguaje la buena índole del hablante, es decir, si no es arrogante; si, al hablar de otros, emplea un lenguaje discreto, y si emite juicios amables y francos sobre las cosas. Y ante todo causa placer aquella simpleza de quien toma todo para mejor. A veces, con todo, también es agradable la libertad de quien, sin ofender a otros, dice lo que piensa. Estas cosas, así como todas las virtudes del hablar, quien más escrupulosamente las respetó fue en todo momento Cicerón.

Además, hay también en el discurso cosas que deleitan que son propias de los discursos: dictámenes serios, agudos, nuevos e inesperados; todo lo dicho con ingenio, amargura, donaire o prudencia, y también todos los adornos propios de las palabras, de las oraciones y de la composición. Pero estas cosas dependen del arte de la elocución y, por ello, deben serles pedidas a aquellos que han enseñado los preceptos de esta materia.

3. La adversidad en la poliantea de Mirabelio. Dominicus Nanus Mirabellius, *Polyanthea*, Coloniæ ex officina Iasparis Gennepæi, 1552, pp. 9a-10a.

[p. 9a] [...] Adversidad es lo mismo que calamidad, que en griego se dice συμφορά; δυστύχημα o δυσχέρεια, 'infortunio' y 'molestia'.

Tobías 12

Ya que eras agradable a Dios, fue necesario que la tribulación te pusiera a prueba.

Job 5

Dichoso aquel a quien Dios reprende.

Eclesiástico 27

A las vasijas del alfarero las prueba el horno, y a los hombres justos, la tribulación.

Romanos 5

La tribulación genera paciencia, y la paciencia, una prueba, y la prueba, por su parte, esperanza, y la esperanza no defrauda.

Hebreos 12

Dios castiga a quien ama.

San Pablo, 2 Timoteo 3

Y todos los que quieren vivir piadosamente en Cristo Jesús sufrirán persecución; mas los hombres malos y embusteros irán en peor, errando y haciendo a otros errar.

Hebreos 12

Hijo mío, no desprecies la disciplina del Señor ni desfallezcas cuando te reprenda; en efecto, el Señor castiga a quien ama y flagela a todo aquel a quien recibe por hijo. Permaneced firmes en su disciplina. Dios se presenta ante vosotros como ante hijos. ¿Cuál, pues, es el hijo al que su padre no regaña?

Hechos de los Apóstoles 14

Son necesariamente muchas las tribulaciones por las que entramos al reino de Dios.

San Agustín, *Sobre las palabras del Señor* II

El dolor de la adversidad no quebranta a quien no es cautivado por el placer de la prosperidad.

San Agustín, sobre Mateo, sermón 18

Dios mezcla las felicidades terrenas con amarguras para que busquemos la otra felicidad, cuya dulzura no es falaz.

San Agustín, sermón a Alipio

No te sorprendas, hermano, si, tras volverte cristiano, mil tribulaciones te atormentan por doquier. Cristo, pues, es la cabeza de nuestra religión y nosotros somos sus miembros; por tanto, debemos seguirlo plenamente no solo a él, sino también su vida. Y la vida de Cristo, en efecto, estuvo salpicada de numerosas dificultades: vivió envuelto en una pobreza extrema, fue objeto de las burlas de escribas y fariseos, y, finalmente, se le infligió, a causa de nosotros, pecadores, la muerte más ignominiosa. De ello se infiere que, si Dios te hace padecer grandes sufrimientos, te ha incluido en el número de sus elegidos. Pues, sin tribulaciones de este tipo, de ninguna manera podemos llegar a Dios. En efecto, todos los que desean regresar al paraíso tienen que pasar por fuego y agua, se trate ya del apóstol Pedro, a quien le fueron dadas las llaves del reino de los cielos; ya de Pablo, vaso de elección; ya de Juan, a quien le fueron revelados los secretos del cielo. Todos deben por fuerza decir: "Son necesariamente muchas las tribulaciones por las que entramos al reino de Dios".

San Agustín, sobre el salmo 21

El hombre debe entender que Dios es un médico y que la tribulación [p. 9b] es un medicamento para salvarnos, no un castigo para condenarnos. Expuestos al medicamento, se nos quema, se nos corta y gritamos, pero el médico no escucha para conformarse a nuestra voluntad, sino para procurar nuestra salud.

San Agustín, sobre el salmo 60

En el horno arde la paja y se purga el oro. Aquella se vuelve cenizas y aquel se libra de la suciedad. El horno es el mundo; el oro, los hombres justos; el fuego, la tribulación, y el artífice, Dios. Así pues, lo que desea el artífice, lo hago; donde me coloca el artífice, resisto; se me ordena resistir, él sabe purgar. La paja puede arder para prenderme fuego y como consumirme, pero ella se convierte en cenizas y yo quedo libre de inmundicias.

San Agustín, *Ciudad de Dios* I

Así como sometidos a un mismo fuego el oro resplandece y la paja humea, bajo el mismo rastrillo se muele el rastrojo y se purga la mies.

San Agustín, *Contra Fausto*

Ningún hombre se encuentra a tal punto dotado de justicia que no le sea necesaria la prueba de la tribulación para perfeccionar la virtud, o afianzarla, o confirmarla.

San Jerónimo, *Epístola a Heliodoro*

¿Quién no querría padecer tribulaciones? ¿Quién no desearía que hablaran mal de uno para merecer ser alabado por la voz de Cristo y obsequiado con abundante y celestial recompensa?

San Ambrosio, en el libro de la muerte de Sátiro

¿Qué adversidad no padecemos en esta vida? ¿Qué borrascas y tempestades no sufrimos? ¿Qué males no nos acosan? ¿Por los méritos de quién hay consideración?

San Ambrosio, *Sobre los deberes*

La pobreza, el hambre y el dolor, que son considerados males, no solo no son impedimentos para llevar una vida feliz, sino que también ayudan a adquirir mérito; de ahí que se diga: "Dichosos los pobres de espíritu, dichosos los que pasan hambre".

San Gregorio, *Moralia* III

Cuando alguien que se encuentra en la prosperidad es querido, es incierto si es la prosperidad o la persona la que es querida; la pérdida de la buena fortuna, pues, interpela la fuerza del cariño. En efecto, ni la prosperidad revela al amigo ni la adversidad oculta al enemigo.

Ibídem

A los justos les agrada más sufrir males en la adversidad que fatigarse con el cuidado de los bienes terrenos en la prosperidad.

San Gregorio, *Epistolario*

Fácil será el consuelo si, entre los flagelos que padecemos, traemos a nuestra memoria las malas obras que hemos hecho y vemos que son ya no flagelos, sino obsequios lo que estamos recibiendo, si purgamos por el dolor de la carne los pecados que por el placer de la carne hemos cometido.

San Gregorio, *Moralia* V

Si la mente se dirige a Dios con firme esfuerzo, todo lo que en esta vida le sea amargo lo considera dulce; todo lo que aflige, un descanso.

San Gregorio, *Moralia* X

El dolor del flagelo se atempera cuando se conoce la culpa, porque, cuanto más pacientemente tolera uno la herramienta del médico, tanto más pútrido ve que es aquello que corta.

Ibídem

Tanto más duramente siente nuestro espíritu los males de la vida presente cuanto más deja de considerar el bien que sigue. De ninguna manera nos abandona la gracia en la adversidad, ya que, cuanto más duramente nos golpea ella por designio, tanto más nos protege por piedad.

San Gregorio, *Moralia* XI

La virtud de la paciencia no se encuentra nunca en la prosperidad. Es paciente, más bien, aquel a quien atormenta la adversidad y que, sin embargo, no deja de ser recto.

San Gregorio, *Moralia* XXVI

La tribulación abre el oído del corazón, al cual a menudo lo cierra la prosperidad de este mundo.

Ibídem

Las mentes de los santos que esperan los premios de la eternidad toman fuerzas de la adversidad, pues no dudan de que, creciendo la batalla, más gloriosa es la victoria que les queda. Los deseos de los elegidos, mientras son oprimidos por la adversidad, prosperan, del mismo modo en que el fuego es oprimido por el viento para crecer y cobra fuerzas de aquello que parece casi extinguirlo.

San Gregorio, *Sobre Exequiel*

Dios mezcla los flagelos con sus dones para que todo lo que en el siglo nos deleite se nos haga amargo y surja en nuestro espíritu aquel incendio que siempre nos inquiete e impulse a desear lo celestial y, por decirlo así, nos muerda agradablemente, nos torture dulcemente y nos aflija alegremente.

San Gregorio, *Regla pastoral*, capítulo 51

Alégrense con la esperanza de la herencia eterna aquellos a quienes la adversidad de la vida temporal abate, ya que, si la divina providencia no deseara salvarlos para siempre, no los formaría bajo el restrictivo régimen de su disciplina.

San Gregorio, *Epistolario*

Firme es la fe en Dios omnipotente cuando por una buena obra se padece a cambio adversidad; esta se recibe en este mundo para que sea más espléndida en la retribución eterna la recompensa reservada.

Ibídem

Muchos son los dolores en esta vida, los cuales nos incitan diariamente a amar las cosas celestiales; ellos me son sumamente placenteros solo por lo siguiente: porque no permiten que haya en este mundo algo que sea placentero.

San Gregorio, sobre el "Hermano fui de dragones" de Job 3

No es perfecto aquel que no es paciente entre los males de sus prójimos.

San Gregorio, *Moralia* XXVI,
sobre el "Que da cantos en la noche" de Job 25

No padecemos nada injustamente. El canto en la noche es alegría en la tribulación.

Juan Crisóstomo, sermón 18

Hagamos de la necesidad virtud o voluntad. Por ejemplo: alguien perdió a su hijo; otro, todas sus posesiones y los bienes de la fortuna: si se sabe que lo ya acontecido no puede ni desaparecer más ni anularse, será posible recoger alguna utilidad de aquella irremediable desgracia; si se soportan con ánimo y virilidad los golpes adversos de la fortuna y a cambio de las injurias se le devuelven al Señor alabanzas, los males que ocurran en contra de lo esperado se convertirán de esa manera en una tarea de la voluntad.

Boecio, *Consolación de la filosofía* II, prosa 4

Pues en toda adversidad de la fortuna, el género de infortunio más desafortunado es haber sido afortunado.

Ibídem

En efecto, ¿quién es tan afortunado que no riña con algún aspecto de su situación? La condición de los bienes humanos es, pues, una cosa **[p. 10a]** angustiante y de tales características que nunca prospera por completo o nunca perdura. Este tiene abundantes riquezas, pero se avergüenza de su sangre innoble; a aquel su nobleza lo hace conocido, pero, limitado por la estrechez de su situación económica, preferiría ser desconocido. Uno, en posesión de ambas cosas, deplora su vida célibe; otro, afortunado en su matrimonio pero carente de hijos, aumenta sus riquezas para heredero externo; y otro, alegre por tener descendencia, llora afligido por los malos actos de su hijo o hija. Así pues, nadie se halla fácilmente a gusto con la condición de su suerte. Hay, en efecto, en cada caso algo que quien no lo ha probado ignora y quien lo ha probado teme.

Ibídem

Añadamos el hecho de que quienes son muy afortunados tienen una sensibilidad muy delicada y, si no se encuentra a su disposición todo según su voluntad, sucumben ante las adversidades más pequeñas, no estando acostumbrados a ninguna. En efecto, diminutas son las cosas que a los muy afortunados les arrebatan la cumbre de la dicha.

Isidoro de Sevilla, *Sobre el sumo bien* III

No te aflijas en la adversidad; dale gracias a Dios en tu desfallecimiento. Desea estar sano más de espíritu que de cuerpo; desea estar sano más de mente que de carne. Lo adverso al cuerpo es remedio del espíritu. La enfermedad hiere la carne pero cura la mente; el desfallecimiento, en efecto, hace desaparecer los vicios.

Isidoro de Sevilla, *Soliloquios* I

Dios siempre hiere a aquellos que prepara para la salvación eterna.

Ibídem

Soporta con ecuanimidad todo lo adverso. Recordando los peligros ajenos, sobrellevas más fácilmente los propios.

Isidoro de Sevilla, *Sobre el sumo bien* III

Debe aprender a no murmurar aquel que padece males, incluso si ignora por qué los padece. Cada uno debe pensar que es con justicia que padece por el siguiente motivo: porque es juzgado por aquel cuyos juicios nunca son injustos.

San Bernardo, sermón 25 sobre el *Cantar de los cantares*

Guarda relación con las virtudes el soportar valientemente las tribulaciones; se relaciona, en cambio, con la sabiduría el alegrarse en ellas. Confortar el corazón de uno mismo y tolerar al Señor es propio de la virtud; gustar y ver que el Señor es dulce es propio de la sabiduría.

Casiodoro, sobre el salmo
"Voluntariamente te haré un sacrificio"

Voluntariamente le hacen sacrificios a Dios quienes, entre las angustias de sus padecimientos, le dan continuamente las gracias.

Lactancio, *Instituciones divinas* III, 24

Por ello, a nadie debe parecerle sorprendente que Dios nos castigue por nuestras malas obras. Más bien, cuando somos vejados y oprimidos, sobre todo entonces debemos darle gracias a nuestro indulgentísimo padre, ya que no tolera que nuestra corrupción haga progreso, sino que con golpes y azotes la corrige. A partir de esto comprendemos que Dios se preocupa por nosotros, puesto que, cuando pecamos, se enfada.

Lactancio, *Instituciones divinas* III

Dichoso, pues, es el sabio en los tormentos; pero a aquel que sufre tormento por la fe, por la injusticia y por Dios, esa resistencia en el dolor lo vuelve más dichoso.

Lactancio, *Instituciones divinas* VI

Nadie duda de que es propio de un espíritu temeroso y débil temer el dolor, o la pobreza, o el exilio, o la cárcel. Quienquiera que no haya sentido temor ante todas estas cosas es considerado muy valiente. Ahora bien, quien teme a Dios no teme a ninguna de ellas —y esta afirmación no requiere argumentos para ser probada—.

Séneca, epístola 93

Hay, pues, que pensar en todo y fortalecer el espíritu contra lo que puede ocurrir. Piensa constantemente en el exilio, el tormento, la guerra, el naufragio.

Séneca, *Hércules furioso*, tragedia 1

Es dulce recordar lo que fue duro padecer.

Séneca, tragedia 6

El llanto alivia las tribulaciones.

Ibídem

Más tranquilo soportó su desgracia en la tormenta / quien vio a la vez sucumbir en el océano / mil navíos y cubrirse la costa / con restos de naufragio.

Séneca, *Sobre la providencia*

¿Quién es verdadero hombre si no está empeñado en hacer lo honesto?, ¿si no desea un trabajo justo aunque fatigoso?, ¿si no está dispuesto a correr peligros para hacer su deber?

Ibídem

No hay nadie más desdichado —dice Demócrito— que aquel a quien nunca le sucedió algo adverso. No le estuvo permitido a él purificarse. Los dioses se hicieron una mala opinión de él. Les pareció indigno de erigirse alguna vez en vencedor de la fortuna; ella rehúye a los más innobles y se acerca a los probos y más obstinados —es decir, a los que se le oponen resueltamente— para dirigir contra ellos su fuerza. En Mucio probó ella el fuego; en Fabricio, la pobreza; en Rutilio, el exilio; en Régulo, el tormento; en Sócrates, el veneno, y en Catón, la muerte.

Ibídem

Considero que eres desdichado porque nunca fuiste desdichado; pasaste tu vida sin adversario. Nadie sabe de qué fuiste capaz, ni siquiera tú mismo. En efecto, para conocerse a sí mismo es necesaria la prueba: nadie ha aprendido de qué es capaz sino probando.

Macrobio, *Saturnales* I

No les son en modo alguno odiosos a los dioses aquellos que luchan con diversas tribulaciones, sino que existen causas arcanas a las que solo la curiosidad de unos pocos ha podido llegar.

Valerio Máximo, VIII

No hay que ni abusar arrogantemente del éxito en la prosperidad ni debilitarse rápidamente en la adversidad.

Terencio, comedia 3

Así pues, cuando los tiempos son prósperos, sobre todo entonces deben todos meditar en la manera en que podrían soportar un golpe adverso.

Eurípides, *Medea*

Κούφως φέρειν χρὴ θνητὸν ὄντα συμφορᾶς, esto es, “Es preciso, siendo mortal, sobrellevar las desgracias con ligereza”.

Virgilio, *Eneida* I

Resistid y reservaos para tiempos felices.

Ovidio, *Metamorfosis* XV, fábula 44

En efecto, no es tu suerte la única / lamentable; considera las desgracias semejantes sufridas por otros: / sobrellevarás las tuyas con mayor facilidad.

Ovidio, *Tristes* V, última elegía

El largo padecimiento de males aniquiló el ingenio / y no queda ya resto alguno del antiguo vigor.

Juvenal, sátira 13

Pero afirmamos que / también son afortunados aquellos que aprendieron, teniendo a la vida por maestra, / a soportar los males y a no sacudirse el yugo.

Bibliografía

Fuentes

Agrícola, R., *De inventione dialectica libri tres,* Strasbourg, Johann Knobloch, 1521.

Agustín de Hipona, *De doctrina christiana*, *Sobre la doctrina cristiana,* en *Obras de San Agustín,* tomo XV, ed. y trad. B. Martín Pérez, O.S.A., Madrid, Biblioteca de Autores Cristianos, 1958.

Anónimo, *Retórica a Herenio*, ed. y trad. Salvador Núñez, Madrid, Gredos, 1997.

Apsines de Gadara y Anónimo, *Two Greek Rhetorical Treatises from the Roman Empire, Introduction, Text and Translation of the Arts of Rhetoric attributed to Anonymous Segerianus and to Apsines of Gadara,* ed. M. R. Dilts y G. A. Kennedy, Leiden/New York/Köln, Brill, 1997.

Arias Montano, B., *Los "Rhetoricorum libri quattuor" de Benito Arias Montano*, ed. y trad. M. V. Pérez Custodio, Badajoz, Departamento de Publicaciones de la Diputación Provincial de Badajoz, Servicio de Publicaciones de la Universidad de Cádiz, 1984.

Aristóteles, *Aristotelis Stagyritae De arte rhetorica libri tres, cum M. Antonii Maioragii commentariis,* Venetiis, Apud Franciscum de Franciscis Senensem, 1591.

— *Retórica,* ed. y trad. Q. Racionero, Madrid, Gredos, 1999.

Cervantes, M. de, *Novelas ejemplares*, ed. H. Sieber, Madrid, Cátedra, 2009.

Cicerón, *On the orator,* book 3, *On Fate, Stoic paradoxes, Divisions of oratory,* trad. H. Rackham, London, Loeb, 1942.

— *La invención retórica,* ed. y trad. S. Núñez, Madrid, Gredos, 1997.

— *De los fines de los bienes y los males,* trad. Julio Pimentel Álvarez, México D.F., Universidad Autónoma de México, 2002.

Erasmo de Rotterdam, D., *Adagiorum Chiliades des Erasmi Roterodami Quatuor*, Basileae, 1551.

— *Collected Works of Erasmus, Adages II i to II vi 100,* ed. R. A. B. Mynors, Toronto, University or Toronto Press, 1991.

— *Collected Works of Erasmus. Adages. IV iii to V ii 51,* ed. J. N. Grant and B. I. Knott, Toronto, University or Toronto Press, 2006.

Escalígero, J. C., *Poetices libri septem*, Lyon, Apud Antonium Vincentium, 1561.

Fernández de Oviedo, G., *Historia general y natural de las Indias y tierra firme del mar océano,* ed. J. A. de los Ríos, tercera parte, tomo IV, Madrid, Imprenta de la Real Academia de la Historia, 1855.

García Matamoros, A., *De ratione dicendi libri duo* [1548] *Los dos libros sobre el arte de hablar*, ed. y trad. Luis Albuquerque García, en *Retóricas españolas del siglo xvi escritas en latín,* ed. M. A. Garrido Gallardo, CD-ROM 2004.

Garimberto, G., *Della fortuna libri sei,* Venezia, Michel Tramezzino, 1547.

Giacomini, L., *De la purgazione de la tragedia* (1586), en *Trattati di poetica e retorica del cinquecento*, ed. Bernard Weinberg, vol. 3, Bari, Laterza & Figli, 1972, pp. 345-371.

Gomes de Brito, B., *História trágico-marítima em que se escrevem chronologicamente os Naufragios que tiverao as Naos de Portugal, depois que se poz em exercicio a Navegaçao da India,* tomo 1, Lisboa, Oficina da Congregação do Oratorio, 1735.

— *História trágico-marítima em que se escrevem chronologicamente os Naufragios que tiverao as Naos de Portugal, depois que se poz em exercicio a Navegaçao da India,* tomo 2, Lisboa, Oficina da Congregação do Oratorio, 1736.

González de Salas, J. A., *Nueva idea de la tragedia antigua o ilustración última al libro singular de poética de Aristóteles Estagirita*, Madrid, Francisco Martínez, 1633.

Granada, L. de, *Ecclesiasticae rhetoricae sive de ratione concionandi libri sex* [1576] *Los seis libros de la Retórica Eclesiástica, o método de predicar,* ed. y trad. Manuel López Muñoz, Logroño/Calahorra, Instituto de Estudios Riojanos, Ayuntamiento de Calahorra, 2010.

Guevara, P. de, *Escala del entendimiento en la qual se declaran las tres Artes, Gramática, Dialéctica, Retórica, y la universal, para todas las ciencias*, Madrid, Pedro Madrigal, 1593.

Guzmán, J. de, *Primera parte de la Rhetorica*, Alcalá de Henares, Juan Íñiguez de Lequerica, 1589.

Horacio, *Satires, Epistles, Ars poetica*, ed. H. Rushton Fairclough, Cambridge, Harvard University Press, 1926.

— *Arte poética*, ed. y trad. Óscar Velázquez, Santiago de Chile, Pontificia Universidad Católica de Chile, 1999.

Longino, *De lo sublime*, trad. E. Gil Bera, Barcelona, Acantilado, 2014.

López de Gómara, F., *Historia de la conquista de México*, Caracas, Ayacucho, 2007.

López Pinciano, A., *Philosophía antigua poética*, Madrid, Thomas Iunti, 1596.

Luca, P. da, *Regule de la vita spirituale et secreta Theologia*, Venezia, Simone de Luere, 1514.

Luciano de Samósata, *Obras,* introd. J. A. Clota, trad. A. E. Alarcón, Madrid, Gredos, 1996.

Llull, A., *Progymnasmata rhetorica* [1550] *Ejercicios de retórica*, ed. y trad. L. Martínez-Falero, en *Retóricas españolas del siglo xvi escritas en latín,* ed. M. A. Garrido Gallardo, CD-ROM 2004.

Nebrija, A. de, *Artis rhetoricae compendiosa coaptatio ex Aristotele, Cicerone, Quintiliano* [1515] *Selección compendiada del arte de la Retórica según Aristóteles, Cicerón y Quintiliano*, en *Retóricas españolas del siglo xvi escritas en latín,* ed. M. A. Garrido Gallardo, CD-ROM 2004.

Petrarca, F., *De los remedios contra próspera y adversa fortuna*, trad. Francisco de Madrid, Sevilla, Juan Valera, 1533.

Quintiliano, M. F., *Instituciones oratorias*, ed. y trad. I. Rodríguez y P. Sandier, Madrid, Librería de la Viuda de Hernando y Cía., 1887.

Salinas, M. de, *Rhetorica en lengua castellana*, Alcalá de Henares, Joan de Brocar, 1541.

Sánchez de las Brozas, F., *De arte dicendi* [1550] *El arte de hablar*, ed. y trad. L. M. Jerez, Alcañiz/Madrid/Cáceres/Zaragoza/Teruel, Instituto de Estudios Humanísticos/Consejo Superior de Investigaciones Científicas/Universidad de Extremadura /Universidad de Zaragoza/ Instituto de Estudios Turolenses, 2007.

Segovia, J. de, *De praedicatione evangelica libri quatuor* [1573] *Los cuatro libros de la predicación evangélica*, ed. y trad. R. M.ª Herrero, en *Retóricas españolas del siglo xvi escritas en latín,* ed. M. A. Garrido Gallardo, CD-ROM 2004.

Teón, Hermógenes y Aftonio, *Ejercicios de Retórica*, ed. y trad. M.ª D. Reche Martínez, Madrid, Gredos, 1991.

Torres, A. de, *Rhetoricae exercitationes* [1569] *Ejercicios de retórica*, ed. V. P. Custodio, Alcañiz/Madrid/Cádiz/Cáceres/Zaragoza/Teruel, Instituto de Estudios Humanísticos/Consejo Superior de Investigaciones Científicas/Universidad Servicio de Publicaciones/Universidad de Extremadura/Universidad Servicio de Publicaciones/Instituto de Estudios Turolenses, 2003.

TOSCANELLA, O., *Armonia di tutti i principali retori et migliori escrittori degli antichi & nostri tempo,* Venezia, Giovanni Varisco, 1569.

TREBISONDA, J. de, *Libros de retórica, Libros I y II,* ed. y trad. M.ª A. Sánchez Manzano, Madrid, Tecnos, 2012.

VALADÉS, D., *Rhetorica christiana* [1579] *Retórica cristiana,* trad. T. Herrera Zapién, México, Fondo de Cultura Económica, 2003.

VIVES, J. L., *De conscribendis epistolis* [1536], ed. C. Fantazzi, Leiden, Brill, 1989.

— *De anima et vita* [1538] *El alma y la vida,* ed. y trad. I. Roca, Valencia, Ayuntamiento de Valencia, 1992. Disponible en: <http://bivaldi.gva.es/i18n/corpus/unidad.cmd?idUnidad=9961&idCorpus=1>.

— *De disciplinis* [1531] *De las disciplinas,* ed. y trad. M. A. Coronel Ramos *et al.,* Valencia, Ayuntamiento de Valencia, 1997. Disponible en: <http://bivaldi.gva.es/i18n/corpus/unidad.cmd?idCorpus=1&idUnidad=11438&posicion=1>.

— *De ratione dicendi libri* III [1532] *Del arte de hablar,* ed. y trad. J. M. Rodríguez Peregrina, Granada, Universidad de Granada, 2000.

ZÁRATE, H. de, *Discursos de la paciencia cristiana muy provechosos para el consuelo de los afligidos en cualquier adversidad y para los predicadores de la palabra de Dios* [1592], en *Escritores del Siglo XVI, San Juan de la Cruz, Fray Pedro Malón de Chaide y Fray Hernando de Zárate,* Madrid, Ribadeneyra (Biblioteca de Autores Españoles), 1862.

Bibliografía crítica

AUERBACH, E., *Le culte des passions. Essais sur le XVIIe siècle français,* trad. Diane Meur, Paris, Macula, 1998.

AVALLE-ARCE, J. B. de, "Una obra olvidada de Fernández de Oviedo y su crisis espiritual", *Prolija memoria. Estudios de cultura virreinal,* I, 1, 2004, pp. 9-27.

BAUMAN, Z., *Miedo líquido. La sociedad contemporánea y sus miedos,* trad. A. Santos Mosquera, Buenos Aires, Paidós, 2011.

BELFIORE, E., *Tragic Pleasures. Aristotle on Plot and Emotion,* Princeton, Princeton University Press, 1992.

BLACKMORE, J., *Manifest Perdition. Shipwreck Narrative and the Disruption of Empire,* Minneapolis, University of Minnesota Press, 2002.

BLUMENBERG, H., *Shipwreck with Spectator. Paradigm of a Metaphor of Existence,* trad. S. Rendall, Cambridge, The Massachusetts Institute of Technology Press, 1997 [1979].

Bodei, R., *Geometría de las pasiones. Miedo, esperanza, felicidad: filosofía y uso político,* México D.F., Fondo de Cultura Económica, 1995 [1991].

— *Paisajes sublimes. El hombre ante la naturaleza salvaje,* trad. M. Condor, Madrid, Siruela, 2011.

Bolaños, A. F., "Milagro, peregrinación y paraíso: narración de naufragios del cronista Fernández de Oviedo", *Revista de Estudios Hispánicos*, 19, 1992, pp. 163-178.

Bolzoni, L., *La estancia de la memoria. Modelos literarios e iconográficos en la época de la imprenta*, trad. G. Gavriele y M. N. Muñiz, Madrid, Cátedra, 2007.

Boxer, C. R., *The Tragic History of the Sea*, Haklyat Society, Cambridge University Press, 1959.

Buttay-Jutier, F., *Fortuna. Usages politiques d'une allégorie morale à la Renaissance,* Paris, Press de l'Université Paris-Sorbonne, 2008.

Carneiro, S., "Infortunio y virtud: Petrarca, Vives y el Inca Garcilaso de la Vega", *Revista Chilena de Literatura,* 77, 2010, pp. 217-234.

— "*La Florida del Inca* (1605) de Garcilaso de la Vega: ética y buen gobierno a propósito del cautiverio de Juan Ortiz", en M. Donoso, M. Insúa y C. Mata, eds., *El cautiverio en la literatura del Nuevo Mundo*, Madrid/Frankfurt, Iberoamericana/Vervuert, 2011, pp. 41-53.

Carrillo Castillo, J. M.ª, *Naturaleza e imperio. La representación del mundo natural en la* Historia general y natural de las Indias *de Gonzalo Fernández de Oviedo*, Aranjuez, Ediciones Doce Calles, 2004.

Carruthers, M., *The Book of Memory. A Study of Memory in Medieval Culture*, Cambridge, Cambridge University Press, 1990.

Carvalho, A., "Acerca dos relatos de naufrágios: significações narrativas e semânticas", en *A História trágico-marítima. Análises e perspectivas,* ed. M. A. Seixo y A. Carvalho, Lisboa, Cosmos, 1996, pp. 13-65.

Cassirer, E., *Individuo y cosmos en la filosofía del Renacimiento*, trad. A. Bixio, Buenos Aires, Emecé, 1951 [1927].

Centanni, M., "L'originale assente. Il Laocoonte in tav. 41a dell'*Atlante Mnemosyne* di Aby Warburg", *Engramma,* 25, 2003. Disponible en: <http://www.engramma.it/engramma_v4/rivista/tavola/25/monica.html>.

Díaz Jimeno, F., *Hado y fortuna en la España del siglo xvi*, Madrid, Fundación Universitaria Española, 1987.

Doren, A., "*Fortuna im Mittelalter und in der Renaissance*", *Vorträge der Bibliothek Warburg,* vol. 2, 1922-1923, pp. 71-144.

Falomir, M., *Las Furias. Alegoría política y desafío artístico*, Madrid, Museo Nacional del Prado, 2014.

Fortenbaugh, W.W., *Aristotle on emotion*, Eastbourne, Duckworth, 2002.

Frakes, J., *The Fate of Fortune in the Early Middle Ages: the Boethian Tradition*, Leiden, Brill, 1988.

Fries, H., ed., *Conceptos fundamentals de la teología*, tomos I y II, trad. A. de la Fuente *et al.*, Madrid, Ediciones Cristiandad, 1979.

Gerbi, A., *La Naturaleza de las Indias Nuevas. De Cristóbal Colón a Gonzalo Fernández de Oviedo*, trad. A. Alatorre, México, Fondo de Cultura Económica, 1992.

Glantz, M., *La desnudez como naufragio. Borrones y borradores*, Madrid/Frankfurt, Iberoamericana/Vervuert, 2005.

Gombrich, E., "*Icones symbolicae:* The visual Image in Neo-platonic Thought", *Journal of the Warburg and Courtauld Institutes*, 11, 1948, pp. 163-192.

González García, J. M., *La diosa fortuna. Metamorforsis de una metáfora política*, Madrid, A. Machado Libros, 2006.

Herrero Massari, J. M., "El naufragio en la literatura de viajes de los siglos xvi y xvii", *Revista de Filología Románica*, II, 14, 1997, pp. 205-213.

— *Libros de viajes de los siglos xvi y xvii en España y Portugal: lectura y lectores*, Madrid, Fundación Universitaria Española, 1999.

Hörmann, K., *Diccionario de moral cristiana*, Barcelona, Herder, 1979.

Jankélévitch, V., *La muerte*, trad. M. Arranz Lázaro, Valencia, Pre-Textos, 2009.

Javitch, D., "The assimilation of Aristotle's Poetics in sixteenth-century Italy", en *The Cambridge History of Literary Criticism*, vol. III, *The Renaissance*, ed. G. P. Norton, Cambridge, Cambridge University Press, 2006, pp. 53-65.

Klein, R., *La forme et l'intelligible. Écrits sur la Renaissance et l'art moderne*, Paris, Gallimard, 1970.

Lanciani, G., *Tempeste e naufragi sulla via delle Indie*, Roma, Bulzoni Editore, 1991.

Leal, M. L., "A *Relação do naufrágio da nau São Tomé*: três versões", en *A História trágico-marítima. Análises e perspectivas*, ed. M. A. Seixo y A. Carvalho, Lisboa, Cosmos, 1996, pp. 109-136.

León-Dufour, X., *Vocabulario de teología bíblica*, Barcelona, Herder, 1980.

López Grigera, L., *La retórica en la España del Siglo de Oro. Teoría y práctica*, Salamanca, Universidad de Salamanca, 1994.

Mack, P., *Renaissance Argument: Valla and Agricola in the Traditions of Rhetoric and Dialectic*, Leiden/New York/Köln, Brill, 1993.

— "Vives's *De ratione dicendi*: Structure, Innovations, Problems", *Rhetorica: A Journal of the History of Rhetoric,* 23/1, 2005, pp. 65-92.

Mendoza Negrillo, J. de D., *Fortuna y providencia en la literatura castellana del siglo xv*, Madrid, Real Academia Española, 1973.

Meyer, M. "Aristóteles ou a retórica das paixões", en Aristóteles, *Retórica das paixões*, ed. I. Borges da Fonseca, São Paulo, Martins Fontes, 2000, pp. XVII-LI.

Moniz, A., *A "História trágico-marítima": identidade e condição humana*, Lisboa, Edições Colibri, 2001.

Mouchel, C., "Les rhétoriques post-tridentines (1570-1600): la fabrique d'une société chrétienne", en *Histoire de la rhétorique dans l'Europe moderne*, ed. M. Fumaroli, Paris, Presses Universitaires de France, 1999, pp. 431-497.

Musée de l'Élysée, *Fortune*, Lausanne, 1982.

Nussbaum, M., *La fragilidad del bien. Fortuna y ética en la tragedia y la filosofía griega,* trad. A. Ballesteros, Madrid, Visor, 1995.

Panofsky, E., *Hercule à la croisée des chemins et autres matériaux figuratifs de l'Antiquité dans l'art plus récent,* trad. D. Cohn, Paris, Flammarion, 1999 [1930].

Patch, H., *The Tradition of Goddess Fortuna in Medieval Literature,* Cambridge, Harvard University Press, 1927.

Periñán, B., "Introducción", en Juan de Guzmán, *Primera parte de la Rhetorica (Alcalá de Henares, 1589)*, ed. B. Periñán, Pisa, Giardini Editore, 1993, pp. 7-72.

Pernot, L., *La retórica en Grecia y Roma*, ed. Gerardo Ramírez, trad. K. Castañeda Barrera y O. Hernández Trujillo, México, Universidad Autónoma de México, 2013.

Piro, F., *Il retore interno. Immaginazione e passioni all'alba dell'etá moderna*, Napoli, Istituto Italiano per gli Studi Filosofici, 1999.

Port, U., "Catarsi del dolore: Le *Pathosformeln* di Aby Warburg e i loro antecedenti concettuali nella retorica, nella poetica e nella teoria della tragedia", *Moderna*, 2, 2004, pp. 39-67.

Racionero, Q., "Introducción", en *Retórica de Aristóteles*, ed. Q. Racionero, Madrid, Gredos, 1999, pp. 7-149.

Reiss, T. J. "Renaissance theatre and the theory of tragedy", en *The Cambridge History of Literary Criticism,* vol. III, *The Renaissance*, ed. G. P. Norton, Cambridge, Cambridge University Press, 2006, pp. 229-247.

Rodríguez Peregrina, J. M., "Introducción", en J. L. Vives, *Del arte de hablar*, Granada, Universidad de Granada, pp. XIV-CXLVI.

Rossi, M., ed., *Dea Fortuna: iconografia di un mito,* Carpi, 2010.

Rossi, P., *Clavis universalis. Arti della memoria e logica combinatoria da Lullo a Leibniz*, Milano/Napoli, Ricciardi, 1960.

Sánchez García, E., *"Alta sciencia y provechosa: la rhetorica en lengua castellana (Alcalá, 1541) de Miguel de Salinas"*, en *Actas del XII Congreso de la Asociación Internacional de Hispanistas III*, Birmingham, Department of Hispanic Studies, The University of 1998, pp. 221-228.

Seixo, M. A., "O abismo sob o mar que se ergue (a partir do relato de naufrágio da nau *Santiago*, com recurso aos relatos das naus *São Francisco* e *Conceição*, e com fundamento noutros textos da *História trágico-marítima*", en *A História trágico-marítima. Análises e perspectivas*, ed. M. A. Seixo y A. Carvalho, Lisboa, Cosmos, 1996, pp. 161-188.

Solmsen, F., "Aristotle and Cicero on the Orator's Playing upon the Feelings", *Classical Philology*, 33/4, 1938, pp. 390-404.

Thomson, L., ed., *Fortune: All is but fortune*, Washington, University of Washington Press, 2000.

Voigt, L., "Naufrágio, cativeiro e relações ibéricas. A *História trágico-marítima* num contexto comparativo", *Varia História*, XXIV, 39, 2008, pp. 201-226.

— "La 'Historia verdadera' del cautiverio y del naufragio en los imperios ibéricos", *Revista Iberoamericana*, LXXV, 228, 2009, pp. 657-674.

Warburg, A., Carta de Aby Warburg a Edwin Seligman, 17 de agosto de 1927, reproducida en <http://www.engramma.it/eOS/index.php?id_articolo=727#VIII>.

— *Atlas Mnemosyne*, trad. J. C. Mielke, ed. M. Warnke, Madrid, Akal, 2000.

— "La última voluntad de Francesco Sassetti", en *El renacimiento del paganismo. Aportaciones a la historia cultural del Renacimiento europeo*, ed. Felipe Pereda, Madrid, Alianza Editorial, 2005 [1907], pp. 177-205.

Webb, R., *Ekphrasis, Imagination and Persuasion in Ancient Rhetorical Theory and Practice*, Farnham/Burlington, Ashgate, 2009.

Wind, E., "'Hercules' and 'Orpheus': Two Mock-Heroic Designs by Dürer", *Journal of the Warburg Institute*, II, 3, 1939, pp. 206-218.

— *Los misterios paganos del Renacimiento*, trad. J. Fernández de Castro y J. Bayón, Barcelona, Barral Editores, 1972.

— *The Eloquence of Symbols*, ed. J. Anderson, Oxford, 1983.

Wisse, J., *Ethos and pathos from Aristotle to Cicero*, Amsterdam, Adolf M. Hakkert Publisher, 1989.

Yates, F., *El arte de la memoria*, trad. I. Gómez, Madrid, Taurus, 1974 [1966].

Zurbach, C., "História e ficção nos relatos de naufrágios. O caso da Relação da muy notavel perda do Galeão São João", en *A História trágico-marítima. Análises e perspectivas*, ed. M. A. Seixo y A. Carvalho, Lisboa, Cosmos, 1996, pp. 209-224.

Índice

actio, 12, 23, 50, 61-63, 68, 97-106
admirable, 23, 147, 162, 167-169, 209
adversitas (adversidad), 24, 84, 114, 145, 177, 183, 185, 188, 190-198 passim
afectos: ásperos o suaves, 53-54, 56, 82, 135; codificación de, 19n, 38, 46-62 passim, 64-69, 73, 76, 104-106; y disimulación del artificio, 23, 76, 92; movimiento excesivo de, 81, 83, 86; en la *peroratio,* 47, 77, 81; recursos, tropos y figuras para mover, 58-62, 85, 87-96 passim; en la pronunciación, 97-106
Agrícola, Rodolfo, 23,49-51,58, 60, 91, 145-147, 150-151, 208
Agustín, san, 56-57, 64, 66, 95, 109, 162, 190, 192, 196, 214-215
Alciato, Andrea, 36, 138
amplificatio (amplificación), 22-23, 51, 68, 72, 77, 79, 81, 84-90, 96, 101, 106, 111-113, 115, 122, 180, 185
Anónimo a Herenio, 44, 75-78, 81, 97, 183
apatía, 25, 49
Apsines de Gadara, 80-81
Arias Montano, Benito, 40-42, 46, 76, 105, 136-138, 143
Aristóteles: deleites trágicos, 155-158; *enárgeia* e infortunio, 75, 79, 84, 111; fortuna e infortunio, 69-74, 105, 151, 183; recuerdo de males pasados, 176-179; retórica afectiva, 22, 24, 42-44, 54-55; purgación y su interpretación renacentista, 133, 151-152, 158-160, 162-167 passim
brevitas, 79, 84, 86, 149, 170, 180
Cassirer, Ernst, 16-18
catarsis, 19n, 23, 130, 135, 154, 158-161; *kátharsis*, 155, 157; como purgación, 165-167, 174, 190, 197; como quietación, 153, 165
Cicerón: afectos, 45-46; *brevitas* 81, 84; *loci* de la conmiseración, 22, 76, 78-79, 91, 95; rememoración de males, 168, 177-182; saturación del placer, 149; en Trebisonda, 210, 212
codices excerptorii, 188
Coelho, Jorge de Albuquerque, 128, 143-145, 179, 186-187
Colón, Cristóbal, 33, 106, 115
conmiseración (*miseratio*, *commiseratio*): en la *consolatio*, 185-186; mover, 12-14, 21-23, 58-59, 69, 71-72, 75-77, 79-84 passim, 155-157; purgación y liberación de, 161-163, 165, 167-175 passim
conquestio, 22, 45, 57, 75-79, 91, 107, 203

consolación, 185-186
Cornelisz. van Haarlem, Cornelis, 36
Cousin, Jean, 117
decoro, 13, 52, 95, 98, 101, 104, 137, 149
deleite, 23, 47, 84, 100, 131-136, 145-157, 161-162, 166-169, 170-176, 178, 191,198, 208. *Ver también* placer
ejemplaridad, 84, 133, 135, 137, 147, 169, 183, 191-193
ékphrasis, 72, 90, 93, 111-112, 115; y descripción de ciudades devastadas 83, 88, 111. Ver también *evidentia*
enárgeia, 23, 72, 79, 84-85, 90, 112
Eneas, 56, 60, 179
Erasmo de Rotterdam, 49, 51, 84n, 138, 178-179
Escalígero, Julio César, 152, 167
Estrabón, 144-145
eudaimonía, 18, 69, 157-158, 174
Eurípides, 12n, 24, 81, 177-179, 190, 221
evidentia, 23, 60, 73, 79, 84-85, 90, 106, 150, 151, 172. Ver también *ékphrasis*
exempla, 23, 38, 90, 94, 120, 122, 188
exordio, 46, 48, 62, 76, 210
Fernández de Oviedo, Gonzalo, 106-124 passim, 132, 187, 191, 193, 200
Fortuna (diosa o personificación), 11-12, 15-18, 20, 22, 24, 25, 33-39, 117, 161
fragilidad, 24, 78, 109, 114-115, 157, 161, 175-176
Galeão Grande São João, 169, 171-174, 198
García Matamoros, Alfonso, 57-60, 63, 76, 91, 93-95, 184
Garimberto, Girolamo, 11
Giacomini, Lorenzo, 160-163, 176
González de Salas, José Antonio, 162-164
Granada, Luis de, 66-68, 76-77, 84, 86-90, 92, 95-96, 99, 101-103
Guzmán, Juan de, 60-62
Hércules: alegoría de Pródico, 17; y catarsis, 165; Hércules Gálico, 137-138, 142-143, 145n; virtud en adversidades, 183
Holbein, Hans, 34, 138
Homero, 72, 84, 177-178
Horacio, 73, 82, 133-134, 153, 158-159, 178, 192
hýbris, 20, 156
imaginatio, 22-23, 82, 84-85, 98, 106, 111-113
imitatio, 58, 60, 106n
indignación, 44n, 54, 56, 57, 60, 70, 72, 77-78, 80, 85, 90, 96, 101
Jeremías, 87-88
Job, 190, 193-194, 196-197, 213, 217-218
Juvenal, 178, 190, 192
lágrimas, 48, 54, 65, 74, 79, 81-82, 86, 88, 127, 144, 161, 175, 180, 205
Llull, Antonio, 91-99, 184-186
López Pinciano, Alonso, 133, 152-154, 164-169
Luca, Pietro da, 112-114
Luciano de Samósata, 130, 137-138, 142-143, 145, 210, 225
Macrobio, 58, 190, 221
Manucio, Aldo, 34
memento mori, 20
miedo: apotropaico, 156; líquido, 27-28; mover el, 21, 70, 75, 87, 91, 96, 101-102, 111, 153-157, 163-167, 201
mímesis, 148,150-151, 153-157, 168, 174, 176
Mirabellius, Nanus, 188, 189, 190-191, 213
Molón, Apolonio, 81
Muller, Jan, 36-37

navigatio vitae, 20
Nebrija, Antonio de, 48-49, 76, 84, 184
Némesis, 34
Occasio (Ocasión), 16-17, 36
Odiseo (Ulises), 72, 84, 143, 165, 183
Pablo, san, 67, 115, 195, 213; *corpus paulinum*, 195
Pasión de Cristo, 77, 86, 89, 113, 115, 123-124, 196-199, 214
pasiones: y carácter, 44, 53-54, 56-57; control de, 41, 43; exceso de, 86; e infortunio, 69, 72, 75-76, 105-107, 151, 172-176, 188, 192-193; moción de, 12, 19, 21-22, 38-48, 56-58, 65-69, 87, 94, 97, 104; quietación y purgación de, 92, 153, 155, 157-158, 160-167 passim. *Ver también* afectos
páthos, 19, 38, 54, 58-59, 94, 155
Pathosformeln, 36n
Peithó, 40
Perestrello, Manoel de Mesquita, 169, 170-172, 180
Perottus, Nicolaus, 35
persuasión: y deleite 133, 135, 137, 172; y pasiones 21, 23, 40-42, 44, 49, 51, 53-54, 56, 62-63, 68-69, 75, 86, 104-108
Petrarca, 11n, 160, 225, 227
phantasía (fantasía), 22, 71-73, 82, 85-87, 106, 151. Ver también *imaginatio*
piedad, 21n, 46, 49, 57, 70-72, 78, 80-81, 84, 129, 160-161, 170, 203, 205, 216. *Ver también* conmiseración
placer: *actio*, 102; de asuntos ásperos, 150, 209-211; mental, 146-147, 153, 208; derivado del padecimiento, 23-24, 43, 104, 134, 152-153, 162, 167, 172, 174, 191, 217; de la rememoración del mal, 176-178; saturación del, 149, 170; trágico, 113, 135, 155-157
providencia divina, 15, 25, 120-123, 129, 173, 193, 199, 220
Quintiliano, 46-48, 52, 65, 79-83, 91, 95, 97, 99, 101, 136
Salinas, Miguel de, 55-57, 77, 84-86, 97, 101, 105, 188
Segovia, Juan de, 65-66, 98-100, 103, 105, 143
Suárez, Cipriano, 84, 136, 184
tedio, 22, 63, 97, 135-136, 149, 167
temor, 14, 21-23, 25-26, 28, 44, 46, 67, 69, 70-71, 74-75, 90, 105, 107, 111-115, 151, 153-155, 157, 160-161, 165-166, 172-176, 185, 190-192, 206, 220. *Ver también* miedo
Timocles, 160, 163
Toscanella, Oratio, 182
Trebisonda, Jorge de, 48, 76, 92, 203
Valadés, Diego de, 63, 103-104
vanitas, 175
varietas (variación, variedad), 36, 133,136, 149, 168, 211
Virgilio, 58-61, 94, 167, 178-179, 190, 192, 221
Vives, Juan Luis: deleite 147-149, 151-152; *elocutio* 91-93, 184; infortunio y pasiones 50-55, 73-75, 83-84, 105-106, 172
voluptas, 18, 63, 136
Warburg, Aby, 15-16, 18-19, 38
Wind, Edgar, 17, 137
Zárate, Hernando de, 196-198
Zuazo, Alonso, 107-108, 115, 120-124, 132, 191